LE « MOMENT 68 » ET LA RÉINVENTION DE L'ACADIE

COLLECTION « AMÉRIQUE FRANÇAISE »

Chad Gaffield, *Aux origines de l'identité franco-ontarienne : éducation, culture, économie*, 1993.

Peter W. Halford, *Le français des Canadiens à la veille de la Conquête : témoignage du père Pierre Philippe Potier, s.j.*, 1994.

Diane Farmer, *Artisans de la modernité : les centres culturels en Ontario français*, 1996.

Robert Toupin, *Les écrits de Pierre Potier*, 1996.

Marcel Martel, *Le deuil d'un pays imaginé : rêves, luttes et déroute du Canada français : les rapports entre le Québec et la francophonie canadienne (1867-1975)*, 1997.

Suzelle Blais, *Néologie canadienne, ou Dictionnaire des mots créés en Canada et maintenant en vogue de Jacques Viger*, 1998.

Estelle Huneault, *Au fil des ans : l'Union catholique des fermières de la province d'Ontario, de 1936 à 1945*, 2000.

Donald Dennie, *À l'ombre de l'Inco : étude de la transition d'une communauté canadienne-française de la région de Sudbury (1890-1972)*, 2001.

Jean-Pierre Wallot (dir.), *Le débat qui n'a pas eu lieu : la commission Pepin Robarts, quelque vingt ans après*, 2002.

Jean-Claude Dubé, *The Chevalier de Montmagny, (1601-1657): First Governor of New France*, traduit par Elizabeth Rapley, 2005.

Jean-Pierre Wallot (dir.), *La gouvernance linguistique : le Canada en perspective*, 2005.

Michel Bock (dir.), *La jeunesse au Canada français : formation, mouvements et identité*, 2007.

Marcel Bénéteau et Peter W. Halford, *Mots choisis : trois cents ans de francophonie du Détroit du lac Érié*, 2008.

Anne Gilbert, Michel Bock et Joseph Yvon Thériault (dir.), *Entre lieux et mémoire : l'inscription de la francophonie canadienne dans la durée*, 2009.

Pierrick Labbé, *« L'Union fait la force ! » L'Union Saint-Joseph d'Ottawa/du Canada 1863-1920*, 2012.

COLLECTION « AMÉRIQUE FRANÇAISE »

Publication du Centre de recherche en civilisation canadienne-française de l'Université d'Ottawa

LE « MOMENT 68 » ET LA RÉINVENTION DE L'ACADIE

Joel BELLIVEAU

Les Presses de l'Université d'Ottawa

Les Presses de l'Université d'Ottawa (PUO) sont fières d'être la plus ancienne maison d'édition universitaire francophone au Canada et le seul éditeur universitaire bilingue en Amérique du Nord. Fidèles à leur mandat original, qui vise à «enrichir la vie intellectuelle et culturelle», les PUO s'efforcent de produire des livres de qualité pour le lecteur érudit. Les PUO publient des ouvrages en français et en anglais dans le domaine des arts et lettres et des sciences sociales.

Les PUO reconnaissent avec gratitude l'appui accordé à leur programme d'édition par le ministère du Patrimoine canadien, par l'intermédiaire du Fonds du livre du Canada, et par le Conseil des Arts du Canada. Elles tiennent également à reconnaître le soutien de la Fédération canadienne des sciences humaines à l'aide des Prix d'auteurs pour l'édition savante, ainsi que du Conseil de recherches en sciences humaines du Canada et de l'Université d'Ottawa.

Révision linguistique: Colette Michaud/CRCCF
Correction d'épreuves: Nadine Elsliger
Mise en page: Édiscript enr.
Maquette de la couverture: Lisa Marie Smith et Édiscript enr.
Photo de la couverture: Centre d'études acadiennes Anselme-Chiasson (CEAAC) de l'Université de Moncton

Catalogage avant publication de Bibliothèque et Archives Canada

Belliveau, Joel, auteur
Le moment 68 et la réinvention de l'Acadie/Joel Belliveau.

(Collection Amérique française)
Publié en collaboration avec le Centre de recherche en civilisation canadienne-française de l'Université d'Ottawa.
Comprend des références bibliographiques et un index.
Publié en formats imprimé(s) et électronique(s).
ISBN 978-2-7603-2204-2 (couverture souple). – ISBN 978-2-7603-2198-4 (pdf). – ISBN 978-2-7603-2197-7 (epub)

1. Étudiants – Activité politique – Nouveau-Brunswick – Moncton – Histoire – 20e siècle. 2. Mouvements étudiants – Nouveau-Brunswick – Moncton – Histoire – 20e siècle. 3. Acadiens – Nouveau-Brunswick – Identité ethnique. 4. Années soixante (Vingtième siècle). I. Université d'Ottawa. Centre de recherche en civilisation canadienne-française organisme de publication II. Titre. III. Collection: Collection Amérique française

LA417.7.B45 2014 371.8'1 C2014-904581-6
C2014-904582-4

Dépôt légal: 2014
Bibliothèque et Archives Canada
Bibliothèque et Archives nationales du Québec

Pour Magali et Daphné,
afin qu'elles réussissent à leur tour
à réinventer le monde

Remerciements

CET OUVRAGE clôt un long cycle de recherche et d'écriture sur le thème des mouvements étudiants dans l'Acadie des années 1960. Plusieurs personnes m'ont accompagné le long de ce trajet, trop pour toutes les nommer ici. Elles savent qui elles sont, et je les ai remerciées ailleurs, autrement.

Je me contenterai de souligner la contribution des gens les plus directement et immédiatement liés à la production de cette monographie. Un gros merci à Yves Frenette, qui était directeur de la collection « Amérique française » au moment où j'ai soumis ce manuscrit, pour ses lectures attentives et ses conseils judicieux. Et encore davantage, peut-être, pour avoir toujours cru en ce projet. Toute ma reconnaissance va aussi à Colette Michaud, éditrice au CRCCF et de la collection, pour son professionnalisme et sa grande compétence.

J'aimerais aussi remercier le Fonds québécois de recherche sur la culture et la société pour son appui à la recherche ayant mené à cet ouvrage, ainsi que la Fédération des sciences humaines du Canada pour l'octroi d'un Prix d'auteur pour l'édition savante.

Finalement, je ne pourrais oublier ma chère épouse Elizabeth, mes parents Camille et Linda, mon ami Bernard Gauvin et mon ancienne directrice de thèse Michèle Dagenais. Ce « bébé » est aussi un peu le leur.

Introduction

Les mouvements étudiants acadiens des années 1960 : une force de gauche ou d'affirmation nationale ?

Les années 1960 représentent, globalement, une décennie heureuse dans l'histoire des Acadiens du Nouveau-Brunswick, une décennie d'optimisme pendant laquelle la population francophone de cette province du littoral atlantique canadien a eu l'impression de finalement mériter une place au soleil après deux siècles de survivance, voire de survie. L'élection du premier Acadien comme premier ministre de la province, la création d'une université moderne de langue française, la réforme progressiste et égalitaire de la fiscalité et des services publics provinciaux, l'affirmation d'une volonté politique d'accélérer le développement économique des régions rurales – dont plusieurs étaient majoritairement acadiennes – et le parachèvement du réseau scolaire de langue française[1] étaient autant d'indices que des lendemains meilleurs attendaient « l'Acadie ».

Et pourtant, malgré ces évolutions ostensiblement positives, et en dépit des attentes qu'elles ont engendrées – ou à cause d'elles –, le Nouveau-Brunswick francophone a connu son « moment 1968 », moment de contestation dont l'ampleur se compare, toutes proportions gardées, aux crises soixante-huitardes qui ont alors secoué le Québec et le Canada « anglais ». Mais quels liens peut-on établir entre les actions de quelques centaines d'étudiants qui militent à Moncton en faveur des droits linguistiques et culturels pour les francophones, d'une part, et les luttes de la nouvelle gauche nord-américaine et des soixante-huitards français, de

1. Bien qu'il faille attendre le milieu des années 1970 pour voir les dernières écoles secondaires bilingues disparaître, la tendance à les abolir était bien établie à la fin des années 1960, lorsque l'on a commencé à construire plusieurs écoles polyvalentes de langue française.

l'autre ? Les étudiants de Moncton sont-ils avant tout des nationalistes acadiens nouvelle mouture ou des gauchistes marqués par leur réalité générationnelle et l'ambiance des *sixties* ?

Revisitons d'abord rapidement les faits saillants de ces mobilisations. En février 1968, l'Association des étudiants de l'Université de Moncton (AEUM) organise une grève qui durera deux semaines afin de protester contre la hausse imminente des droits de scolarité. Au cours de la même semaine, un groupe d'étudiants organise une manifestation en faveur du bilinguisme au niveau municipal ; environ 2000 personnes – surtout des étudiants universitaires et des élèves du secondaire – défilent devant l'hôtel de ville durant une réunion du conseil[2]. C'est la première fois qu'une manifestation atteint une telle ampleur à Moncton. Une délégation de quatre étudiants présente aux élus, moins qu'amicaux, des revendications inspirées des recommandations de la Commission royale d'enquête sur le bilinguisme et le biculturalisme, rendues publiques quelques semaines plus tôt. Des escarmouches entre des étudiants et le maire, notoirement francophobe, ponctuent les jours suivants, et les événements culminent avec la livraison d'une tête de cochon à la porte de la demeure du magistrat et l'arrestation de deux étudiants. La semaine suivante, c'est en faveur de la gratuité scolaire qu'on manifeste, dans la capitale provinciale cette fois. Environ 1200 des 3000 manifestants sont des Acadiens venus soit de Moncton, soit du Collège de Bathurst, et une délégation de l'AEUM est reçue par le premier ministre. Toutefois, celui-ci ne leur promet rien, et les étudiants repartent déçus.

En janvier 1969, frustré par l'échec des pressions exercées au cours de l'année précédente, un groupe d'étudiants – plus limité, cette fois, et non élu – hausse le ton d'un cran et décide d'occuper un bâtiment important du campus principal de l'Université de Moncton « pour une période indéterminée », afin d'exiger le gel des droits de scolarité et des fonds additionnels pour l'Université de la part du gouvernement fédéral. L'occupation dure huit jours et se termine mal : l'administration fait appel aux policiers municipaux pour évacuer le bâtiment, supprime purement et simplement le programme de sociologie (discipline jugée subversive)

2. Marie-Paule Daigle, « Pour obtenir du français : près de 2000 étudiants manifestent dans le calme devant l'hôtel de ville » et « Les étudiants dans l'hôtel de ville », *L'Évangéline*, 15 février 1968, p. 1.

et, en invoquant des prétextes, congédie sept professeurs plutôt engagés, ce qui ne manque pas de choquer plusieurs observateurs. Finalement, elle choisit de ne pas réadmettre une trentaine d'étudiants, parmi lesquels se trouvent les organisateurs de l'occupation et la plupart des bénévoles du journal étudiant.

Le « moment 1968 » des étudiants acadiens a suscité beaucoup d'intérêt pendant son déroulement, et les « événements » sont devenus quelque peu mythiques sur la scène acadienne, voire au-delà[3]. Étonnament, peu de travaux en histoire ou en sociologie portent explicitement sur les mouvements étudiants acadiens des années 1960[4]. Beaucoup plus nombreuses sont les études qui ont inclus ces événements dans une perspective plus large, macrosociologique, ou dont le thème est voisin de celui des mouvements étudiants[5].

---

3. En effet, l'intérêt général pour cette partie de l'histoire de l'Acadie est demeuré vif durant les décennies qui ont suivi. En témoigne, par exemple, la sortie d'un film, en 2011, intitulé *Aujourd'hui, on n'est plus en 68* (Maurice André Aubin, Moncton, Productions Mozus, 2011, 52 min).

4. Lise Ouellette, *Les luttes étudiantes à l'Université de Moncton: production ou reproduction de la société acadienne?*, thèse de maîtrise (sociologie), Montréal, Université de Montréal, 1982; Jean-Philippe Warren et Julien Massicotte, « La fermeture du département de sociologie de l'Université de Moncton: histoire d'une crise politico-épistémologique », *Canadian Historical Review*, vol. 87, n° 3 (septembre 2006), p. 463-496.

5. Jean-Paul Hautecoeur, L'*Acadie du discours: pour une sociologie de la culture acadienne*, Québec, Les Presses de l'Université Laval, 1975; Louis F. Cimino, *Ethnic Nationalism Among the Acadians of New Brunswick: An Analysis of Ethnic Political Development*, thèse de doctorat (anthropologie), Durham, Duke University, 1977; Joseph Yvon Thériault, « Naissance, déploiement et crise de l'idéologie nationale », *L'identité à l'épreuve de la modernité: écrits politiques sur l'Acadie et les francophonies canadiennes minoritaires*, Moncton, Éditions d'Acadie, 1995, p. 229-233; Joseph Yvon Thériault, « Le moment Robichaud et la politique en Acadie », dans Institut canadien de recherche sur le développement régional, *L'ère Louis J. Robichaud, 1960-70: actes du colloque*, Moncton, Institut canadien de recherche sur le développement régional, 2001, p. 47; Joseph Yvon Thériault, « Domination et protestation: le sens de l'acadianité », *Anthropologica*, vol. 23, n° 1 (1981), p. 60-68; Greg Allain, Isabelle McKee-Allain et Joseph Yvon Thériault, « La société acadienne, lectures et conjonctures », dans Jean Daigle (dir.), *L'Acadie des Maritimes: études thématiques*, Moncton, Chaire d'études acadiennes, Université de Moncton, 1993, p. 350-357; Ricky Richard, *Les formes de l'acadianité au Nouveau-Brunswick: action collective et production de l'identité (1960-1993)*, thèse de

Le premier « récit » important qui documente les activités des étudiants militants en Acadie est une production cinématographique, ce qui semble approprié étant donné le rôle qu'ont joué les médias de masse dans la diffusion des mouvements étudiants du monde entier à cette époque. Il s'agit de l'œuvre de deux cinéastes québécois bien connus, Pierre Perrault et Michel Brault, le classique du « cinéma vérité » *L'Acadie, l'Acadie!?!*[6], qui capte sur le fait, puis raconte – dans une ambiance qui rappelle le direct – d'importantes manifestations étudiantes qui eurent lieu entre février 1968 et janvier 1969. Malgré la position éditoriale des cinéastes, qui voulaient montrer que la francophonie hors Québec avait peu de chances de survivre, les événements documentés n'ont pas manqué de passer à l'histoire comme le symbole d'un nouveau type d'affirmation collective des Acadiens. Cela est d'autant plus vrai que ces événements

maîtrise (science politique), Québec, Université Laval, 1994, p. 34-56; Alain Even, *Le territoire pilote du Nouveau-Brunswick ou Les blocages culturels au développement économique: contribution à une analyse socio-économique du développement*, thèse de doctorat (sociologie), Rennes, Université de Rennes, 1970; Micheline Arseneault, *La convention d'orientation nationale acadienne de 1979: un reflet du mouvement néo-nationaliste en Acadie du Nouveau-Brunswick*, thèse de maîtrise (science politique), Ottawa, Université d'Ottawa, 1994, p. 70-77; Robert Young, « L'édification de l'État provincial et le développement régional au Nouveau-Brunswick », *Égalité*, nos 13-14 (1984-1985), p. 125-152; Maurice Basque, *De Marc Lescarbot à l'AEFNB: histoire de la profession enseignante acadienne au Nouveau-Brunswick*, Edmundston, Éditions Marévie, 1994; Richard Wilbur, *The Rise of French New Brunswick*, Halifax, Formac, 1989; Julien Massicotte, « Le territoire acadien: contextes et perceptions », dans Martin Pâquet et Stéphane Savard (dir.), *Balises et références: Acadies, francophonies*, Sainte-Foy, Les Presses de l'Université Laval et Éditions de l'IQRC, 2007; Della Stanley, *Louis Robichaud: A Decade of Power*, Halifax, Nimbus, 1984; Michel Cormier et Achille Michaud, *Richard Hatfield: un dernier train pour Hartland*, Montréal, Libre Expression; Moncton, Éditions d'Acadie, 1991; Sacha Richard, « Fighting for Rights in "The City with a Heart": The Struggle for Bilingualism in Moncton, 1968-1972 », polycopie, Congrès annuel de la Société historique du Canada, Université Dalhousie, Halifax, 29 mai 2003; Hector Cormier, *La scission du district scolaire No 15: l'histoire d'une lutte, mais surtout d'une victoire*, Moncton, Éditions du Sorbier, 2000.

6. Office national du film, 1971. L'indignation provoquée à la sortie du film, dans le climat politique déjà chargé de janvier 1972, mène à une nouvelle ronde de manifestations étudiantes.

surviennent dans un milieu encore peu habitué au militantisme, ou même à la simple remise en question politique ou culturelle[7]. Bien que les moyens d'action mis en œuvre publiquement par les étudiants aient été inégalement appréciés par les commentateurs de la période, le contraste avec les tactiques discrètes de l'élite nationaliste est invariablement souligné. Ce contraste – visible, voire frappant dans le film – explique sûrement en partie ce que «les événements» représentent dans l'historiographie acadienne: le début du renouvellement des formes du nationalisme acadien. Ou, pour utiliser le terme en vogue à ce moment-là, le début du mouvement «néonationaliste».

Jean-Paul Hautecoeur, un des professeurs de sociologie congédiés par l'Université de Moncton en 1969, est le premier à avancer cette idée, d'abord dans sa thèse de doctorat en sociologie, dirigée par Fernand Dumont, puis dans un livre[8], et ce, dès le début des années 1970, alors que le mouvement néonationaliste bat son plein, porté par de nouvelles organisations telles que le Parti acadien (fondé en 1972) et la Société des Acadiens du Nouveau-Brunswick (SANB) (formée en 1973), et que tous les espoirs sont encore permis. Hautecoeur raconte les luttes étudiantes de 1968-1969 et les replace dans l'environnement intellectuel, culturel et politique de l'Acadie d'après-guerre. Son analyse, qui constitue la première proposition d'une histoire des idées politiques en Acadie, examine longuement l'idéologie de l'élite culturelle et nationaliste acadienne, décrivant ses formes les plus récentes comme étant irrémédiablement compromises dans des accomodements avec le groupe majoritaire anglophone, au nom d'une modernité qui ne serait, en réalité, qu'une voie vers l'aliénation culturelle. Dans le dernier chapitre de l'ouvrage, les «événements» de 1968 sont présentés comme le point de départ d'un nouveau nationalisme, plus démocratique et plus ouvert que celui des générations antérieures. Bien que la vision de l'idéologie de l'élite définitrice défendue par Hautecoeur n'ait pas fait consensus – j'y reviendrai –, aucun texte subséquent n'a contesté la lecture générale qu'il a faite du mouvement étudiant de Moncton:

7. Rappelons que l'Acadie, contrairement au Québec, n'a eu ni mouvement syndical fort ni publications progressistes engagées (telles que *Cité libre*) durant les années 1950.

8. Jean-Paul Hautecoeur, *L'Acadie: idéologies et société*, thèse de doctorat (science politique), Québec, Université Laval, 1972, et *L'Acadie du discours*.

celui-ci serait essentiellement à la source du mouvement néonationaliste acadien[9].

Notons dès maintenant une différence importante par rapport à la situation du Québec : dans « la Belle Province », on considère généralement que le néonationalisme est apparu au début des années 1960, voire à la fin des années 1950, et que le gouvernement libéral réformiste de Jean Lesage en a été un des vecteurs principaux. Au Nouveau-Brunswick, un gouvernement libéral et réformiste a été élu à moins d'une semaine de l'arrivée au pouvoir de Lesage. Il s'agit, bien entendu, de celui formé par Louis J. Robichaud, dont la moitié du cabinet est composé d'Acadiens. Ces gouvernements provinciaux voisins et contemporains ont souvent été comparés en raison de leurs réformes fougueuses menées en parallèle. Et pourtant, selon les spécialistes de l'histoire acadienne, le néonationalisme n'a pas vu le jour sous le gouvernement de Robichaud ; il s'est manifesté plus tardivement, vers la fin de la décennie, et il s'est affirmé en partie *contre* le gouvernement de Robichaud. En d'autres termes, dans la société majoritairement francophone du Québec, le néonationalisme est généralement considéré comme étant compatible avec le libéralisme ; alors qu'en Acadie du Nouveau-Brunswick, il a été nécessaire de rompre – au moins partiellement – avec le libéralisme afin d'adopter une posture résolument néonationaliste.

En Acadie, le fait que le militantisme étudiant et la réaffirmation de l'autonomie culturelle – sous une mouture moins traditionnelle – se sont développés simultanément a donc donné à penser que le militantisme étudiant de masse était fondamentalement néonationaliste. Cette vague de mobilisations ne serait apparue qu'au moment où il était devenu impérieux de faire entendre une parole nouvelle à l'élite acadienne, pour lui montrer où et comment elle avait erré en ne se libérant

9. Voir, par exemple, Nicolas Landry et Nicole Lang, *Histoire de l'Acadie*, Sillery, Éditions du Septentrion, 2001, p. 292 ; Roger Ouellette, *Le Parti acadien : de la fondation à la disparition, 1972-1982*, Moncton, Chaire d'études acadiennes, Université de Moncton, 1992 ; Michel Cormier, *Louis J. Robichaud : une révolution si peu tranquille*, Moncton, Éditions de la Francophonie, 2004, p. 282-284 (aussi publié sous le titre *Louis Robichaud : la révolution acadienne*, Montréal, Leméac, 2004) ; Wilbur, *The Rise of French New Brunswick*, p. 222-242 ; Stanley, *Louis Robichaud*, p. 182, 188-189 ; Michel Roy, *L'Acadie des origines à nos jours : essai de synthèse historique*, Montréal, Québec Amérique, 1981.

pas davantage de la tradition afin de mieux résister à l'intégration des Acadiens et Acadiennes dans les sphères politiques et économiques néo-brunswickoise et canadienne.

Que l'apparition du néonationalisme soit en partie le résultat d'un conflit entre générations réclamant toutes deux le leadership acadien, cela ne fait pas de doute. Joseph Yvon Thériault est peut-être celui qui l'a montré le plus clairement et avec le plus de concision :

> [Il] s'était développé au sein même des jeunes Acadiens un néo-nationalisme qui contestait le projet d'intégration – projet de la génération précédente – et qui tentait de ramener à l'avant-scène des préoccupations acadiennes la question de l'autonomie des institutions acadiennes. [...] Les enfants des réformateurs frustrés n'allaient plus revendiquer l'égalité, mais bien la dualité[10].

Mais la réalité se limite-t-elle à cela? Dans un article paru en 1986, le sociologue Bernard Gauvin, ancien contestataire étudiant et un des organisateurs de la manifestation de février 1968, met en garde contre cette lecture trop « nationale » des motivations des étudiants, en rappelant que ces derniers s'imaginaient aussi – peut-être même surtout – faire partie d'un mouvement de contestation planétaire, d'une vague progressiste mondiale propre à leur génération :

> Contrairement au point de vue le plus largement répandu, la question acadienne n'a pas été le premier déclencheur des événements survenus sur le campus de l'Université de Moncton en 1968-1969. En effet [en octobre 1967...] environ deux cents étudiants organisaient dans les rues de Moncton une modeste manifestation en faveur de la paix et contre l'intervention américaine au Vietnam. [...] Au départ nous étions partie prenante du vaste mouvement contestataire de la jeunesse occidentale[11].

Dix-huit ans plus tôt, son condisciple Raymond LeBlanc avait qualifié les événements de Moncton de 1968 de façon très semblable : on avait

10. Thériault, « Le moment Robichaud et la politique en Acadie », p. 52-53.

11. Bernard Gauvin, « La question acadienne : 16 ans après les événements de 1968-1969 », dans Khaled Belkhodja (dir.), *Actes du colloque « Solidarité internationale contre l'oppression des cultures et le racisme »*, Moncton, Université de Moncton, 1986, p. 82.

affaire, selon lui, à un mouvement «contestataire» qui visait à «remettre en question un système ou une société de façon directe», à faire une «critique globale de l'*Establishment*» de cette société pour, enfin, «réclamer ou revendiquer autre chose». Le phénomène de la contestation étudiante de 1968, affirmait-il, avait une «dimension globale[12]». La caractéristique première des mobilisations serait donc leur appartenance à un mouvement plus vaste. LeBlanc faisait d'ailleurs valoir le fait que plusieurs revendications des étudiants de Moncton touchaient aux mêmes thèmes que celles de leurs confrères ailleurs en Occident, voire dans le monde: droits de scolarité, cogestion des universités, guerre du Vietnam, etc., étaient autant de piliers de cette «solidarité étudiante» mondiale. LeBlanc considère même que «les manifestations, les réunions, les "sit-in", le boycottage des cours, les barricades et la grève de presque deux semaines» à Moncton sont des exemples frappants de l'esprit contestataire étudiant de l'époque: «En 1968, au Canada, c'est surtout au Québec et au Nouveau-Brunswick ainsi qu'à Simon Fraser (Colombie-Britannique) que des manifestations étudiantes ont éclaté. [...] Au Nouveau-Brunswick, [...] c'est surtout à l'Université de Moncton que furent organisées des manifestations [...][13].»

Loin d'insister sur la singularité de la situation de Moncton ou de l'Acadie, ces militants ont donc tendance à les lier directement aux autres mobilisations étudiantes qui secouaient la planète au même moment. Toutefois, peu de textes portant sur ce thème accordent de l'importance au phénomène générationnel et au contexte historique pour comprendre les événements qui se sont déroulés à Moncton en 1968-1969.

Le film *L'Acadie, l'Acadie?!?*, par exemple, ne fait aucun lien entre les événements de Moncton et le mouvement étudiant planétaire[14]. La vague de manifestations est présentée comme le résultat d'un ras-le-bol chez la

12. Raymond G. LeBlanc, *La contestation étudiante: les sources et les raisons du malaise étudiant; l'étudiant, individu et collectivité; l'étudiant, ce qu'il est, ce qu'il refuse, ce qu'il veut et son attitude vis-à-vis l'Université et la société*, mémoire de B.A. (sociologie), Moncton, Université de Moncton, 1970, p. 1-9, 98.

13. *Ibid.*, p. 90, 94.

14. On mentionne l'existence d'autres étudiants ailleurs au pays dans une seule scène, dans laquelle on voit un des militants étudiants lire fièrement à une condisciple un message de solidarité envoyé par l'association étudiante de l'Université Simon Fraser lors de l'occupation du mois de janvier 1969, message dans lequel les étudiants britanno-colombiens affirment les soutenir dans leur combat contre l'«*anglo-american imperialism*».

jeunesse acadienne des traditions de ses pères et, surtout, de ce qui est perçu comme leur soumission à la domination anglophone. Il s'agirait donc d'un choc entre les générations, mais d'un choc bien particulier, lié avant tout à la situation minoritaire des Acadiens et à un désaccord sur le type de stratégie nationaliste à favoriser. À partir de cette optique, Perrault et Brault présentent la mobilisation des étudiants essentiellement comme l'expression du désir de liberté et d'épanouissement d'une population canadienne-française dominée et minorisée.

Jean-Paul Hautecoeur, comme ces cinéastes de l'Office national du film du Canada (ONF), situe les actions des étudiants de Moncton dans un contexte résolument local. Le milieu acadien du Nouveau-Brunswick et sa culture contiendraient pratiquement tous les éléments nécessaires à la compréhension du phénomène. Aucun parallèle ou comparaison n'est tracé avec d'autres mouvements étudiants, quoiqu'un certain rôle de facilitateur ait été imputé aux étudiants québécois du campus. Pour Hautecoeur, en effet, le mouvement néonationaliste québécois est la principale source d'inspiration des étudiants de Moncton[15]. Aussi, il estime que la naissance d'un réel mouvement étudiant à Moncton ne peut s'expliquer indépendamment de l'émergence simultanée d'un « projet néonationaliste » acadien. Pas de mouvement étudiant sans néonationalisme, et vice-versa[16].

Alain Even, un autre professeur de sociologie congédié à la suite des « événements », est le seul acteur du moment à proposer une interprétation dualiste du mouvement : celui-ci serait à la fois « inspiré de modèles internationaux » et le résultat d'une « prise de conscience par les étudiants de leur groupe ethnique[17] ». Toutefois, Even ne tente pas d'expliquer, dans le cadre de sa thèse, comment s'articulent ces deux éléments.

Bien que nombre de publications ultérieures nous apprennent beaucoup sur le sens profond à accorder aux transformations sociales des années 1960 en Acadie[18], aucune n'éclaire réellement la question de

---

15. Hautecoeur, *L'Acadie du discours*, p. 256-257. Le journaliste anglophone Richard Wilbur opine dans la même direction (*The Rise of French New Brunswick*, p. 227-228).
16. *Ibid.*
17. Even, *Le territoire pilote du Nouveau-Brunswick*, p. 192.
18. Notamment les travaux de Louis F. Cimino, de Robert Young, de Joseph Yvon Thériault et de Jean-Philippe Warren et Julien Massicotte.

l'identité du mouvement étudiant de Moncton. Qui étaient ces jeunes qui ont mis au monde le discours néonationaliste? Pourquoi l'ont-ils fait? Au nom de qui? Si les travaux existants ont mis en lumière certains facteurs ayant favorisé le développement du néonationalisme, aucun, à ce jour, n'a expliqué *comment* – par quels moyens – s'est faite la transition d'un contexte idéologique avant tout libéral-réformiste à un autre, encore réformiste, mais aussi marqué par le néonationalisme.

Il m'a semblé, après avoir lu tout ce qu'il y avait à lire sur « les événements », que notre compréhension de ces derniers est limitée par le fait que les analyses existantes sont en bonne partie « acadiano-centrées » : elles essaient de comprendre les mouvements étudiants en se fondant presque exclusivement sur la situation sociale, politique et économique de la région. Pourtant, s'il existe des événements généralement considérés comme faisant partie d'une réalité mondiale (ou du moins occidentale), ce sont bien les explosions étudiantes de 1968, qui ont touché des villes aussi diverses que Paris, Montréal, Chicago, Mexico, Prague et Tokyo, pour ne nommer que celles-là. Le monde étudiant acadien pouvait-il réellement vivre en vase clos, isolé de tout? L'historiographie le donne presque à entendre, malgré les témoignages des participants au mouvement.

Dans cet ouvrage, je réanalyserai cet épisode de l'histoire de l'Acadie, en le replaçant dans le contexte plus vaste dans lequel le mouvement étudiant s'insère. L'analyse des sources m'a permis d'établir de nombreux liens entre les mobilisations des étudiants de Moncton et celles qui ont eu lieu ailleurs en Occident. On verra que les trois différentes « phases » qu'il est possible de définir dans la vie politique étudiante à l'Université de Moncton correspondent, à quelques détails près, au découpage chronologique établi par plusieurs auteurs pour les États-Unis, le Canada et le Québec[19]. La grande similitude des périodisations à l'échelle

19. Cyril Levitt, *Children of Privilege: Student Revolt in the Sixties: A Study of Student Movements in Canada, the United States, and West Germany*, Toronto, University of Toronto Press, 1984; Doug Owram, *Born at the Right Time: A History of the Baby Boom Generation*, Toronto, University of Toronto Press, 1996; Gilles Pronovost, « Les idéologies étudiantes au Québec », dans Fernand Dumont, Jean

nord-américaine témoigne de l'incroyable force de la « culture jeunesse » développée durant les Trente Glorieuses, soit les trente années de croissance économique ininterrompue qui ont suivi la Seconde Guerre mondiale. La synchronie du développement des divers mouvements étudiants est attribuable aussi à l'instantanéité des débats sociaux autorisée par les médias électroniques.

Bien sûr, similaire ne veut pas dire identique. Il n'est pas question d'affirmer que toutes les mobilisations étudiantes qui ont eu lieu au cours des différentes phases s'équivalaient, ni même qu'elles s'attaquaient aux mêmes problèmes. C'est précisément l'objectif de cet ouvrage : essayer de démêler comment le mondial et le local s'agencent, s'influencent et s'articulent pour former, dans un milieu particulier, un mouvement étudiant à la fois original et lié aux mouvances plus larges. Comment une dynamique et une énergie mondiales influent-elles sur des enjeux locaux ? Comment en changent-elles les termes et les perceptions ? Comment jouent-elles sur leurs issues ? La question fondamentale qui est à la base de cette enquête porte donc sur l'identité même du mouvement étudiant acadien des années 1960. Représente-t-il l'incarnation locale du phénomène mondial de la révolte étudiante ? Ou l'expression d'une contestation interne de la société acadienne ? Ou alors un peu des deux – et si c'est le cas, comment ces deux phénomènes se conjuguent-ils ?

L'adoption d'un point de vue transnational m'a semblé permettre une deuxième innovation. Chose rare en ce qui concerne les travaux sur l'Acadie, cette étude ne porte pas explicitement sur la « question nationale » ou même sur l'identité collective. Pour de nombreuses raisons, les recherches sur les minorités linguistiques sont souvent orientées vers ce qui les distingue le plus visiblement des majorités : leur nationalisme. Avec cet ouvrage, toutefois, je souhaite prendre un recul additionnel et observer

Hamelin et Jean-Paul Montminy (dir.), *Idéologies au Canada français 1940-1976*, t. 2 : *Les mouvements sociaux ; Les syndicats*, Québec, Les Presses de l'Université Laval, 1981, p. 109-130 ; Jean-Philippe Warren, *Une douce anarchie : les années 68 au Québec*, Montréal, Éditions du Boréal, 2008.

l'évolution récente de l'Acadie de façon plus globale. Pour ce faire, il sera nécessaire de documenter et de décrire toutes les influences culturelles qu'exercent les étudiants acadiens sur leur société, au-delà de leurs contributions au renouvellement du nationalisme. Bien sûr, il n'est pas question d'évacuer le thème de l'identité ethnoculturelle, dans la mesure où il préoccupe les étudiants. Toute étude sur l'Acadie qui n'y ferait pas référence serait certainement bancale. Toutefois, il ne faut pas, non plus, trop regarder l'arbre et, ainsi, perdre de vue la forêt. L'identité culturelle n'est certes pas la seule préoccupation des étudiants qui, à coups de débat vigoureux, adoptent continuellement de nouveaux points de vue, développent des idées sur une multitude de sujets politiques. Simultanément, et peut-être de façon plus importante, leurs valeurs politiques connaissent des transformations importantes. Ces valeurs touchent des thèmes aussi fondamentaux que les sources légitimes de l'autorité, les droits et les devoirs individuels et les modes acceptables d'action politique. J'estime qu'il est fécond de replacer les conceptions nationales des étudiants dans ce cadre plus large que constitue la culture politique en évolution. Voilà donc ce qui servira de fil conducteur à cette enquête : l'évolution de la *culture politique* des étudiants durant la période allant de la fin des années 1950 au seuil des années 1970[20].

Si la culture politique de chaque individu est partiellement différente de celle de son voisin, cela n'empêche pas que « ceux qui expérimentent des conditions concrètes d'existence analogues [...] vont partager une culture commune[21] ». Il s'ensuit que la situation partagée par les étudiants leur forge une culture politique commune – ou, pour emprunter les termes de Pierre Bourdieu, leur confère un *ethos* semblable en matière de politique[22]. Or la situation des étudiants change dans le temps ; leur

20. Par culture politique, j'entends un ensemble « de savoirs, croyances et valeurs qui donnent sens à l'expérience routinière que les individus ont de leurs rapports au pouvoir qui les régit et aux groupes qui leur servent de référence identitaire » (Philippe Braud, *Sociologie politique*, 3e éd., Paris, LGDJ, 1996, p. 549).

21. *Ibid.*, p. 217. Il s'agit d'un passage où Braud décrit la contribution de Pierre Bourdieu aux débats sociologiques portant sur la culture politique.

22. Bourdieu popularise le concept d'*ethos* de classe en lui donnant la définition suivante : « Un système de valeurs implicites que les gens ont intériorisées depuis l'enfance et à partir duquel ils engendrent des réponses à des problèmes extrêmement différents » (Pierre Bourdieu, *Questions de sociologie*, Éditions de Minuit, 1984, p. 228).

culture politique évolue en conséquence, au rythme des cohortes qui se succèdent. Pour paraphraser Bourdieu, on parlera alors d'*habitus générationnel.* En suivant l'évolution de la culture politique des cohortes d'étudiants de l'Université de Moncton entre 1958 et 1969, on cherchera à discerner les changements significatifs qui surviennent sur ce plan au cours de la période. À quel(s) moment(s) se produisent-ils ? Combien de fois ? À partir des données colligées, les étudiants ont été divisés en cohortes distinctes, chacune représentant une génération dans le sens sociologique ou historique (plutôt que démographique) du terme[23]. De fait, les historiens qui théorisent sur ce sujet définissent généralement une génération comme étant « *an age group shaped by history*[24] » ou par un « *social moment*[25] ».

Pour chacune de ces cohortes, je me propose de dresser un portrait du leadership étudiant. Ce dernier inclut évidemment les membres des associations étudiantes officielles (du campus, des facultés et des écoles) et ceux des comités de rédaction des journaux, mais ne s'y limite pas. Les activités sur le campus seront scrutées à la loupe ; tout individu qui montre un engagement politique, parapolitique et culturel – par l'organisation d'activités, de clubs, de manifestations, etc. – sera inclus dans le groupe de leaders. Je ne prétends pas être en mesure de dresser un portrait complet de la culture politique de l'ensemble des étudiants, mais bien celui d'une minorité agissante qui a eu des effets sur l'ensemble de la population étudiante.

C'est à partir des opinions, des actions et des comportements de ces chefs de file que je tenterai de dresser les contours de leur culture politique commune pour chacune des périodes. J'ai soumis tous les textes à ma disposition à une analyse de contenu. Les actions des étudiants ainsi que les réactions du milieu (de l'administration universitaire, de l'administration

23. Il est intéressant de noter que durant la phase formative (1957-1963), ce sont de jeunes pré-boomers qui fréquentent l'université, alors que durant le premier mouvement étudiant, né avec la phase libérale (1964-1967), ce sont des boomers qui fréquentent l'université.

24. Anthony Esler, *Generations in History: An Introduction to the Concept*, [s. l.], A. Esler, 1982, p. 44.

25. Owram, *Born at the Right Time*, p. 159. C'est aussi pour cette raison que François Ricard, quand il parle de la « génération lyrique », se réfère uniquement à « l'œuvre des premier-nés du baby-boom » (François Ricard, *La génération lyrique : essai sur la vie et l'œuvre des premiers-nés du baby-boom*, Montréal, Éditions du Boréal, [1992] 1994, coll. « Boréal compact »).

municipale, des quotidiens francophone et anglophones et du gouvernement provincial) aideront aussi à comprendre en quoi les multiples discours étudiants diffèrent les uns des autres et quelles influences ils exercent sur les sociétés civiles francophone et anglophone du Nouveau-Brunswick.

L'analyse commence avec les débuts de la « Révolution tranquille » acadienne, en 1957, et se prolonge jusqu'aux suites des plus fameuses mobilisations étudiantes acadiennes, soit jusqu'en 1969. Elle se concentre sur les étudiants qui fréquentent les institutions du sud-est de la province, c'est-à-dire l'Université Saint-Joseph de Memramcook (de 1957 à 1963) et son héritier, le campus de Moncton de l'Université de Moncton (de 1963 à 1969). Je me penche aussi ponctuellement sur les actions et les prises de position des étudiants des autres régions de la province, dans la mesure où cela permet de comprendre la spécificité de Moncton. Ce choix s'est imposé en raison non seulement de la richesse des sources documentaires portant sur les institutions de Moncton, mais aussi du rôle central que ces dernières ont joué dans la sphère de l'éducation postsecondaire acadienne.

Les journaux étudiants constituent une fenêtre très utile sur la vie étudiante et sur les préoccupations des étudiants politiquement engagés. Ils m'ont aidé à dresser la chronologie des événements importants. Par ailleurs, ils m'ont procuré une bonne quantité de textes à analyser. En effet, j'ai répertorié et analysé 167 articles parus entre 1957 et 1969 qui correspondent aux thèmes étudiés, dont 67 de *Liaisons*, 35 de *L'Insecte*, 58 de *La Moustache* et 7 de *Microbe*.

Les journaux m'ont aussi été très utiles. Au cours de la période à l'étude, la ville de Moncton comptait un quotidien de langue française, *L'Évangéline*, ainsi que deux quotidiens de langue anglaise, le *Times* et le *Transcript*. *L'Évangéline* est avant tout l'organe de l'élite acadienne ou, selon l'expression de Marc Johnson, un « journal-entreprise national[26] ». J'ai fait un dépouillement ciblé de ce journal, à partir des dates des événements d'importants. Le *Times* et le *Transcript* sont des entreprises commerciales qui s'adressent avant tout au lectorat anglophone de Moncton et du sud-est du Nouveau-Brunswick. Leur traitement des mouvements étudiants et des sujets relatifs à l'Université m'a aidé à mieux comprendre

26. Marc Johnson, *Les stratégies de l'acadianité: analyse socio-historique du rôle de la presse dans la formation de l'identité acadienne*, thèse de doctorat, Bordeaux, Université de Bordeau II, 1991, p. 175-180.

les rapports entre francophones et anglophones durant la période. Ces journaux ont été dépouillés de manière ciblée, comme *L'Évangéline.*

Le film *L'Acadie, l'Acadie!?!* a une valeur documentaire inestimable pour la période 1968-1969. Mais surtout, le fonds d'archives de son réalisateur Pierre Perrault, conservé à la Division de la gestion des documents administratifs et des archives, section Archives historiques, de l'Université Laval, s'est révélé une mine d'or. J'y ai trouvé l'équivalent de plusieurs heures de dialogues retranscrits, totalisant 12 centimètres de documents textuels[27]. Ces textes m'ont donné accès aux opinions et aux perceptions d'un large éventail d'acteurs de l'époque, notamment de toutes les tranches de la population étudiante. Cela m'a libéré de ma dépendance aux journaux étudiants de 1968-1969, qui, de l'aveu même de Jean-Paul Hautecoeur, étaient sous la coupe d'une seule faction des militants étudiants, celle de Michel Blanchard (qui en était le rédacteur en chef).

J'ai aussi eu recours à des documents conservés au Centre d'études acadiennes Anselme-Chiasson (CEAAC) de l'Université de Moncton, particulièrement le fonds de Clément Cormier. Finalement, la *Revue économique* complète le tour d'horizon des sources principales. Fondée par des professeurs de l'Université de Moncton en 1963, cette revue a été un forum d'échanges intellectuels et éditoriaux qui s'est révélé très riche en renseignements sur les débats sociaux de l'Acadie d'alors. Je l'ai dépouillée en entier pour la période allant de 1963 à 1969.

Bien sûr, cette étude comporte des limites. Comme c'est presque toujours le cas en histoire, il y a d'abord la question de la représentativité des sources à considérer. Je me suis penché avant tout sur des textes écrits par des étudiants et des professeurs – dans des journaux, des revues et des mémoires – ainsi que sur les retranscriptions des discussions captées dans le film de Pierre Perrault. Dans les deux cas, on peut dire qu'il s'agit d'une minorité d'étudiants, soit ceux qui ont pris la peine d'écrire ou qui ont été choisis par le cinéaste, qui a monté son film autour de quatre ou cinq « personnages » principaux et d'une douzaine de personnages secondaires. En ce

27. À noter que ces retranscriptions sont de la main de Perrault, pour qui elles étaient un simple outil de travail qui lui a permis de réaliser le montage du documentaire. Conséquemment, elles contiennent un nombre assez important de fautes de frappe, de langage, de syntaxe, de grammaire, etc., fautes également attribuables au caractère oral des textes retranscrits. J'ai cru bon de reproduire les extraits tels quels, sans y ajouter les « [*sic*] » de circonstance, afin d'en faciliter la lecture.

qui concerne les journaux étudiants, il n'y a pas de raison de croire que les courants d'idées décelés et analysés ne correspondent pas aux malaises et aux préoccupations réelles de l'ensemble des étudiants de Moncton. Tous les courants d'idées exprimés avec une quelconque régularité ont été analysés avec soin. Si des courants de pensée autres que ceux dont j'ai rendu compte se sont manifestés sur le campus, je ne les ai retrouvés ni dans les pages du journal, ni dans un autre type de leadership au sein de l'association étudiante, ni dans de quelconques manifestations concrètes. Il est possible qu'il y ait eu une « minorité silencieuse », mais ce n'est pas elle qui a fait l'histoire de ces années. En ce qui concerne le documentaire de Perrault, rappelons que j'ai eu accès aux transcriptions de plusieurs heures de film. Ces transcriptions se rapprochent beaucoup plus du document que de l'œuvre artistique ; le montage n'ayant pas encore été réalisé, les points de vue les plus variés s'y trouvent. Aussi, il faut se rappeler qu'en plus des protagonistes choisis, on y entend de nombreux témoins qui s'expriment durant des réunions étudiantes publiques. On est porté à croire que toutes les opinions émises par les étudiants de l'époque se sont fait entendre à un moment ou à un autre. Somme toute, le mouvement étudiant de Moncton a pu être analysé à partir de sources comparativement riches. Sans compter que les événements de la période étudiée ont aussi été retracés et analysés en consultant, de manière souvent systématique, le principal quotidien acadien, *L'Évangéline*, et, de façon plus ciblée, des journaux anglophones régionaux. J'avais initialement planifié de bonifier ces sources par des entrevues. Toutefois, devant la grande quantité de sources documentaires n'ayant jamais été traitées, j'ai décidé de m'en tenir à la tâche, déjà considérable, de mettre sur papier une première interprétation globale de ces mouvements étudiants, quitte à ajuster le tir plus tard. J'ai toutefois pris la liberté de discuter plus informellement – quoique parfois de manière soutenue – avec un certain nombre d'anciens militants étudiants, dont Bernard Gauvin, Ronald Cormier, Régis Brun et Irène Doiron.

On verra que les étudiants ont joué un rôle non négligeable dans l'histoire acadienne des Trente Glorieuses *et* que leurs mobilisations sont intimement liées aux mouvances étudiantes continentales de l'époque. Les trois phases des mouvements étudiants de Moncton qui ont été établies

– la formative, la libérale et la radicale – correspondent grosso modo aux chapitres 2, 3 et 4 de cet ouvrage.

Le premier chapitre dresse un portrait de la situation économique, matérielle, politique et idéologique des Acadiens du Nouveau-Brunswick durant l'après-guerre (1945-1960). Il décrit notamment le réseau institutionnel de « l'élite définitrice » acadienne « traditionnelle » et met en évidence les pressions qu'exercent sur lui les changements politiques, sociaux et économiques qui s'accélèrent au cours de cette période. L'univers des collèges classiques y est aussi décrit.

Le deuxième chapitre documente l'autonomisation de la sphère étudiante acadienne entre 1957 et 1964. Pendant ces années, les étudiants se dotent d'institutions – représentatives, médiatiques et autres – de plus en plus autonomes et adhèrent à certains réseaux nationaux. Il en résulte l'affirmation d'une identité propre aux étudiants, largement autoréférentielle, qui provoque la naissance d'un groupe social capable de formuler sa propre vision du monde et ne craignant pas d'affronter les autorités. Cette évolution marque une étape importante de la « pluralisation » interne de la communauté acadienne, puisqu'il s'agit de la première menace sérieuse dirigée contre l'autorité symbolique de l'élite nationale. Ce chapitre permet d'établir qu'en Acadie, l'autonomisation de la sphère étudiante ainsi que ses premières révoltes contre l'autorité ont eu lieu sensiblement au même moment qu'ailleurs en Amérique du Nord. Les années 1962-1964 sont, en effet, des années charnières sur ce plan. Les étudiants acadiens semblent donc évoluer en phase avec la jeunesse occidentale, et ce, dès le début des années 1960. Je constate aussi dans ce chapitre que, contrairement à ce qu'affirme l'historiographie acadienne, la naissance du mouvement étudiant de Moncton précède, et de beaucoup, l'apparition du courant néonationaliste. Ses bases sont même solidement établies avant le Ralliement de la jeunesse acadienne de 1966, premier événement « jeunesse » à être mentionné dans l'historiographie des années 1960 en Acadie[28].

Dans le chapitre 3, je définis et décris l'idéologie du mouvement étudiant durant les années qui suivent sa formation, soit de 1964 à 1967. L'examen des sources révèle que ces années, largement ignorées par l'historiographie, représentent un moment capital dans l'histoire du

28. Excluant les événements d'organismes catholiques voués à la jeunesse, qui sont le fruit de mouvements plus larges contrôlés par des adultes.

militantisme étudiant acadien. L'idéologie propagée au cours de cette première phase du mouvement est fondamentalement libérale. Elle exprime un vif désir de rupture avec la tradition, qui est perçue comme un obstacle au progrès, à la démocratie et à l'ouverture sur le monde. Les étudiants désirent s'émanciper du particularisme, sont allergiques à tout nationalisme, appuient sans réserve le développement de l'État providence et se dépeignent comme des membres à part entière d'un mouvement générationnel d'ampleur planétaire.

Ces orientations sont conformes à ce que révèle l'historiographie des mouvements étudiants nord-américains : entre leur formation et l'année 1967, la grande majorité d'entre eux connaît une première phase libérale et non violente. Ils ont tendance à adhérer à des valeurs relativement communes ; ils contestent moins les idéaux professés de la société qu'ils s'élèvent en défenseurs de ceux-ci. Visiblement, les étudiants de Moncton sont « branchés » sur les réalités de leur génération.

L'analyse de cette première phase du mouvement étudiant vient invalider l'idée selon laquelle les mobilisations de la période correspondent simplement à une « répétition générale » du mouvement étudiant néonationaliste qui se déploiera à partir de 1968. Comme le soupçonnait Joseph Yvon Thériault, les étudiants du milieu de la décennie adhèrent plutôt à une variante de l'idéologie libérale dominante.

Dans le chapitre 4, j'examine la phase « radicale » du mouvement étudiant, soit celle des années 1968-1970. On y constate que les étudiants acadiens rejettent l'optimisme de l'après-guerre et remettent en question la notion de « progrès » et la gestion technocratique de la société. En contexte acadien, ce revirement se traduit par l'apparition d'un nouveau courant idéologique : le communautarisme. Délaissant l'idéologie libérale, qui était la leur depuis le début de la décennie, les étudiants réclament des droits culturels collectifs et un traitement particulier pour la communauté francophone. Il s'agit de l'embryon du « néonationalisme » acadien. J'avance ici que l'adoption et l'adaptation de cette nouvelle idéologie est en quelque sorte la réponse locale à l'esprit du « moment 1968 ». Ailleurs et à la même période, d'autres mouvements étudiants – qui avaient aussi été libéraux et humanistes – se radicalisent, se tournant vers des théories de plus en plus globalisantes et arrivant à des conclusions de plus en plus critiques du *statu quo*. Le néonationalisme n'est donc pas uniquement le produit de la situation sociopolitique et économique locale. On a affaire, aussi, à des forces qui traversent et dépassent le cadre de l'Acadie et du Nouveau-Brunswick.

Finalement, dans l'ultime chapitre, nous verrons comment l'idéologie de la deuxième phase du mouvement étudiant s'est répandue dans la société, donnant naissance au mouvement néonationaliste des années 1970.

Chapitre premier

Les Trente Glorieuses ou Le projet national acadien à la croisée des chemins

L'élite définitrice acadienne « traditionnelle » et ses institutions

Au milieu du xxe siècle[1], les Acadiens des Maritimes détiennent nombre d'institutions dites « nationales ». Ces institutions – journaux, collèges, conventions, archevêché, sociétés d'entraide mutuelle, coopératives et autres – ont été mises sur pied à partir de la fin du xixe siècle par des nationalistes qui s'évertuaient à créer une société acadienne qui soit la plus autonome possible. Les historiens ont longtemps appelé ce groupe l'« élite clérico-professionnelle ». Après la Seconde Guerre mondiale, celle-ci est encore composée essentiellement de prêtres, d'avocats, de médecins, de petits fonctionnaires (tels que des agronomes et des inspecteurs scolaires) et d'enseignants. Les administrateurs des diverses organisations coopératives et quelques marchands viennent compléter le tableau.

À vrai dire, ces individus ne forment pas une élite au sens classique du terme puisqu'ils doivent partager le pouvoir de manière importante au sein des communautés acadiennes. Les marchands, les politiciens et

1. Pour des synthèses de l'histoire de l'Acadie jusqu'à la Seconde Guerre mondiale, voir Nicolas Landry et Nicole Lang, *Histoire de l'Acadie*, Sillery, Éditions du Septentrion, 2001; Jean Daigle, « L'Acadie de 1604 à 1763, synthèse historique », dans Jean Daigle (dir.), *L'Acadie des Maritimes: études thématiques*, Moncton, Chaire d'études acadiennes, Université de Moncton, 1993, p. 1-44; Léon Thériault, « L'Acadie de 1763 à 1990, synthèse historique », dans Jean Daigle (dir.), *L'Acadie des Maritimes*, p. 45-92; Maurice Basque, Nicole Barrieau et Stéphanie Côté, *L'Acadie de l'Atlantique*, avec la collaboration de Raymond Cyr et Emmanuel Doucet, Moncton, Centre d'études acadiennes, Université de Moncton, 1999.

les fonctionnaires (souvent anglophones, parfois francophones) ont aussi une bonne part d'influence dans les régions où vivent les francophones. Bref, l'« élite clérico-professionnelle » doit coexister – et souvent rivaliser – avec l'élite économique et l'élite politique des Maritimes.

Toutefois, ce groupe social a une influence déterminante au moins dans une sphère : celle de l'identité. En publiant des journaux, en organisant régulièrement de grandes « conventions nationales » et en s'alliant au clergé catholique de la région – largement « acadianisé[2] » – entre autres, cet ensemble a su créer et perpétuer l'identité culturelle et politique acadienne[3]. Il est porteur d'un récit identitaire très prenant, une « Acadie du discours[4] », qui crée un sentiment d'appartenance à la « communauté imaginée[5] » ethnoculturelle.

À défaut de former l'élite tout court, ces individus représentent ce qu'on pourrait appeler (en reprenant un concept de Fernand Dumont) l'« élite définitrice[6] » de l'Acadie. Son pouvoir est du domaine du symbolique et

2. Léon Thériault, « L'acadianisation des structures ecclésiastiques aux Maritimes, 1758-1953 », dans Jean Daigle (dir.), *L'Acadie des Maritimes*, p. 431-466 ; Neil Boucher, « Ethnie et Église en Acadie : la création de l'archidiocèse de Moncton », dans Édouard Langille et Glenn Moulaison (dir.), *Les abeilles pilotent : mélanges offerts à René LeBlanc*, Pointe-de-l'Église, Revue de l'Université Sainte-Anne, 1998, p. 93-103 ; Claude Fohlen, « Les Acadiens en quête d'un évêque », *Études canadiennes/Canadian Studies*, vol. 37 (1994), p. 89-98.

3. Joseph Yvon Thériault a aussi remarqué cette double structure élitaire dans le Nouveau-Brunswick francophone des XIXe et XXe siècles. Il a qualifié de « classe dirigeante » les marchands et politiciens (surtout anglophones) qui dominaient l'économie marchande et la politique partisane, et de « classe dominante », l'élite clérico-professionnelle. Cette dernière, si elle ne « dirige pas la dynamique d'ensemble de cette société », a tout de même une grande influence sur « la reproduction des rapports sociaux » et sur « l'organisation du consentement » (Joseph Yvon Thériault, *L'identité à l'épreuve de la modernité : écrits politiques sur l'Acadie et les francophonies canadiennes minoritaires*, Moncton, Éditions d'Acadie, 1995, p. 184-188).

4. Titre d'un long et perspicace essai sociohistorique de Jean-Paul Hautecoeur, qui affirme que l'élite traditionnelle acadienne a échoué en ce qui concerne l'incarnation de l'Acadie dans le réel (Jean-Paul Hautecoeur, *L'Acadie du discours : pour une sociologie de la culture acadienne*, Québec, Les Presses de l'Université Laval, 1975).

5. Le terme est du sociologue Benedict Anderson (voir son livre *Imagined Communities: Reflexions on the Origins and Spread of Nationalism*, Londres, Verso, 1983).

6. Fernand Dumont, *Genèse de la société québécoise*, Montréal, Éditions du Boréal, 1993, p. 326. Ce concept a été repris par Marcel Martel qui affirme, avec raison,

découle du fait que le groupe élabore une certaine *définition de la situation des Acadiens*, c'est-à-dire une lecture de la réalité sociale des Maritimes (à laquelle elle confère un sens), et qu'il a les moyens de diffuser cette vision. Bref, ses membres sont les « *nation-builders*[7] » de l'Acadie.

Après la Seconde Guerre mondiale, l'idéologie nationale diffusée par ce groupe tourne autour des thèmes de l'agriculture, de l'héritage français, du catholicisme, de la Vierge Marie – sainte patronne du peuple acadien –, de la Déportation et de la divine Providence. Ce discours, peu modifié depuis la fin du XIXe siècle, en est un de retrait et d'isolement. Son objectif n'est pas de conférer aux Acadiens, en tant qu'individus, des droits dans la province ou dans le pays, mais plutôt de développer une sphère sociale acadienne autonome, voire quasi autarcique. L'idéologie est semblable – et s'apparente – à l'idéal canadien-français de la « survivance », bien qu'elle soit rattachée à un ensemble distinct de symboles identitaires et appliquée à un cadre géographique différent. Elle n'est pas, par ailleurs, dénuée d'interprétations messianiques[8] : l'Acadie devait être une société simple, rurale et agricole, isolée des fléaux du monde moderne comme l'urbanisation, le capitalisme et le communisme autant que des dangers du protestantisme.

---

qu'il est très utile pour l'étude des minorités francophones au Canada (*Le deuil d'un pays imaginé : rêves, luttes et déroute du Canada français*, Ottawa, Les Presses de l'Université d'Ottawa et le Centre de recherche en civilisation canadienne-française, 1997, p. 20).

7. Le « *nation building* » ou « construction de la nation », concept courant en sociologie du nationalisme, désigne le travail conscient que certaines institutions ou certains individus peuvent produire en vue de créer un sentiment d'identification national commun auprès d'une population donnée. Pour l'un des premiers usages historiques du concept, voir « Introduction: Inventing traditions » et « Mass-producing traditions: Europe, 1870-1914 », dans Eric Hobsbawm, *The Invention of Tradition*, Cambridge, Cambridge University Press, 1983.

8. Chantal Richard, « Le récit de la Déportation comme mythe de création dans l'idéologie des Conventions nationales acadiennes (1881-1937) », *Acadiensis*, vol. 36, n° 1 (automne 2006), p. 69-81 ; Camille-Antoine Richard, « Le discours idéologique des Conventions nationales et les origines du nationalisme acadien », *Les Cahiers de la Société historique acadienne*, vol. 17, n° 3 (1986), p. 73-87 ; Raymond Mailhot, *Prise de conscience collective acadienne au Nouveau-Brunswick (1860-1891) et comportement de la majorité anglophone*, thèse de doctorat (histoire), Montréal, Université de Montréal, 1973, p. 126 ; Hautecoeur, *L'Acadie du discours*, p. 68-83.

Les grandes lignes du récit national sont relativement simples[9]. L'histoire commence avec le Paradis originel de l'Acadie coloniale française, dite paisible, heureuse et prospère grâce à une nature généreuse. Vient ensuite la Déportation, dépeinte comme une chute aux enfers, une épreuve pour le peuple choisi. Le Paradis est perdu. Suit une longue traversée du désert, durant laquelle l'Acadie doit prouver sa fidélité à son Dieu ainsi qu'à sa patronne Marie. La fin de l'histoire – présentée comme une destinée – marquera le retour au Paradis perdu. D'ailleurs, ce retour serait déjà partiellement entamé depuis le début de la Renaissance acadienne à la fin du XIXe siècle, sorte de prix de consolation en attendant les lendemains qui chantent[10].

Les populations acadiennes qu'encadre tant bien que mal cette classe de « clercs nationaux » sont principalement rurales et tirent l'essentiel de leur subsistance de la pêche, de l'agriculture et de la coupe du bois. Peu instruites, plutôt dévotes, respectueuses de l'autorité, elles ont toujours été sensibles aux représentations du monde – et de l'Acadie – proposées par l'élite francophone. Et pour cause : avec ses institutions, cette dernière remplit plusieurs fonctions sociales (enseignement, soins de santé) et offre plusieurs services (bourses d'études, pensions, crédit, etc.), ce qui la rend quasi indispensable à la population acadienne, pour le meilleur et pour le pire.

Le sociologue Joseph Yvon Thériault a fait valoir à plusieurs reprises que si l'Acadie n'a jamais réellement « fait société », il y eut cependant un moment où, en tant que collectivité, elle possédait un degré élevé d'historicité – c'est-à-dire une capacité réelle d'influencer elle-même le cours de son histoire : durant la période allant de la Renaissance acadienne (1864-1890) aux années 1950. C'est au cours de ces décennies que le réseau institutionnel acadien est à son apogée et exerce une grande emprise sur

9. Sur l'historiographie nationale acadienne jusqu'aux années 1960, voir Jean Daigle, « L'historiographie et l'identité acadienne aux XIXe et XXe siècles », dans Simon Langlois (dir.), *Identité et cultures nationales : l'Amérique française en mutation*, Sainte-Foy, Les Presses de l'Université Laval, 1995, p. 90.

10. Hautecoeur décrit ainsi le mythe national construit par les idéologues traditionnels : les Acadiens « avaient pour mission de perpétuer le règne du Christ sur la terre [...] : le peuple acadien a reçu une mission divine à sa naissance ; fidèle à sa mission, il sera martyrisé par les forces païennes et versera son sang ; miraculeusement il sera ressuscité et saura traverser l'adversité d'une longue période obscure pour enfin poursuivre sa juste mission rédemptrice » (Hautecœur, *L'Acadie du discours*, p. 75).

les esprits. Clergé, collèges, journaux, hôpitaux, sociétés fraternelles et secrètes, caisses populaires, coopératives, ces institutions – concrètes, familières, proches – pouvaient donner l'impression aux parlants français d'avoir presque un pays à eux, et ce, d'autant plus que l'intégration de plusieurs régions dans l'économie capitaliste continentale était limitée et que l'État jouait alors un rôle restreint[11]. Cette situation particulière fait en sorte que les Acadiens se perpétuent en collectivité distincte, et ce, malgré le fait qu'ils ne disposent pas d'un État qui leur soit propre. Se référant à leur dense réseau institutionnel, Joseph Yvon Thériault n'hésite pas à parler d'une « structure quasi étatique de gestion de la société civile[12] », grâce à laquelle l'élite définitrice peut assurer la « reproduction des rapports sociaux » malgré son manque relatif d'emprise sur l'économie[13].

Parmi toutes les ressources dont dispose l'élite définitrice en vue de la reproduction du fait acadien, les collèges classiques occupent, bien sûr, une place centrale, car qui dit « reproduction sociale » dit, du même souffle, « éducation ».

Des étudiants tournés vers la tradition, à l'image de leur société

Interroge les générations passées
Sois attentif à l'expérience de tes pères
Ne vont-ils pas t'enseigner, te parler ?
Job, 8, 8-10[14]

Jusqu'en 1963, la grande majorité des jeunes Acadiens qui poursuivent des études postsecondaires le font dans huit des collèges de langue

11. Voir Robert Young, « L'édification de l'État provincial et le développement régional au Nouveau-Brunswick », *Égalité*, n°s 13-14 (1984-1985), p. 125-152.
12. Joseph Yvon Thériault, *L'identité à l'épreuve de la modernité*, p. 188.
13. Cette interprétation des faits ne devrait pas être confondue avec une affirmation de la « désirabilité » de la situation d'alors, ou une quelconque nostalgie pour la période. Constater l'efficacité politique des institutions dites « nationales » n'empêche aucunement de percevoir – ou de dénoncer – les lacunes du modèle sur le plan démocratique. Comme l'affirme Thériault : « Il s'agit effectivement d'une société qui fut hantée par la recherche du consensus et qui fut fort éloignée des valeurs du pluralisme démocratique » (« Naissance, déploiement et crise de l'idéologie nationale », *L'identité à l'épreuve de la modernité*, p. 232).
14. Cité par Clément Cormier, premier recteur de l'Université de Moncton, à la première page de son historique de l'Université, rédigé en 1975.

française de la région des Maritimes[15]. Le cours classique est considéré, à l'époque, comme la formation de base nécessaire à toute personne instruite[16]. Durant les années 1950, un mouvement vers le développement de programmes spécialisés s'amorce (commerce, sciences, etc.), mais il ne change pas encore la fonction de ces institutions : elles sont confessionnelles, restreintes en taille, communautaires et hiérarchiques.

Bien sûr, la fonction de ces collèges est avant tout pédagogique. Toutefois, dans un milieu tel que celui des provinces maritimes, où les francophones sont minoritaires et où les gouvernements ne contribuent aucunement au financement des institutions d'enseignement privées, ce réseau de collèges confessionnels joue aussi un rôle culturel et identitaire. Il participe à « la construction de frontières et d'espaces ethniques[17] » en s'affiliant à l'élite acadienne laïque et à son projet nationaliste. Pour cette dernière, les collèges classiques sont plus que des institutions de haut savoir. Ils assurent aussi d'importantes fonctions de socialisation et de reproduction sociale. C'est-à-dire qu'ils sont des instruments par lesquels l'élite se perpétue et cultive la spécificité culturelle des Acadiens. Comme l'explique Jacques Paul Couturier :

> le cours classique offre [...] d'abord « une solide formation religieuse » afin de bien préparer le futur adulte à mener une vie chrétienne et catholique et de l'éloigner du « matérialisme athée » si présent en Amérique du Nord. Il contribue aussi à « l'épanouissement des esprits » et à la formation d'une élite, dont le rôle est d'éclairer et de mener la société[18].

15. Dont certaines ont des chartes universitaires et d'autres non. Trois sont des collèges féminins.
16. « Le cours classique est basé d'humanisme. Il s'appuie sur une vision de l'éducation qui met l'accent sur l'approfondissement des valeurs humaines, l'étude de matières fondamentales – religion, français, anglais, mathématiques, latin [...]. Il vise le développement intégral des élèves, afin d'en faire des "hommes utiles à l'Église et à leur patrie" » (Jacques Paul Couturier, *Construire un savoir : l'enseignement supérieur au Madawaska, 1946-1974*, Moncton, Éditions d'Acadie, 1999, p. 58).
17. Isabelle McKee, *Rapports ethniques et rapports de sexes en Acadie : les communautés religieuses de femmes et leurs collèges classiques*, thèse de doctorat (sociologie), Montréal, Université de Montréal, 1995, p. 98-130. Voir aussi Léon Thériault, « L'acadianisation des structures ecclésiastiques ».
18. Couturier, *Construire un savoir*. Les extraits cités par Couturier sont du père Simon Larouche, premier recteur du Collège Saint-Louis, à Edmundston, dans le nord-ouest du Nouveau-Brunswick.

Les fonctions du collège classique vont donc au-delà de la simple formation intellectuelle. L'encadrement et la formation morale font partie intégrante des objectifs des collèges. Le but étant de former la future élite acadienne, des valeurs « désirables » doivent à tout prix être inculquées aux étudiants. La pratique religieuse est obligatoire et intégrée à l'horaire chargé des étudiants, qui sont, pour la plupart, pensionnaires. La religion occupe aussi une place importante dans l'enseignement. Les activités culturelles obligatoires – pièces de théâtre, chant, etc. – accordent une grande place aux thèmes patriotiques. Les lectures personnelles sont censurées, et le contenu des lettres des étudiants est fréquemment « contrôlé ». Les sorties, les visites et l'habillement sont strictement réglementés.

Les associations et les journaux étudiants sont « encadrés » par l'aumônier de l'institution, devenant par le fait même des moyens de contrôle social aux mains des administrateurs et des professeurs du collège. Ces derniers participent directement aux affaires étudiantes et détiennent *de facto* un veto sur les décisions du conseil étudiant et de la rédaction du journal. En ce qui concerne le journal, notons qu'il est généralement plus juste, à la fin des années 1950, de parler du « journal du collège », plutôt que d'un « journal étudiant ». Par exemple, le supérieur de l'Université Saint-Joseph, à Memramcook, affirme dans les pages du journal étudiant que si ce dernier « doit être l'entreprise de tous les étudiants », « *Liaisons*, comme son nom l'indique, [doit aussi former] une espèce de pont-levis qui rejoint les parents et les anciens[19] ». Cette fonction confère une légitimité au contrôle exercé par les clercs sur le journal du collège. Après tout, les étudiants font partie d'un ensemble qui est plus grand qu'eux : la grande famille du collège, elle-même liée à la nation et à son histoire.

À cette époque, le journal étudiant a donc le plus souvent une fonction pédagogique et idéologique. S'il existe, c'est essentiellement parce que les « petits problèmes[20] » associés à la rédaction d'un journal étudiant ont une valeur éducative intéressante. On peut dire la même chose à propos des autres organismes « étudiants ». Par ailleurs, il n'est pas question pour les étudiants de se créer des espaces de liberté à l'extérieur des institutions officielles. Dans les collèges classiques des années 1950, on ne pourrait

19. Robert Lavoie (c.s.c.), « Message du supérieur », *Liaisons*, octobre 1958, p. 3. Voir aussi mars 1961, p. 7.

20. *Ibid.*

penser organiser des activités autres que celles programmées par le conseil étudiant, comme en témoigne un bulletin d'information de l'association étudiante de l'Université Saint-Joseph à Memramcook :

> Le principal but de l'Association est de développer chez les étudiants l'habitude de la collaboration en vue du bien commun. C'est dans ce sens que l'Association se réserve le droit exclusif de créer, de promouvoir, controller [*sic*] toutes les activités étudiantes extra-scolaires sur le campus[21].

Parmi les comités auxquels les étudiants sont encouragés à participer, il y a le comité culturel (qui notamment met en scène des pièces de théâtre), le journal, le comité des affaires politiques (qui organise un parlement modèle, entre autres activités) et le comité liturgique (chargé de « semer un esprit chrétien dans l'université »). Toutes ces activités ont deux points en commun : *primo*, leur action est orientée vers le corps étudiant (plutôt que vers le monde « extérieur ») et, *secundo*, elles ont toutes une forte saveur pédagogique. L'objectif recherché n'est pas tant la réalisation de projets indépendants que la « formation » additionnelle des jeunes et leur « métamorphose » en adultes responsables et avertis.

La transformation des jeunes en adultes : voilà le véritable objectif des organisations étudiantes d'alors. Il n'est pas question de prendre part directement aux débats sociaux avant que ne soit réalisé « l'apprentissage de la liberté ». En effet, on considère que l'étudiant n'est pas encore apte à assumer la responsabilité de ses actions et de ses opinions. Il est d'abord et avant tout vu – et dépeint – comme une coquille vide à remplir, comme un esprit blanc à organiser pour la vie, à former (c'est-à-dire à qui donner une forme) afin de le préparer aux responsabilités de la vie adulte et aux fonctions qui s'y rattachent. Prenons à témoin l'une des prédications du père Clément Cormier, recteur de l'Université Saint-Joseph :

> Dans vos études vous êtes comme à un tournant dans la vie, et semblables à ces voyageurs qui s'arrêtent à une bifurcation pour étudier les poteaux indicateurs et leur carte routière, pour s'orienter dans la bonne voie, ainsi, à mesure que votre esprit se familiarise avec les sciences humaines, il est bon que vous reconsidériez et que

21. *L'œil ouvert*, publication de l'Association étudiante, [fin des années 1950], « USJ – Moncton », CEAAC, Fonds Clément Cormier, 177.1893.

> vous vous reposiez dans l'intimité de votre âme et principal problème de votre vie d'étudiant, celui de votre foi. [...] L'esprit se développe, au contact des auteurs et des sciences profanes que vous étudiez. À mesure que vous cessez de devenir des enfants [*sic*], il est important que votre foi devienne de plus en plus robuste[22].

Le même point de vue est exprimé souvent dans *L'Évangéline*, par exemple le 18 janvier 1964 sous la plume de l'abbé Georges Léger :

> [...] la foi des jeunes est seule capable de prévenir ou de guérir leurs petites révolutions contre l'autorité. Acceptant le fait qu'ils ne sont qu'en chemin de devenir adulte, que leur personnalité intérieure est à se bâtir, ils accepteront plus volontiers d'être eux-mêmes lorsque c'est le temps de l'être[23].

Selon cette philosophie de « l'apprentissage de la liberté », tout développement intellectuel doit être accompagné (voire compensé) par un développement spirituel équivalent, le contraire étant susceptible de créer un déséquilibre conduisant au mal. C'est cette nécessité de croissance spirituelle, encore inaccomplie chez l'étudiant, qui justifie les cotes de moralité des films, la censure des lectures, la réglementation des sorties et toutes les autres restrictions. Bref, l'étudiant n'a pas encore mérité sa liberté, sa conscience morale n'étant pas encore assez développée.

Ce processus de formation est vu comme quelque chose de crucial et de très délicat. Un jeune mal formé, mal construit ne constitue pas seulement une perte, mais aussi un élément potentiellement dangereux. « Formation » ne signifie donc pas uniquement apprentissage et développement des talents, mais aussi direction vers le droit chemin. Un aspect moral – jugé essentiel – vient ici compléter le volet purement pédagogique.

Étant donné l'état non fini (ou non accompli) de l'étudiant, il va de soi que celui-ci ne peut assumer de fonctions sociales importantes. L'étudiant ne doit ni se perdre ni se confronter à des problèmes supérieurs à ses capacités de les régler. Il s'ensuit que l'étudiant, cet être fragile, perdu s'il est laissé à lui-même, a beaucoup de devoirs. Il a une dette morale envers ses parents et ses supérieurs, qui lui donnent accès aux leçons du passé.

---

22. « Prédications », CEAAC, Fonds Clément Cormier, 177.1690.

23. Georges Léger, « La religion au cœur des relations entre jeunes et adultes », *L'Évangéline*, 18 janvier 1964, p. 18.

Il est important de noter que cet état de chose n'est pas propre aux milieux acadiens. À vrai dire, la situation décrite plus haut ne diffère pas beaucoup de celle qui a cours à la même époque dans les autres institutions postsecondaires canadiennes, soient-elles de langue anglaise ou de langue française. Karine Hébert, qui a consacré sa thèse de doctorat aux étudiants montréalais d'avant la Révolution tranquille, affirme :

> Les étudiants forment, dans le discours [dominant], l'élite de la jeunesse et, par là même, l'élite de demain. Dans le présent, leur rôle se résume à bien se préparer à devenir cette élite. Ce discours est généralement bien accepté par les étudiants. [...] Pour [... les institutions universitaires], il n'importe pas seulement de transmettre des informations ou de former des professionnels ; il faut aussi offrir une instruction complète aux étudiants, une formation qui tienne compte des grandes valeurs de la communauté. [...] Avant d'« entrer dans le monde », les étudiants doivent [...] être encadrés afin de développer de bonnes habitudes. [...] En insistant sur l'enthousiasme et l'esprit d'initiative dans leur portrait de la jeunesse, les autorités justifient l'encadrement moral et disciplinaire auquel elles soumettent leurs étudiants[24].

Au Canada anglais, dont la plupart des universités sont encore dénominationelles, la situation est analogue. Les institutions postsecondaires sont pratiquement toutes de petite taille et dotées d'une structure organisationnelle très hiérarchisée. Elles entretiennent des politiques et offrent des programmes d'études relativement statiques. Partout, ces institutions ne desservent qu'une élite[25], cette mince couche de la jeunesse disposant d'argent, ou recevant de l'aide financière de bienfaiteurs cléricaux ou autres. Deux différences notables existent, par contre : au Canada anglais, la mixité des genres est admise au postsecondaire depuis la fin du XIXe siècle[26], et il existe, dans certaines provinces, des universités séculières dites « d'État ».

---

24. Karine Hébert, *Impatient d'être soi-même : les étudiants montréalais, 1895-1960*, Québec, Presses de l'Université du Québec, 2008, p. 192-195, 244.
25. Durant les années 1930, seulement 3 % des jeunes âgés entre 18 et 25 ans fréquentent l'Université (Paul Axelrod, « The Student and Youth Movements in Canada During the 1930s », dans Robert Cohen (dir.), *Student Activism in the 1930s*, [En ligne], [http://newdeal.feri.org/students/canada.htm] (4 octobre 2006)).
26. Sara Burke, « Women of Newfangle : Co-Education, Racial Discourse and Women's Rights in Victorian Ontario », *Historical Studies in Education/Revue d'histoire de l'éducation*, vol. 19, n° 1 (printemps 2007), p. 111-133.

Ni les universités de langue anglaise ni celles de langue française ne voient leur rôle comme se limitant à l'enseignement de connaissances, de méthodes et de techniques. Au contraire, elles sont reconnues comme ayant aussi un rôle important à jouer dans la transmission des valeurs dominantes, c'est-à-dire de la morale chrétienne contemporaine, des mœurs et usages de la classe moyenne supérieure, et de l'esthétique de la « haute culture » classique européenne[27]. Ce rôle n'est pas considéré comme secondaire. En fait, ces institutions de haut savoir sont vues comme « le prolongement du foyer chrétien[28] », responsables du bien-être, du comportement et de la « formation morale » et spirituelle de leurs étudiants. Cette idée est même rendue explicite par une politique commune à toutes les universités : puisque les jeunes ont quitté leur famille pour venir y acquérir des connaissances nouvelles, l'université doit agir *in loco parentis*, c'est-à-dire « en lieu et place d'un parent ». Elle doit assumer toutes les tâches et les responsabilités inhérentes à la transformation des jeunes en adultes. On considère comme normal qu'elle régule, afin de mener à bien cette mission, toutes les sphères de la vie des étudiants : les études comme la prière, le sommeil comme les loisirs. Malgré d'inévitables rébellions individuelles contre l'appareil institutionnel, les étudiants, dans l'ensemble, acceptent cette surveillance comme l'état normal des choses[29].

En Acadie, les étudiants francophones des années 1950 reprennent, dans leurs journaux, le discours de leurs aînés, discours dans lequel le PASSÉ, l'EXPÉRIENCE et la FOI – qui se fondent et se confondent souvent – sont considérés comme étant les principales sources de la connaissance et, de ce fait même, les guides légitimes de l'action.

27. A. Brian McKillop, *Matters of Mind : The University in Ontario, 1791-1951*, Toronto, University of Toronto Press, 1994 ; Cardinal Rodrigue Villeneuve, « L'université, école de haut savoir et source de directives sociales » (1934), dans Claude Corbo, *L'idée d'université : une anthologie des débats sur l'enseignement supérieur au Québec*, Montréal, Les Presses de l'Université de Montréal, 2001, p. 150-161.

28. Gilles Pronovost, « Les idéologies étudiantes au Québec », dans Fernand Dumont, Jean Hamelin et Jean-Paul Montminy (dir.), *Idéologies au Canada français 1940-1976*, t. 2 : *Les mouvements sociaux ; Les syndicats*, Québec, Les Presses de l'Université Laval, p. 112.

29. Selon Doug Owram, « *student culture seemed to accept, and indeed, revel in the notion of extended adolescence* » (*Born at the Right Time : A History of the Baby Boom Generation*, Toronto, University of Toronto Press, 1996, p. 178). Voir aussi Pronovost, « Les idéologies étudiantes au Québec », p. 113.

Ce traditionalisme s'exprime de plusieurs façons ; par exemple, par la grande place accordée à la religion et aux clercs dans les pages du journal étudiant de l'Université Saint-Joseph. Des articles sur les activités pontificales succèdent à des textes sur de nouveaux missels, eux-mêmes intercalés entre les chroniques du supérieur et les entretiens avec l'aumônier[30].

La religion n'est pas uniquement visible dans la thématique des articles. Elle imprègne les écrits des étudiants tant sur le plan du contenu[31] que sur le plan du ton, lequel est le plus souvent moralisateur, l'accent étant mis sur les *devoirs* de l'étudiant. C'est cette idée du devoir qu'a exploitée un étudiant de philosophie pour sermonner ses condisciples dans un article intitulé « Avons-nous un sens social ?[32] ». C'est aussi à partir des notions de tradition, de foi et de devoir que le rédacteur en chef, R. W. Couturier, formule des remontrances aux étudiants à la suite d'une « vente de billets missionnaires » moins fructueuse qu'espérée :

> Cette vente qui depuis si longtemps est une coutume chez-nous, veut-on la détruire ? Si la flamme du dévouement chez notre étudiant ne prend pas d'autre proportion [*sic*] il se pourrait bien que les quelques billets vendus cette année soit [*sic*] notre dernier souvenir [...] d'une noble activité [...]. Serait-ce qu'on a une fausse conception de notre devoir d'étudiant chrétien[33] ?

Toutefois, la socialisation à saveur traditionnelle que les étudiants reçoivent ne se résume pas à une doctrine personnelle, à un guide moral de la bonne vie. Elle contient, en fait, un métarécit global, capable de conférer un sens et une intelligibilité non seulement aux actions des individus, mais aussi au monde dans lequel ils vivent. Les valeurs de la foi, du passé, de l'expérience et des devoirs colorent donc l'identité collective et la vision politique des étudiants.

À la question « qui sommes-nous ? », *Liaisons* des années 1950 répond sans équivoque « des Canadiens français ». Le fait de s'identifier avant

30. Voir, par exemple, les numéros de *Liaisons* de septembre-octobre 1958 et de janvier 1960.
31. Ils citent souvent le pape ou d'autres membres de la hiérarchie religieuse. Voir, par exemple, le numéro d'avril 1958, p. 3.
32. Allen Dufour, « Avons-nous un sens social ? », *Liaisons*, novembre 1958, p. 3.
33. R. W. Couturier, « Éditorial : Grand succès », *Liaisons*, mars-avril 1960, p. 2.

tout à un ensemble plus grand que le corps étudiant correspond à la sitution « normale » ailleurs au Canada à cette époque. Karine Hébert fait remarquer que « dans la formation de l'identité étudiante, l'appartenance institutionnelle est première : avant de se considérer parties prenantes d'une communauté étudiante plus vaste, les étudiants s'identifient d'abord à leur *alma mater* : catholique et canadienne-française d'un côté, protestante, britannique et, de plus en plus, canadienne de l'autre[34] ». Les étudiants de l'Université Saint-Joseph ne font pas exception à cette règle, comme en témoignent de nombreux textes, dont un article rédigé par Bertrand Mercier en avril 1958. Selon ce dernier, on doit se compter chanceux d'être d'origine canadienne-français parce que le « don de la foi, don gratuit mais qui dépasse tous les autres dons, nous a été accordé avec [...] abondance » et parce que « nos pères, les pionniers [...] ont apporté chez nous la langue française » et ont accompli le difficile travail « d'édification [...] à coups de sacrifices intenses ». Ces dettes envers le passé et les ancêtres confèrent aux Canadiens français des devoirs collectifs. « Le premier serait d'aimer notre patrie, notre milieu, et donc de défendre nos droits, langue et religion même si nécessaire au prix d'héroïsme [*sic*]. [...] Chacun a une tâche surnaturelle à accomplir[35]. »

Le côté traditionnel du journal se manifeste encore par la méfiance, voire le mépris ou le rejet dont font l'objet les idées et les activités venant de « l'extérieur ». Si l'État providence et les disciplines commerciales et scientifiques sont jugés avec scepticisme et réserve, la culture américaine, elle, est sévèrement réprouvée :

> [...] leurs films [des américains...] qui sont amoraux et immoraux, qui n'ont d'autres buts que de nous montrer les manières de vivre païennes des gens d'Hollywood ne peuvent absolument pas en aucunes manières enrichir notre culture ; au contraire, ils la retardent, ou la détruisent[36].

Pour sa part, le communisme (et tout ce qui peut lui ressembler de près ou de loin) fait figure de repoussoir absolu et d'altérité à l'état pur,

34. Hébert, *Impatient d'être soi-même*, p. 245-246.

35. Bertrand Mercier, « Le vrai patriotisme », *Liaisons*, avril 1958, p. 3, 8 ; « Les valeurs maîtresses qui assureront la survivance canadienne-française », *Liaisons*, mars 1959, p. 3-4.

36. *Ibid.*

malgré son état si étrangement désincarné (il est partout et nulle part à la fois) :

> La gratuité totale de l'enseignement universitaire, en plus d'apparaître comme une erreur fondamentale en sociologie catholique, est le système qui entraînerait les plus graves et les plus néfastes conséquences. [...] l'éducation des enfants est d'abord et avant tout le devoir des parents, et il n'appartient pas à l'État [...][37].

> Demain vous ne serez plus protégés contre l'ennemi de la chrétienté ; vous devrez prendre position. Vous serez ou bien communiste ou bien chrétien[38].

Finalement, au-dessus de tout, l'idéologie élitaire parasite la description que les étudiants font d'eux-mêmes. L'idée de « l'étudiant coquille » ayant à faire son « apprentissage de la liberté » a été fermement intériorisée par une portion importante de la population étudiante. En témoigne, entre autres, l'article intitulé « Le vrai patriotisme », dans lequel Bertrand Mercier adresse des conseils à ses jeunes condisciples :

> Il est vraiment regrettable de constater cette indifférence [...] de la part de **futurs professionnels**. Il faut être doué d'une **ingratitude** vraiment regrettable pour dire que les autres s'arrangent [*sic*]. [...] ATTENTION, futurs professionnels, **ne partez pas dans la vie** avec de faux principes. Regardez l'horizon bien en face et portez en vous le vrai patriotisme dont vous devez être doté [*sic*][39].

Son camarade Allen Dufour semble vouloir renchérir quelque temps plus tard quand il écrit : « [...] mais pour être capable de faire comme ces gens [les membres adultes de clubs sociaux] **plus tard dans notre entrée dans la vie**, il nous faut commencer à développer ces qualités sur les bancs du collège [...][40]. »

---

37. Laurent Richard, « L'aide financière aux étudiants », *Liaisons*, avril 1958, p. 2.
38. R. W. Couturier, « Éditorial : Grand succès », *Liaisons*, avril 1960, p. 2.
39. *Liaisons*, avril 1958, p. 3. C'est moi qui souligne.
40. Allen Dufour, « Avons-nous un sens social ? », *Liaisons*, novembre 1958, p. 3.

L'usage des valeurs des aînés par les étudiants-journalistes dans leur construction et leur description du réel – et d'eux-mêmes! – témoigne du fait qu'ils ont intériorisé la socialisation traditionnelle diffusée (entre autres lieux) au collège et qu'ils s'en font les porte-parole. Bref, les étudiants se perçoivent comme n'étant pas encore des membres à part entière de la société et ils se contentent de reproduire le discours de l'élite. Dans ce contexte, on peut difficilement parler d'« idéologies étudiantes » en Acadie à la fin des années 1950. Ce constat va dans le même sens que celui émis par Gilles Pronovost à propos des étudiants de l'Université Laval de la première moitié des années 1950. Il qualifie l'idéologie étudiante de l'époque de « traditionnelle », affirmant qu'« à toutes fins utiles [... elle] constitue la reprise de la pensée des idéologues [adultes] de l'époque. [... L']étudiant, en tant qu'acteur, se définit en référence à la classe des élites traditionnelles, dont il partage déjà les normes et les valeurs. [...] Son rôle est d'abord religieux, tel vivre l'idéal catholique, dénoncer les théories malsaines, etc.[41] ».

On ne doit donc pas s'étonner outre mesure que les étudiants de l'Université Saint-Joseph réagissent mal au militantisme de leurs cousins canadiens-français du Québec, quand, en 1958, des étudiants de plusieurs universités québécoises organisent une série d'activités pour demander un nombre accru de bourses au gouvernement, au nom d'un plus grand accès aux études postsecondaires[42]. Une réaction apparaît promptement dans les pages du journal étudiant *Liaisons*:

> [...] le 6 mars dernier, les étudiants de cinq des six universités de [*sic*] Québec ont fait la grève d'une journée. [...] Cette grève était-elle justifiable? [...] Je ne crois pas. [...] J'avoue que le grand obstacle à l'éducation, c'est la finance [*sic*]: mais pourquoi [...]

41. Pronovost, « Les idéologies étudiantes au Québec »; Karine Hébert, dans *La construction d'une identité étudiante montréalaise*, constate elle aussi que cette conception des choses n'est pas contestée par les étudiants pendant une bonne partie de la première moitié du siècle. Voir la citation plus haut et p. 90-92: « Les étudiants eux-mêmes ne remettent habituellement pas leur [statut de] jeunesse en question [malgré leur âge adulte]. »

42. Hébert, *La construction d'une identité étudiante montréalaise*, p. 318-328; Nicole Neatby, *Carabins ou activistes? L'idéalisme et la radicalisation de la pensée étudiante à l'Université de Montréal au temps du duplessisme*, Montréal, McGill-Queen's University Press, 1997, p. 222-240.

> demander ce qu'on ne peut recevoir ! [...] Le Premier ministre refuse de les recevoir [les leaders étudiants qui ont attendu 30 jours dans l'antichambre du Premier Ministre...] j'aurais fait la même chose, car je considère que ces problèmes regardent non pas trois individus, mais **bien les recteurs des universités qui sont en mesure de connaître tous les besoins de leurs élèves**[43].

L'auteur juge que cette grève n'est « pas justifiée », qu'elle n'a aucune chance de succès et que les étudiants font preuve « d'égoïsme » en prenant eux-mêmes la situation en main. Certes, les rédacteurs du journal prennent la peine d'ajouter une note spécifiant que « [c]et article n'exprime pas nécessairement l'opinion de ce journal et des étudiants de l'Université Saint-Joseph ». Mais personne, dans les numéros ultérieurs, ne se porte à la défense des étudiants québécois qui s'initient à l'action sociale.

Peut-être que des points de vue dissidents ont été censurés ou que l'autocensure est la seule responsable de ce mutisme. Certains auraient-ils voulu, mais n'ont simplement pas osé émettre une opinion différente ? Après tout, la plupart de leurs condisciples et amis – sans parler des religieux qui administrent leur institution – adhèrent encore à une vision du monde selon laquelle le temps passé au collège est un temps en retrait de la société, un temps d'apprentissage durant lequel on *devient* adulte, on *devient* des « professionnels », on *devient* des acteurs dans les affaires du monde. En attendant, il est presque universellement admis que les étudiants doivent être fermement encadrés, leurs énergies canalisées vers des activités saines et formatrices.

Cette situation ne durera toutefois pas éternellement. Au milieu du XXe siècle, les collèges classiques, tout comme l'ensemble du système de reproduction sociale et idéologique de l'élite définitrice acadienne, vont rencontrer de nouveaux défis.

Les Trente Glorieuses et le « beau risque » des réformateurs

Dans l'après-guerre, l'Acadie du Nouveau-Brunswick arrive à une croisée des chemins. Des transformations économiques et politiques importantes

43. Roger Lévesque, « La grève des étudiants », *Liaisons*, avril 1958, p. 4. C'est moi qui souligne.

ont lieu dans le monde, transformations qui ne sont pas sans poser de défis à la reproduction du groupe ethnolinguistique.

D'abord, la guerre et ses importantes dépenses publiques tirent l'Occident des griffes de la Grande Dépression ; puis l'après-guerre est marqué par un boom économique sans précédent. Durant les trois décennies qui suivent la guerre, l'ensemble de l'Occident connaît, à des degrés divers, une croissance économique impressionnante, génératrice d'une prospérité sans précédent. Au Canada, par exemple, entre 1965 et 1972, le taux de croissance économique se situe toujours entre 4 % et 6,5 %, et le taux de chômage se maintient proche d'une situation de « plein-emploi »[44]. La transformation n'est pas uniquement quantitative ; elle est aussi qualitative : la consommation devient un mode de vie généralisé pour la première fois de l'histoire[45].

Cette « merveille économique » est alimentée par toute une série de nouvelles dépenses et de nouveaux programmes sociaux gouvernementaux. L'État providence interventionniste, régulateur du social et de l'économique, figure parmi l'un des legs politiques de cette période[46]. Son avènement marque une transformation importante de l'environnement canadien, les mesures prises par l'État étant très nombreuses. D'abord, le gouvernement fédéral met en place un programme d'assurance-chômage et des allocations familiales durant la guerre. En 1951, le programme fédéral des pensions de vieillesse est bonifié et rendu universel. En 1965, l'âge minimal pour en bénéficier est abaissé à 65 ans, et un régime de pensions du Canada financé par les employeurs et les employés est créé. En 1957, l'assurance-hospitalisation universelle, déjà en vigueur dans certaines provinces, est étendue à l'ensemble du pays. Celle-ci est bonifiée,

44. Jacques Paul Couturier, *Un passé composé : histoire du Canada depuis 1850*, Moncton, Éditions d'Acadie, p. 273-278 ; Owram, *Born at the Right Time*, p. 171.

45. Lizabeth Cohen, *A Consumer's Republic: The Politics of Mass Consumption in Postwar America*, New York, Knopf, 2003.

46. Douglas E. Ashford, *The Emergence of the Welfare States*, Oxford, Basil Blackwell, 1986 ; Lizette Jalbert, *L'État interventionniste de providence canadien en perspective*, Montréal, GRÉTSÉ (Université de Montréal, Université du Québec à Montréal), 1992 ; Pierre Rosanvallon, *La crise de l'État-providence*, Paris, Seuil, 1984 ; Dominique Marshall, *Aux origines sociales de l'État-providence : familles québécoises, obligation scolaire et allocations familiales, 1940-1955*, Montréal, Les Presses de l'Université de Montréal, 1998.

en 1966, par une assurance-maladie publique, couvrant un nombre plus étendu de soins de santé. Par ailleurs, un programme de péréquation entre les provinces, visant à assurer une certaine homogénéité des services gouvernementaux, est créé en 1962, et de nombreux programmes de développement régional sont mis en place. Tôt ou tard, toutes les provinces finissent par être partie prenante du nouvel interventionnisme social et économique[47].

L'expansion inédite de l'État a eu des effets particuliers au Canada, où elle stimule à la fois le nationalisme canadien[48] et son pendant québécois[49] – quoique de façons fort différentes.

D'abord, la croissance de l'État fédéral se fait parallèlement à l'intensification du sentiment nationaliste canadien. Parmi les causes de ce mouvement d'idées, on trouve les inquiétudes grandissantes par rapport à l'invasion appréhendée de la culture et de l'économie canadiennes par les États-Unis. Cette vague de fond a plusieurs effets sur la vie politique canadienne[50]. Par exemple, en 1946, le pays adopte une première loi sur la citoyenneté ; puis en 1952 et en 1957, des commissions royales d'enquête sur la culture[51] et sur l'économie[52] proposent une série de mesures visant à renforcer la souveraineté du Canada. Ce nouveau nationalisme canadien continuera de s'affirmer jusqu'aux années 1970 et au-delà, soutenu par un jugement de plus en plus défavorable à l'« impérialisme »

---

47. Couturier, *Un passé composé*, p. 293, 315-317.
48. Pour des synthèses des Trente Glorieuses au Canada, voir Robert Bothwell, Ian Drummond et John English, *Canada Since 1945: Power, Politics and Provincialism*, Toronto, University of Toronto Press, 1989 ; ou Alvin Finkel, *Our Lives: Canada after 1945*, Toronto, Lorimer, 1997.
49. Pour des survols de la période au Québec, voir la synthèse de Paul-André Linteau *et al.* (*Histoire du Québec contemporain*, t. 2 : *Le Québec depuis 1930*, nouvelle édition, Montréal, Éditions du Boréal, coll. « Boréal compact », 1989, 2e et 3e parties) et les excellents ouvrages de Léon Dion, *Les intellectuels au temps de Duplessis* (Québec, Les Presses de l'Université Laval, 1993) et *La révolution déroutée, 1960-1976* (Montréal, Éditions du Boréal, 1998).
50. José Igartua, *The Other Quiet Revolution: National Identities in English Canada, 1945-71*, Vancouver, University of British Columbia Press, 2006.
51. Il s'agit de la Commission royale d'enquête sur l'avancement des arts, des lettres et des sciences au Canada (ou commission Massey), mise sur pied en 1949. Pour un bon regard contemporain, voir Paul Litt, *The Muses, the Masses, and the Massey Commission*, Toronto, University of Toronto Press, 1992.
52. La commission Gordon « sur les perspectives économiques du Canada ».

économique et militaire des États-Unis de la part d'une fraction croissante de la population[53]. Ce mouvement nationaliste multiforme trouve une expression à la fois dans les milieux littéraires et intellectuels[54], dans les milieux pacifistes et de gauche, dans le Parti conservateur fédéral sous John Diefenbaker et dans le Parti libéral de Lester B. Pearson.

En partie en raison de ce sentiment nationaliste renforcé, un consensus semble s'établir au Canada anglais voulant que « le progrès » requière un gouvernement central fort. Conséquemment, il y a peu de résistance devant l'expansion du gouvernement fédéral, qui s'affirme toujours davantage comme le gouvernement « national » des Canadiens[55].

Ce nouveau rôle de l'État fédéral provoque toutefois des remous chez la minorité canadienne-française, particulièrement au Québec. Nombre de Canadiens français de plusieurs milieux interprètent cet affirmationnisme du gouvernement central comme une rupture du pacte originel de la Confédération, pacte liant deux « peuples fondateurs ». Durant les quinze années qui suivent la guerre, le gouvernement québécois conservateur de Maurice Duplessis résiste à l'empiètement du gouvernement fédéral dans les champs de compétence provinciale, mais sans proposer de solution de rechange : la société canadienne-française se passerait simplement de l'État providence. Bien sûr, dans la société civile et dans le domaine de l'économie, les choses changent plus rapidement[56]. Plusieurs

---

53. En 1967, « un sondage [...] révéla que les deux tiers des Canadiens souhaitaient que le gouvernement prenne des mesures pour abaisser le niveau de l'investissement étranger. Une proportion presque aussi élevée de personnes demandait que le Canada affiche davantage son indépendance dans ses rapports avec les États-Unis » (Affaires étrangères et Commerce international Canada, *Le Canada dans le monde*, [En ligne], [http://www.dfait-maeci.gc.ca/department/history/canada8-fr.asp] (13 septembre 2006)).

54. En 1960, Hugh McLennan affirme au *Toronto Star* : « *At the moment, the U.S. is considered a greater threat to world peace than Russia* » (*The Times*, 26 décembre 1960). Cinq ans plus tard, le philosophe torontois George Grant publie un essai nationaliste qui a un succès retentissant : *Lament for a Nation: The Defeat of Canadian Nationalism* (Toronto, McClelland and Stewart, 1965).

55. Kenneth McRoberts, *Un pays à refaire : l'échec des politiques constitutionnelles canadiennes*, Montréal, Éditions du Boréal, [1997] 1999, p. 48-51.

56. Voir à ce sujet, entre autres, Jacques Rouillard, *Histoire du syndicalisme québécois*, Montréal, Éditions du Boréal, 1989 ; Jean-Pierre Collin, *La Ligue ouvrière catholique canadienne, 1938-1954*, Montréal, Éditions du Boréal, 1996 ; Lucie Piché, *Femmes et changement social au Québec : l'apport de la Jeunesse ouvrière*

segments libéraux de la population, dont des intellectuels, des artistes, des syndicalistes, des étudiants et des politiciens, accueillent les nouvelles interventions du fédéral avec un certain enthousiasme, les percevant comme une voie menant à la modernisation de la société canadienne-française[57]. Ces éléments ne sont toutefois pas au pouvoir. À partir de 1960, cependant, un gouvernement dirigé par les libéraux de Jean Lesage participe à la transformation du nationalisme québécois, qui devient désormais libéral, laïque, territorial et en faveur de l'interventionnisme de l'État. C'est le « néonationalisme » de la Révolution tranquille, et son apparition signifie deux choses : premièrement, l'« État québécois » veut désormais gérer lui-même la plupart des fonctions de l'État providence moderne ; deuxièmement, il exige la révision des structures politiques du Canada afin que soit reconnue la dualité nationale du pays. C'est le début d'une série de conflits constitutionnels qui alimentent la croissance d'un mouvement indépendantiste à partir de 1963[58].

Chez les minorités de langue française ailleurs au Canada, l'avènement de l'État interventionniste signifie une plus grande proximité avec la société anglophone. Par ailleurs, la Révolution tranquille québécoise laisse ces communautés quelque peu orphelines puisqu'elle s'accompagne du démantèlement progressif de l'appareil institutionnel de l'ancienne « nation canadienne-française »[59]. Ce réseau, quelque peu élitiste et conservateur, était néanmoins porteur d'un projet de société et doté d'une certaine capacité d'agir sur le monde[60]. Ces communautés devront

---

catholique féminine, 1931-1966, Québec, Les Presses de l'Université Laval, 2003 ; E.-Martin Meunier et Jean-Philippe Warren, *Sortir de la « Grande noirceur » : l'horizon « personnaliste » de la Révolution tranquille*, Québec, Éditions du Septentrion, 2002.

57. Michael D. Behiels, *Prelude to Quebec's Quiet Revolution: Liberalism versus Neo-nationalism, 1945-1960*, Montréal, McGill-Queen's University Press, 1985 ; Dion, *La révolution déroutée*, p. 163-311 ; Pronovost, « Les idéologies étudiantes au Québec », p. 118-120. Ce dernier affirme : « Les étudiants [...] se situaient à l'intérieur d'un modèle politique de type fédéral, puisqu'il apparaissait à leur [*sic*] yeux comme la seule solution valable à un nationalisme conservateur, la seule voie vers un redressement économique et culturel. »

58. McRoberts, *Un pays à refaire*, p. 51-62 ; Marshall, *Aux origines sociales de l'État-providence* ; Yves Vaillancourt, *L'évolution des politiques sociales au Québec, 1940-1960*, Montréal, Les Presses de l'Université de Montréal, 1988.

59. Martel, *Le deuil d'un pays imaginé*, p. 107-178.

60. Thériault, « Naissance, déploiement et crise », p. 229-233.

désormais trouver de nouvelles assises afin de survivre à l'avènement de la culture de masse.

Les nombreuses transformations que connaît l'espace politique et économique du Canada ont d'importantes répercussions en Acadie. D'abord, elles accélèrent l'intégration des communautés acadiennes dans l'économie marchande, puisque le travail salarié devient la norme. Cette intégration dans l'espace capitaliste nord-américain a nombre d'effets importants : les structures d'occupation traditionnelles sont déstabilisées ; l'exode rural s'intensifie ; la famille devient de moins en moins une unité de production à mesure que les revenus additionnels permettent la consommation accrue de biens modernes ; finalement, la pêche et l'agriculture tendent à devenir des activités professionnelles exigeant des investissements importants[61]. Bref, les nouvelles conditions politicoéconomiques exercent des pressions inédites sur une communauté jusqu'alors périphérique et culturellement distincte, et on assiste à un certain alignement de l'Acadie sur les tendances continentales. Néanmoins, le revenu moyen des Acadiens demeure bien en deçà de la moyenne canadienne.

Tous ces changements engendrent des défis bien réels pour des milliers d'individus et de familles. Toutefois, ils en posent un précis aux organisations et aux leaders nationalistes acadiens et, plus particulièrement, à leur idéologie. Le discours nationaliste n'a, bien sûr, jamais correspondu à une vision juste de la réalité. Malgré son isolement relatif, sa langue, certaines pratiques culturelles distinctes et son identité collective, la communauté acadienne a de tout temps été influencée par des mouvements culturels, économiques et politiques provenant de l'extérieur de la province[62]. Toutefois, le discours nationaliste a toujours servi de filtre, masquant ces réalités extérieures et créant une « communauté imaginée » dans

61. Derek Johnson, « Merchants, the State and the Household: Continuity and Change in a 20th-Century Acadian Fishing Village », *Acadiensis*, vol. 29, n° 1 (automne 1999), p. 67-69.

62. Voir en particulier Joseph Yvon Thériault, *L'identité à l'épreuve de la modernité*, chapitres 1 et 8 ; Jacques Paul Couturier, « Perception et pratique de la justice dans la société acadienne, 1870-1900 », dans Jacques Paul Couturier et Phyllis LeBlanc (dir.), *Économie et société en Acadie, 1850-1950*, Moncton, Éditions

laquelle « l'Acadie » avait supposément une existence autonome. Devant les réalités des années 1940 et 1950, cependant, la crédibilité de ce discours s'effrite.

Au début des années 1950, la population acadienne du Nouveau-Brunswick se trouve donc dans une situation paradoxale. Dans ses pratiques – surtout dans ses pratiques économiques – elle devient de plus en plus libérale. Toutefois, sa conception du monde et de sa place dans celui-ci demeure résolument antilibérale. À en croire l'idéologie « nationale », les Acadiens forment une société rurale et autonome vivant en marge de la civilisation nord-américaine ; ils en tireraient même une grande fierté. Une telle dissonance entre la réalité et le discours ne pouvait durer plus longtemps. La définition de l'identité collective acadienne devait changer... ou risquer de disparaître pour cause de non-pertinence.

C'est ainsi qu'après la guerre, en dépit de son discours axé sur l'autonomie, une couche progressiste de l'élite définitrice arrive graduellement à la conclusion qu'une plus grande participation dans les affaires publiques provinciales et fédérales serait bénéfique à la société acadienne. Cette portion de l'élite acadienne correspond à ceux que François Ricard désigne, en parlant du Québec, sous le nom de « réformateurs frustrés[63] » et comprend des clercs et des éducateurs, comme le père Clément Cormier et le professeur Aurèle Young, des leaders du mouvement coopératif, comme Gilbert Finn, et des hommes d'affaires, comme Jean Cadieux. Par leurs efforts, le discours national se met à changer, même si le processus est initialement lent et frustrant, d'où le nom donné par Ricard à cette cohorte, qui sera éventuellement triomphante.

La première cause de changement réside dans le danger de voir l'idéologie nationale sombrer dans la désuétude : des ajustements doivent être apportés à ce discours qui perd tranquillement l'appui des masses. Il se développe durant les années 1950 un certain consensus favorable à l'idée que les organisations nationales acadiennes devaient changer de style de leadership. Devant « la diminution d'un type de patriotisme sentimental alimenté autrefois par l'éloquence pathétique dont les foules étaient

d'Acadie, 1996, p. 43-75 ; Johnson, « Merchants, the State and the Household », p. 63.

63. François Ricard, *La génération lyrique : essai sur la vie et l'œuvre des premiers-nés du baby-boom*, Montréal, Éditions du Boréal, 1994, coll. « Boréal compact », p. 95-105.

friandes », la Société nationale des Acadiens (SNA) doit désormais utiliser des « moyens modernes et rationnels de gestion et d'étude[64] » semblables à ceux employés par l'État et les grandes entreprises.

Mais la crédibilité du discours national diffusé auprès des masses n'est pas le seul moteur de changement. La convoitise des ressources de l'État joue aussi un rôle. Durant cette période obnubilée par le progrès, les ressources internes du Canada français semblent singulièrement insuffisantes pour réaliser les nombreux objectifs de la nation. Toutes les campagnes de souscription, organisées ponctuellement et laborieusement afin d'atteindre tel ou tel objectif « national », apparaissent tout à coup désuètes et inefficaces. Partout en Occident, voire au-delà, le progrès social et économique est de plus en plus conçu comme un objectif qui ne peut être atteint que par la régulation et la planification étatique. L'État grandit, et avec lui ses ressources. Les Acadiens ne devraient-ils pas aller chercher leur part de ces investissements ? Cela n'est-il pas d'autant plus vrai que même si les Acadiens choisissaient de ne pas se tourner vers lui, l'État aurait tendance à se rapprocher d'eux ? En effet, dans cette ère de bureaucratisation, l'État régule toujours davantage des sphères d'activité où l'élite avait jusqu'alors réussi à conserver des zones d'autonomie, telles que l'éducation et la colonisation. Pour cette raison, à partir des années 1930, des organisations acadiennes commencent timidement à intervenir auprès du gouvernement provincial[65].

La croissance démographique est sans doute un des facteurs importants qui contribuent à ce changement d'attitude envers l'État. En 1871, les

---

64. Clément Cormier, « Les Acadiens en 1960 : besoins et perspectives », dans *XIIIe Congrès général des Acadiens*, Pointe-de-l'Église (N.-É.), Société nationale des Acadiens, 1960, p. 30-40. Cormier réitère ces idées lors d'un colloque de *Recherches sociographiques* à Québec deux ans plus tard. Notes de conférence, CEAAC, Fonds Clément Cormier, 177.2699.

65. Jean-Roch Cyr, « La colonisation dans le nord du Nouveau-Brunswick durant la crise économique des années 30 », dans Jacques Paul Couturier et Phyllis LeBlanc (dir.), *Économie et société en Acadie, 1850-1950*, p. 123-125 ; Maurice Basque, *De Marc Lescarbot à l'AEFNB : histoire de la profession enseignante acadienne au Nouveau-Brunswick*, Edmundston, Éditions Marévie, ch. 3 ; Joseph Yvon Thériault, « Le moment Robichaud et la politique en Acadie », dans Institut canadien de recherche sur le développement régional, *L'ère Louis J. Robichaud, 1960-70 : actes du colloque*, Moncton, Institut canadien de recherche sur le développement régional, 2000, p. 47 ; Louis F. Cimino, *Ethnic Nationalism Among the Acadians of New Brunswick: An Analysis of Ethnic Political Development*, thèse de doctorat (anthropologie), Durham, Duke University, 1977, p. 64-67.

Acadiens ne représentaient que 16 % de la population, alors qu'en 1951, ils en représentaient presque 40 %. Au cours de cette période, la population d'origine française a crû de 340 %, alors que celle d'autres origines a augmenté de seulement 30 %, cela en raison non seulement du taux de natalité plus élevé, mais aussi du taux d'émigration plus bas du premier groupe[66]. Dans la ville de Moncton aussi – deuxième en importance de la province et la seule des trois grandes villes du Nouveau-Brunswick à comprendre une forte proportion de francophones –, la proportion des Acadiens connaît une certaine croissance, passant de 33 % en 1941 à 36 % en 1961[67]. Cette augmentation continue du poids démographique et électoral des Acadiens rassure les chefs nationalistes quant à leur capacité d'influencer la vie politique municipale et provinciale, voire fédérale[68].

Mais, de façon tout aussi importante, le changement de ton correspond à l'apparition de nouvelles aspirations au sein même de l'élite définitrice. Le nombre toujours croissant de fonctions et de postes gouvernementaux convainc plusieurs de ses membres qu'une intégration plus poussée de la communauté acadienne dans les structures étatiques serait profitable non seulement pour la population en général, mais aussi pour eux-mêmes. Voyant la base traditionnelle de son pouvoir s'effriter, l'élite définitrice choisit de s'investir dans l'État. Désormais, elle ne tenterait plus d'ériger une société parallèle autonome, mais elle agirait plutôt en tant que porte-parole du groupe linguistique. De cette façon, elle occuperait une position stratégique entre la population acadienne et les pouvoirs politiques, jouant le rôle clé de « classe relais[69] ».

Le retrait de la vie politique et économique ne pouvait donc durer plus longtemps. Le discours national devait changer. Mais comment les

66. Thériault, « Le moment Robichaud et la politique en Acadie », p. 42.

67. « Population de Moncton par origine ethnique », dans « Commission BB – rencontres régionales de Moncton », CEAAC, Fonds Clément Cormier, 177.2715.

68. À la même époque, la situation extrêmement minoritaire des collectivités francophones des huit autres provinces a empêché celles-ci d'épouser l'idée du développement par l'État technocratique. Le cas du Nouveau-Brunswick se rapproche davantage de celui du Québec, quoiqu'il reste particulier en raison du caractère biculturel de la province. Voir Joel Belliveau et Frédéric Boily, « Deux Révolutions tranquilles ? Transformations politiques et sociales au Québec et au Nouveau-Brunswick (1960-1967) », *Recherches sociographiques*, vol. 46, n° 1 (janvier-avril 2005), p. 11-34.

69. Cimino, *Ethnic Nationalism Among the Acadians of New Brunswick*, p. 13-14.

Acadiens pouvaient-ils se défaire de leur idéologie nationale sans perdre leur identité collective ? Comment trouver un équilibre entre la position autonomiste traditionnelle de la communauté et une plus grande intégration dans l'économie et l'État ? L'élite définitrice des années 1950 et 1960 se heurte continuellement à cette question, sans jamais trouver une réponse qui puisse susciter un consensus en son sein ou dans la communauté en général.

L'organisation des activités commémorant le 200e anniversaire de la Déportation des Acadiens est un bon exemple de ce défi idéologique auquel l'élite a dû faire face. Certains des membres les plus éminents de l'élite définitrice, soit des leaders de la Société mutuelle l'Assomption, de *L'Évangéline* et de l'Université Saint-Joseph[70], planifient cet événement de façon sérieuse à partir de 1953. Les célébrations seraient étalées sur toute l'année 1955 et incorporeraient plusieurs activités religieuses, artistiques et patriotiques. Mais quel message serait diffusé, idéologiquement parlant ?

Le résultat ? Un monument à l'honneur du paradoxe et du compromis. Les événements furent financés à la fois grâce à une « campagne de souscription » canadienne-française[71] et par des contributions gouvernementales[72], ce qui était nouveau eu égard au financement d'événements patriotiques acadiens. Il y a fort à parier que le discours du comité organisateur a joué un grand rôle dans la décision du gouvernement provincial d'accorder ces contributions. En effet, ce comité affirme à qui veut bien l'entendre que les célébrations du bicentenaire visent à célébrer la survie et l'épanouissement des Acadiens, et non à raviver de vieilles blessures

---

70. Ce sont Calixte Savoie et Gilbert Finn, les deux plus hauts dirigeants de la Société mutuelle l'Assomption, le père Clément Cormier, recteur de l'Université Saint-Joseph, Emery LeBlanc et Euclide Daigle, directeur et rédacteur en chef de *L'Évangéline*, respectivement, et le juge Adrien Cormier (Sacha Richard, « Commémoration et idéologie nationale en Acadie : les fêtes du bicentenaire de la Déportation acadienne », *Mens : revue d'histoire intellectuelle de l'Amérique française*, vol. 3, n° 1 (automne 2002), p. 27-59).

71. Celle-ci fut organisée par le Conseil de la vie française en Amérique et a recueilli 40 000 $ (Martel, *Le deuil d'un pays imaginé*, p. 90).

72. Les conservateurs néo-brunswickois de Hugh John Flemming ont contribué 20 000 $ aux festivités. Le gouvernement québécois de Maurice Duplessis a aussi apporté son appui financier au comité organisateur (Richard Wilbur, *The Rise of French New Brunswick*, Halifax, Formac, 1989, p. 185).

ou à alimenter la rancœur envers les anglophones ou la Couronne[73]. Afin d'atteindre cet objectif, l'accent est mis sur la Renaissance et l'épanouissement en cours de la société acadienne, ainsi que sur son avenir. Le passé sera évoqué seulement en ce qui concerne la tradition, le folklore et la foi, alors que le thème de la Déportation sera – ironiquement – marginalisé. En omettant certains aspects de l'idéologie traditionnelle, les organisateurs espèrent aider les Acadiens à faire la paix avec la Déportation, à abandonner l'idée d'une destinée providentielle et à adhérer à une vision plus moderne selon laquelle les Acadiens peuvent maîtriser leur destin tout en travaillant main dans la main avec leurs voisins anglophones[74]. Les Acadiens doivent participer plus pleinement aux sociétés néo-brunswickoise et canadienne: voilà le message que le comité organisateur confère aux célébrations.

Le comité responsable des commémorations, désireux de laisser un héritage à la postérité, profite de l'occasion pour raviver la Société nationale l'Assomption. Cette dernière, créée en 1890, avait été la première organisation nationaliste acadienne, mais était moribonde depuis 1937. Elle ne doit pas être confondue avec la Société *fraternelle* l'Assomption, un organisme dont la raison d'être est davantage économique mais qui, depuis les années 1930, avait dû, avec l'Ordre de Jacques-Cartier, prendre le relais en matière de lobbying politique[75]. Les organisateurs des célébrations de 1955 conçoivent l'événement comme un tremplin vers une Acadie plus moderne. Afin de contribuer concrètement à cette modernisation, ils réservent une partie des fonds provenant de la campagne de souscription à la transformation de l'association nationale en organe politique moderne.

73. En fait, la reine fut même invitée, à la grande surprise du haut commissaire britannique (Richard, «Commémoration et idéologie nationale en Acadie», p. 36-37).

74. Cela fait dire à Sacha Richard que «le discours de la bonne entente imprégna [...] la conception, l'organisation et la programmation des célébrations. Le comité organisateur répéta avec insistance que les fêtes du bicentenaire susciteraient des "sentiments positifs" et ne réveilleraient pas de vieilles animosités» (Richard, «Commémoration et idéologie nationale en Acadie», p. 36).

75. Maurice Basque, *La Société nationale de l'Acadie: au cœur de la réussite d'un peuple*, avec la collaboration d'Eric Snow, Lévis, Éditions de la Francophonie, 2006. La Société fraternelle l'Assomption deviendra, en 1968, une société mutuelle d'assurances.

Ce renouvellement a lieu en 1957 et comporte trois volets. L'organisation est d'abord rebaptisée sous le nom de Société nationale des Acadiens[76]. Puis, ses structures sont revues et élargies. Finalement, un « secrétariat permanent » est ouvert à Moncton. La réorganisation permet à la nouvelle SNA de fédérer plus de 40 organisations et institutions acadiennes et ainsi de prétendre, avec une certaine légitimité, agir comme porte-parole officiel du groupe linguistique. D'autre part, l'ouverture du nouveau secrétariat signifie que le mouvement nationaliste acadien sort de l'ombre et s'affiche clairement sur la scène provinciale comme une institution se voulant publique, officielle et représentative. Le bureau doit par ailleurs faire de la recherche, établir des relations formelles avec les gouvernements et intervenir dans l'espace public pour défendre les intérêts des Acadiens. Quelques années plus tard, la SNA et d'autres associations acadiennes bien en vue se doteront même d'un mécanisme permanent de financement, la Souscription Œuvres nationales d'Acadie, à laquelle sont priés de contribuer individus, clubs sociaux et gouvernements. Optimiste, la SNA donne un ton très moderne à la treizième convention nationale, qu'elle organise pour 1960 : « L'Acadie de 1960 : besoins – perspectives ». On y parlera notamment d'économie, d'éducation et de culture[77]. Pour plusieurs contemporains, ce renouvellement de la société civile acadienne est une source de grande fierté, au point où il est parfois présenté comme l'équivalent de la création d'un gouvernement propre aux Acadiens. Il ne serait pas faux d'affirmer que l'effervescence, l'optimisme et l'ouverture qui entourent ces événements correspondent au début de la Révolution tranquille acadienne.

Les années 1950 offrent d'autres indices laissant présager une participation accrue des Acadiens dans les sphères politique, sociale et culturelle. Les élections de 1952 montrent que la croissance démographique soutenue des Acadiens a une incidence politique. Quatre députés conservateurs

---

76. Ce changement signifie peut-être une certaine distanciation par rapport au volet religieux du nationalisme acadien. Il permet par ailleurs d'éviter toute confusion avec la Société mutuelle l'Assomption (d'entraide fraternelle), cet autre pilier institutionnel de l'Acadie.

77. Bernard Poirier, « La nouvelle structure » (éditorial), *L'Évangéline*, 20 et 21 janvier 1964, p. 4 ; Basque, *La Société nationale de l'Acadie*, p. 117-137 ; Hautecoeur, *L'Acadie du discours*, p. 92-101 ; Richard, « Commémoration et idéologie nationale en Acadie ».

de langue française sont élus – c'est une première – dans le gouvernement de Hugh John Flemming, et deux d'entre eux sont nommés ministres. Qui plus est, 10 des 16 libéraux siégeant dans l'opposition sont des Acadiens[78]. Parmi ceux-ci, on trouve le jeune avocat Louis Robichaud.

Depuis la fin du XIXe siècle[79], les hommes politiques et les nationalistes acadiens ont toujours formé deux sphères plutôt distinctes. Ces derniers ont tendance à œuvrer au sein d'une sphère proprement acadienne et à peu se « mêler » des affaires provinciales ou fédérales, alors que les premiers s'adonnent avant tout au jeu partisan et font peu de cas de leur identité linguistique. Cela demeure vrai durant les années 1950, mais la présence croissante des francophones à la législature encourage l'élite définitrice à croire en la possibilité d'un partage plus équitable des ressources et des pouvoirs de l'État. Lentement mais sûrement, les revendications linguistiques deviennent plus fréquentes : pour une reconnaissance officielle – même limitée – du français, pour l'établissement d'une école normale « bilingue » pour les francophones, pour une part plus grande des emplois dans la fonction publique. Les résultats obtenus initialement sont loin d'être spectaculaires[80], mais il semble clair que l'Acadie sort de sa « réserve » politique.

Le jeune Robichaud incarne plusieurs courants politiques présents dans l'Acadie des années 1950. Il connaît le leadership traditionnel acadien ainsi que son idéologie et ses méthodes puisqu'il est membre de l'Ordre de Jacques-Cartier[81]. Mais il est aussi issu d'une famille de

---

78. Wilbur, *The Rise of French New Brunswick*, p. 182-183.

79. Il est intéressant de noter qu'à la fin du XIXe siècle, l'Acadie du Nouveau-Brunswick compte deux politiciens très influents qui œuvrent aussi ouvertement pour la cause acadienne, soit le sénateur Pascal Poirier et le ministre provincial Pierre-Amand Landry. On ne verra plus de politiciens acadiens aussi influents jusqu'aux années 1960.

80. Wilbur, *The Rise of French New Brunswick*, p. 191 ; Martel, *Le deuil d'un pays imaginé*, p. 79-81.

81. L'Ordre de Jacques-Cartier est une société secrète canadienne-française et catholique formée d'un réseau de cellules locales et qui s'est donné pour mission d'améliorer la situation des Canadiens français. Robichaud quitte l'Ordre en 1958, soit au moment de son élection comme chef de parti (Gabriel Bertrand, « L'Ordre de Jacques Cartier et les minorités francophones », dans Gratien Allaire et Anne Gilbert (dir.), *Francophonies plurielles : communications choisies : colloques du regroupement pour la recherche sur la francophonie canadienne organisés dans le cadre du congrès annuel de l'ACFAS (Chicoutimi, 1995, et Montréal, 1996)*, Sudbury, Institut franco-ontarien, 1998, p. 13-58 ; Michel Cormier,

tradition partisane très libérale. Par ailleurs, ses études à la Faculté des sciences sociales de l'Université Laval lui ont permis de préciser l'inclination de sa philosophie libérale, lui donnant un teint résolument social-démocrate. Par l'entremise de ses cours et de ses nombreuses conversations avec Georges-Henri Lévesque, il développe en effet une foi dans le potentiel de l'interventionnisme de l'État[82].

Les années 1950 sont aussi la décennie de la Commission royale d'enquête sur les arts, les lettres et les sciences (aussi connue sous le nom de commission Massey), dont le père Lévesque est un membre important[83]. À cette occasion, les Acadiens, comme la plupart des autres Canadiens, se tournent vers l'État dans l'espoir d'y trouver des outils de développement culturel. Aussi tard que dans les années 1940, les Canadiens français avaient organisé une campagne de souscription massive dans le but de doter leurs compatriotes du Manitoba de stations de radio[84]. Moins d'une décennie plus tard, toutefois, quand des esprits modernisateurs acadiens adoptent le même objectif, ils ne considèrent même pas cette avenue. La radio en français, c'est l'État qui devra la financer ! Le père Clément Cormier, recteur de l'Université Saint-Joseph, prend le leadership de cette cause. Étant lui aussi un ancien étudiant du père Lévesque[85], il n'a

---

Louis J. Robichaud: une révolution si peu tranquille, Moncton, Éditions de la Francophonie, 2004, p. 101 ; Denise Robillard, *L'Ordre de Jacques Cartier: une société secrète pour les Canadiens français catholiques, 1926-1965*, Montréal, Éditions Fides, 2009).

82. *Ibid.*, p. 35-40. Certains y voient une contradiction, d'autres un paradoxe. Toutefois, ce libéralisme dit « positif » de la deuxième moitié du XXe siècle est très bien documenté. Il tolère – mais n'encourage pas – un certain interventionnisme de l'État afin de favoriser l'égalité des chances, c'est-à-dire afin de permettre aux individus d'exercer leur liberté. Il s'agit de la fameuse et influente « théorie de la justice » du philosophe politique John Rawls, développée dans un ouvrage du même titre (John Rawls, *A Theory of Justice*, Boston, Harvard University Press, 1971).

83. Contrairement à une idée répandue, toutefois, Vincent Massey en était le seul président, du moins officiellement.

84. Martel, *Le deuil d'un pays imaginé*, p. 51-55.

85. En fait, en tant que recteur, il est le principal instigateur d'une véritable « filière Laval » acadienne, ayant encouragé, de façon « quasi systématique », ses meilleurs étudiants à aller terminer leur formation auprès du père Lévesque. Parmi les autres membres de ce réseau, on trouve Adélard Savoie et Robert Pichette (Julien Massicotte, « Le territoire acadien : contextes et perceptions », dans Martin Pâquet

aucune difficulté à obtenir l'attention de la commission Massey. Avec une poignée d'alliés, il convainc le gouvernement fédéral d'accorder à la région de l'Atlantique ses premières stations de Radio-Canada, d'abord une station de radio en 1954, puis une station de télévision en 1959[86].

Cormier est aussi un important réformateur en matière d'éducation postsecondaire. Directeur fondateur de l'École des sciences sociales de l'Université Saint-Joseph, puis recteur de cette université, il travaille sans relâche à la modernisation de l'institution. De nouveaux programmes sont créés en commerce, en sciences, en ingénierie et en sciences sociales, faisant de ladite université la première institution postsecondaire acadienne à s'éloigner du modèle du « cours classique »[87]. La petite université réussit même à attirer plusieurs jeunes du Québec à la recherche d'une formation dans les disciplines techniques, commerciales et scientifiques, encore rares dans les collèges du Canada français et du Québec.

Dans cette quête de modernisation éducationnelle et scientifique, l'État est à nouveau interpellé. L'Université Saint-Joseph joue un rôle de chef de file, avec l'Université Mount Allison, dans la bataille menée par les collèges privés en vue d'obtenir de l'aide financière du gouvernement néo-brunswickois[88]. La situation est partiellement redressée en 1952, mais en 1959, l'University of New Brunswick – considérée comme l'« université d'État » – reçoit toujours sept fois plus d'argent par étudiant que les universités confessionnelles[89].

Malgré ces embûches, Cormier est prêt à tout pour créer une université moderne de langue française. Pour ce clerc progressiste, le nouveau

---

et Stéphane Savard (dir.), *Balises et références : Acadies, francophonies*, Sainte-Foy, Les Presses de l'Université Laval et Éditions de l'IQRC, 2007, p. 88).

86. Landry et Lang, *Histoire de l'Acadie*, p. 289 ; Robert Pichette, « Longtemps l'Acadie a attendu un chef : Clément C. Cormier, c.s.c. (1910-1987) », *Les Cahiers de la Société historique acadienne*, vol. 30, n° 4 (1999), p. 242-243.

87. Le document suivant témoigne admirablement de la volonté du père Cormier : « Développement de l'USJ à Moncton – préparation d'un document », CEAAC, Fonds Clément Cormier, 177.1865. Voir aussi Couturier, *Construire un savoir*, p. 135-136.

88. Jusqu'à la fin des années 1940, les collèges confessionnels du Nouveau-Brunswick ne reçoivent pas de financement de la part du gouvernement – une exception au Canada.

89. Couturier, *Construire un savoir*, p. 127-130.

campus doit être situé dans un centre urbain. Sous sa veille, l'Université Saint-Joseph commence donc le transfert graduel de ses activités du village de Memramcook à Moncton, environ 25 kilomètres plus loin, parachèvant ainsi la centralisation institutionnelle du leadership acadien, un processus qui s'est étalé sur une soixantaine d'années. En dépit de l'idéologie nationale ruraliste et agriculturaliste véhiculée par l'élite définitrice, Moncton est devenue au cours de cette période une espèce de capitale acadienne, accueillant le siège d'organisations aussi importantes que l'archidiocèse, la Société mutuelle l'Assomption, le journal *L'Évangéline*, Radio-Canada et, désormais, l'université acadienne la plus complète. Il semble donc que la ville – tout comme l'État – en vient à être considérée comme une composante « normale » de la vie acadienne. L'ère de l'isolationnisme est, selon toute apparence, révolue.

Grâce au travail acharné de la frange la plus progressiste de l'élite définitrice – frange présente dans les collèges, dans la capitale provinciale, au journal *L'Évangéline* et dans les associations « nationales » –, une conception très libérale de la justice et de la citoyenneté s'est implantée dans la psyché acadienne[90]. Lentement mais sûrement, un nouveau discours axé sur la participation et l'intégration aux différentes sphères de la société prend forme au cours des années 1950. La participation aux domaines politique et économique, la coopération avec les voisins de langue anglaise et l'intégration dans l'appareil de l'État forment le nouvel idéal politique. Cet idéal est résolument libéral sur le plan de la philosophie politique, puisque la seule chose attendue de l'État (et aussi la seule chose estimée nécessaire afin d'arriver à une situation d'égalité) est le traitement identique de tous les citoyens. Aucun statut particulier n'est revendiqué au nom de spécificités culturelle, linguistique ou autres.

> Après avoir quasiment nié dans le discours vernaculaire l'existence de l'autre, ou tout du moins uniquement insisté sur les différences fondamentales qui séparent les deux sociétés, les idéologues

90. Ian McKay avance que l'histoire du Canada est en bonne partie celle d'un projet libéral en progression constante, projet qui réussit à user toutes les résistances sur son chemin, soient-elles traditionnelles, communautaires, socialistes ou autres (Ian McKay, « The Liberal Order Framework: A Prospectus for a Reconnaissance of Canadian History », *Canadian Historical Review*, vol. 80, nº 4 (décembre 2000), p. 617-645).

sont amenés à reconnaître avec « réalisme » leur voisinage et leur cohabitation aux Maritimes et à privilégier ce qui les unit[91].

La quasi-totalité des chercheurs qui ont produit des études de portée plus ou moins globale sur la période ont noté l'existence de changements dans l'idéologie de l'élite durant les années 1950, voire 1940, des changements allant unanimement dans le sens d'une ouverture à l'endroit de la modernité, de l'État et des affaires, et d'une certaine laïcisation des institutions acadiennes[92].

Le nouveau discours « participationniste » devient rapidement dominant. Cela est particulièrement vrai après la victoire surprise du Parti libéral de Louis Robichaud, en juin 1960, soit une semaine après celle du parti cousin de Jean Lesage, au Québec[93]. C'est la première fois dans l'histoire quasi bicentenaire de la province qu'un Acadien est élu premier ministre[94], confirmant ainsi une tendance perceptible depuis l'élection

91. Hautecoeur, *L'Acadie du discours*, p. 167.

92. Jean-Paul Hautecoeur, le premier à avoir analysé cette transformation discursive, fait remarquer avec justesse que durant ce glissement de première importance, l'élite définitrice s'efforce d'éviter tout schisme avec l'idéologie nationaliste traditionnelle. L'une des tactiques utilisées à cette fin est la production de discours alambiqués et syncrétiques dans lesquels on prend souvent soin de dissocier les sphères politique et culturelle. Cela fait dire à Hautecoeur que le « vieux langage idéologique » du nationalisme traditionnel a simplement su « emprunter des formes neuves et moderniser son style ». Toutefois, la plupart des travaux postérieurs parlent plutôt de formes d'action et d'organisation collectives foncièrement nouvelles, qui prennent cependant soin de ne pas rompre leurs liens symboliques avec le nationalisme traditionnel. Voir Hautecoeur, *L'Acadie du discours*, p. 143, et, de façon plus générale, p. 128-157, 182-193 ; Joseph Yvon Thériault, « Domination et protestation : le sens de l'acadianité », *Anthropologica*, vol. 23, n° 1 (1981), p. 60-68 ; Greg Allain, Isabelle McKee-Allain et Joseph Yvon Thériault, « La société acadienne, lectures et conjonctures », dans Jean Daigle (dir.), *L'Acadie des Maritimes*, p. 350-357 ; Richard, *Les formes de l'acadianité au Nouveau-Brunswick*, p. 34-56 ; Arseneault, *La convention d'orientation nationale acadienne de 1979*, p. 70-77 ; Massicotte, « Le territoire acadien », p. 87-92.

93. Plusieurs similarités peuvent être observées entre les changements sociopolitiques au Québec et dans l'Acadie du Nouveau-Brunswick durant cette période. On y reviendra dans la première partie du chapitre 3. Pour un exercice comparatif plus complet, voir Belliveau et Boily, « Deux Révolutions tranquilles ? ».

94. Peter Veniot, né Pierre Vienneau, a remplacé son prédécesseur comme premier ministre pour un temps, pour être défait en 1925 à l'issue d'une campagne mesquine durant laquelle des lettres attribuées au Ku Klux Klan ont circulé dans

de 1952, soit l'influence croissante des Acadiens sur la scène politique de la province. Le revirement semble d'autant plus spectaculaire que les journalistes avaient estimé la victoire de Robichaud très improbable quand un Hugh John Flemming, populaire et confiant, avait annoncé, sept semaines plus tôt, la tenue des élections[95].

Ce penchant pour l'intégration aux affaires publiques provinciales et fédérales et cette obsession de la modernisation et du « rattrapage » des Acadiens m'incitent à désigner ce courant sous le nom d'« idéologie de la participation modernisatrice[96] » – appellation que j'emprunte à Ricky Richard[97] – ou, plus simplement, de « participationnisme ».

Le nouveau discours, foncièrement optimiste, est partiellement basé sur la foi que place l'Occident tout entier dans le progrès à l'ère des Trente Glorieuses. Mais il repose aussi sur la conviction que les Acadiens ont désormais des assises assez solides pour se développer tout en s'intégrant politiquement et économiquement à la majorité anglophone. Cette conviction s'appuie non seulement sur la croissance démographique de la communauté acadienne, mais aussi sur les réalisations de ses institutions. Lors de la préparation des fêtes du bicentenaire, Clément Cormier affirmait à ses concitoyens :

> Comparez la physionomie catholique et française de Moncton il y a un demi-siècle avec celle de notre ville aujourd'hui. Cinquante ans passés, pas une institution officiellement acadienne n'avait été établie dans la ville ou dans la banlieue : ni église, ni école, ni journal, ni hôpital. Et aujourd'hui, faites le bilan des édifices ou institutions importantes : l'église cathédrale avec les autres églises, [...] l'hôpital, les quatre maisons d'enseignement supérieur (comptant l'école des infirmières), le journal quotidien, le bureau chef de la société l'Assomption, le Bon Pasteur, le poste de Radio, le centre récréatif

---

la province (David Frank, « The 1920s », dans Ernest R. Forbes et Delphin A. Muise (dir.), *The Atlantic Provinces in Confederation*, Toronto, University of Toronto Press ; Fredericton, Acadiensis Press, 1993, p. 268).

95. Cormier, *Louis J. Robichaud*, p. 98.

96. Il aurait été possible de désigner le courant de « réformisme libéral », mais la nature polysémique du mot « libéral » rendrait la chose imprudente. On parle ici uniquement de l'axe touchant à la conception de la citoyenneté, allant du communautarisme au cosmopolitisme, et non des axes désignant la gauche et la droite économique ou sociale.

97. Richard, *Les formes de l'acadianité au Nouveau-Brunswick*, p. 42-46.

> en construction. Ajoutez les organisations paroissiales florissantes et alertes, les nombreuses entreprises privées – et nous avons une transformation dont nous n'apprécions peut-être pas toujours la portée, un progrès phénoménal que les plus optimistes parmi les pionniers de la paroisse n'auraient pas osé croire possible il y a quarante ans[98].

Quelques années plus tard, il tiendra un discours similaire :

> Le danger d'assimilation n'est pas complètement disparu, soit! Mais nos positions sont beaucoup plus solides qu'en 1881. Nous avons une armature d'institutions à notre service ; notre complexe d'infériorité est en train de disparaître et nous sommes plus en mesure de traiter d'égal à égal avec tous nos compatriotes, quels qu'ils soient[99].

Fort de ces assises institutionnelles et psychologiques, l'Acadie serait prête pour la modernité et pour l'intégration dans toutes les sphères de la société. C'est pourquoi le nouveau discours insiste sur la possibilité – voire la nécessité – d'entretenir de bonnes relations avec l'Autre. La participation exige la bonne entente. Il faut transformer le discours national afin d'encourager le dialogue avec la majorité anglophone, dialogue qui est désormais vu comme le meilleur moyen de régler les problèmes des Acadiens :

> [...] nous vivons à une époque où le besoin de solidarité humaine se fait sentir de plus en plus... Un groupe ethnique pourrait-il raisonnablement s'isoler aujourd'hui, subvenir seul à ses propres besoins, assurer sa sécurité sans collaboration extérieure ? Nous sommes tous de mutuels dépendants dans la complexité de la vie contemporaine. Les Acadiens ne font pas exception à la règle. Ils ne peuvent rester à l'écart et prétendre pouvoir se suffire à eux-mêmes. Ils doivent accepter quelque formule de coopération avec ceux qui seront normalement leurs partenaires dans la vie culturelle, économique et politique du pays. Quelle sera cette formule ? [...] Il est (encore) difficile de répondre. [...]. [Mais] [q]uelles que soient les affinités politiques d'un chacun, les récents événements au Nouveau-Brunswick sont un brillant exemple de pénétration acadienne dans un domaine particulièrement difficile d'accès[100].

98. « Prédications », CEAAC, Fonds Clément Cormier, 177.1690.
99. Cormier, « Les Acadiens en 1960 », p. 37.
100. *Ibid.*

> [...] je prêche la fidélité au passé, parce qu'il contient les lignes de force du présent et de l'avenir. [... Mais] je veux en arriver à soutenir un peu en paradoxe qu'il faut aussi savoir rompre avec le passé ; une collectivité peut se vouer à la stagnation en s'attachant trop servilement à des formules qui vieillissent. [... Et] mon impression, c'est que les Acadiens restent trop longtemps attachés à des formules d'un passé décadent, alors que, depuis un quart de siècle surtout, les conditions de vie ont évolué de façon quasi-incroyable [*sic*] [... (Énumération des réalisations institutionnelles récentes des Acadiens)]. Heureusement, on assiste aussi à ces nouvelles caractéristiques de psychologie collective chez les Acadiens : [...] une diminution de l'attitude isolationniste qui caractérisait les relations des Acadiens avec les Anglo-Canadiens aussi bien qu'avec les Canadiens français du Québec[101].

> Pendant longtemps nous avons parlé au Nouveau-Brunswick de survivance française. Nous sommes restés fidèles à nos origines culturelles et linguistiques, tantôt à cause d'un repliement systématique sur nous-mêmes, tantôt à cause d'un isolement forcé qui nous mettait à l'abri des contacts extérieurs. Or une telle situation n'est plus possible aujourd'hui et elle n'est pas davantage désirable[102].

La montée de la philosophie participationniste a des effets importants sur l'identité politique des Acadiens, si bien qu'on assiste durant la période 1960-1967 à une baisse marquée de l'expression du nationalisme en Acadie[103].

---

101. Commentaires de Clément Cormier à propos d'une communication de Marc-Adélard Tremblay lors d'un colloque de *Recherches sociographiques* organisé par Fernand Dumont, les 5-6-7 avril 1962 (CEAAC, Fonds Clément Cormier, 177.2699).

102. Discours d'Adélard Savoie à l'occasion de son investiture à titre de recteur de l'Université – il succède à Clément Cormier –, le 29 octobre 1967. Publié sous le titre « Mission de l'université », *Revue de l'Université de Moncton*, vol. 1, n° 1 (mai 1968), p. 6-10.

103. Plusieurs contemporains de la période le font remarquer. Par exemple, à la page 235 de son historique de l'Université, Clément Cormier remarque : « Il est à noter qu'au début des années 1960, la ferveur acadienne était nettement à la baisse » (*L'Université de Moncton : historique*, Moncton, Centre d'études acadiennes, 1975). Pareillement, dans les coupes du film de Pierre Perrault, un acteur social d'un tout autre genre, l'étudiant contestataire Michel Blanchard, affirme : « Le drapeau, c'est la même chose, le drapeau à Caraquet plus personne [ne le] monte [...]. Comme l'*Ave Marie Stella*, ça [a] disparu comme ça. Il y a

La conception générale de la fonction de l'élite définitrice a aussi changé. Elle n'est plus considérée comme la gardienne et l'administratrice d'un réseau d'institutions autonomes, mais plutôt comme une sorte de « classe relais » dont le rôle serait de prendre une place de choix dans les structures du pouvoir de la province et même du Canada. Ce faisant, ses membres assumeraient non seulement leurs responsabilités citoyennes, mais ils s'assureraient aussi que les besoins des Acadiens sont bien connus. Bref, durant cette période, l'élite définitrice endosse finalement l'idée que la société peut être gérée rationnellement, voire « scientifiquement »[104]. Notons qu'un courant idéologique semblable souffle sur le Québec au même moment[105].

L'élite engage donc la société acadienne dans un processus de modernisation, et ce, volontairement. Toutefois, nous verrons que, dans son esprit, cette modernisation doit avoir des limites : s'ils approuvent l'intégration dans un ordre étatique et bureaucratique moderne, il va sans dire que, pour ces « chefs providentiels de la nation », l'élite doit demeurer ; elle doit guider « son » peuple dans ces nouvelles pérégrinations et lui tracer le chemin. Ils découvriront en route une autre vérité : la modernisation est un processus qui se laisse mal apprivoiser. Les étudiants des collèges classiques, puis ceux de la toute nouvelle Université de Moncton (1963) embrasseront rapidement à leur tour les idéaux de la modernisation, de la participation et du « rattrapage ». Cependant, ils ne verront pas pour autant la situation du même œil que l'élite définitrice, de sorte qu'ils rompront bien vite leurs liens avec cette dernière. En cours de route, ils en viendront à former une sphère sociale autonome – la première, en Acadie, qui sera à même de contester la parole de l'élite définitrice.

---

jamais eu de déclaration [à cet effet, mais] depuis cinq ans qu'on [le] chante à nulle part » (AUL, Fonds Pierre Perrault, P319/D/8,5, dossier 1, section 158 (verbatim d'enregistrement audiovisuel, novembre 1968)).

104. Cimino, *Ethnic Nationalism Among the Acadians of New Brunswick*, p. 70-109 ; Thériault, « Domination et Protestation », p. 56-57.

105. Jocelyn Létourneau, « Le Québec moderne : un chapitre du grand récit collectif des Québécois », *Revue française de science politique*, vol. 42, n° 5 (1992), p. 765-785.

Chapitre 2

La naissance d'une sphère étudiante autonome à Moncton, 1957-1966

Les historiens et les sociologues qui ont écrit sur l'Acadie n'ont pas, ou très peu, documenté d'activité militante chez les étudiants acadiens avant 1968. En fait, si ce n'était des récits portant sur l'édification de l'Université de Moncton par les « pères » de la Révolution tranquille acadienne – Louis Robichaud, Clément Cormier, Jean Cadieux, etc. –, on pourrait croire qu'il n'existe, en Acadie, aucun de ces nouveaux campus modernes, qui poussent alors comme des champignons en Amérique du Nord[1].

Il importe donc d'explorer ce qui s'est produit dans l'univers étudiant depuis le début de la Révolution tranquille acadienne jusqu'en 1967-1968. Il faut se demander – et vérifier – si les événements de 1968 et 1969 n'ont pas eu une sorte de préalable. En effet, d'où provient le militantisme des étudiants de 1968 ? Dans quelles circonstances est apparu l'embryon d'un nouveau discours politique chez les étudiants acadiens à ce moment-là ? Était-ce un phénomène spontané ? Ces militants ont-ils été happés par l'intensité et la frénésie de la fin de cette décennie ? Ont-ils simplement imité leurs camarades occidentaux du mieux qu'ils le pouvaient ? Ou l'organisation de cette série de manifestations et de revendications a-t-elle été préparée par les étudiants acadiens des années précédentes ? Par une réflexion sur la place des étudiants dans la société ? Par un début d'affirmation collective ? Bref, l'explosion soixante-huitarde était-elle spontanée ou planifiée ?

---

1. Sur Moncton : Clément Cormier, *L'Université de Moncton : historique*, Moncton, Centre d'études acadiennes, 1975. Les hauts faits de l'apparition de l'Université de Moncton sont aussi relatés dans Della Stanley, *Louis Robichaud: A Decade of Power*, Halifax, Nimbus, 1984, p. 98-101.

Le seul texte recensé qui mentionne des activités étudiantes ayant eu lieu avant 1966 est celui de Sacha Richard. Les étudiants acadiens, note-t-elle, prennent position sur des questions politiques dès le milieu des années 1960. Cet engagement des premières années doit toutefois être lu, selon elle, non comme le fruit d'un mouvement autonome, mais comme un simple appui donné par les étudiants au leadership national acadien[2]. Nous verrons qu'en réalité, une rupture irrémédiable est consommée entre les étudiants et l'élite définitrice dès 1964.

Les Trente Glorieuses : un contexte propice à l'apparition des mouvements étudiants

À l'échelle nord-américaine, voire occidentale, lors des Trente Glorieuses, l'avènement d'une prospérité d'une ampleur autrefois inconnue et d'un État bienveillant, considéré comme partiellement responsable du bien-être de la population, a transformé la culture et le rapport au monde des individus, *a fortiori* de ceux qui sont nés dans ce « nouveau monde ».

D'abord, les nouvelles réalités économiques et politiques ont eu un effet majeur sur le plan démographique, soit la naissance d'une génération aux proportions inégalées entre 1945 et 1963[3]. C'est le fameux « baby-boom », qui se fera sentir partout en Occident, particulièrement en Amérique du Nord. Plusieurs historiens et démographes considèrent cette vague de naissances comme l'une des plus puissantes forces transformatrices de la période[4]. Cette nouvelle génération massive bouleversera

2. Sacha Richard, « Fighting for Rights in "The City with a Heart": The Struggle for Bilingualism in Moncton, 1968-1972 », polycopie, Congrès annuel de la Société historique du Canada, Université Dalhousie, Halifax, 29 mai 2003, p. 6.

3. Le nombre de naissances commence à descendre en flèche en 1963, et la grande partie de la « bulle » démographique du boom a déjà eu lieu à cette date (Statistique Canada, « Naissances, Canada, 1921-2008 », *Naissances* (produit No. 84F0210X), [En ligne], [http://www.statcan.gc.ca/pub/84f0210x/2008000/ct004-fra.htm] (18 novembre 2011)).

4. François Ricard, *La génération lyrique : essai sur la vie et l'œuvre des premiers-nés du baby-boom*, Montréal, Éditions du Boréal, [1992] 1994, coll. « Boréal compact », p. 33-40, 47-54 ; Doug Owram, *Born at the Right Time: A History of the Baby Boom Generation*, Toronto, University of Toronto Press, 1996, p. IX-XIV ; David K. Foot, *Boom, Bust and Echo: How to Profit from the Coming Demographic Shift*, Toronto, Macfarlane Walter and Ross, 1996, p. 13-26.

l'équilibre social, les mentalités et les modes de vie. À mesure que ses effectifs grandiront, elle forcera la société à répondre à ses besoins sans cesse croissants par l'adoption d'une panoplie de réformes et le renouvellement de ses institutions, notamment en augmentant substantiellement la capacité d'accueil du système scolaire.

Cette vague démographique d'une ampleur inégalée renforce les changements culturels engendrés par l'État providence et la prospérité qui l'accompagne. Les baby-boomers forment la première génération qui grandit dans une société de consommation et dans une culture de masse ainsi que la première dont la majorité terminera ses études secondaires. N'ayant connu ni la dépression ni la guerre, elle sera tout entière imprégnée de l'optimisme du « monde nouveau » qui se dessine et elle grandira avec une foi inébranlable dans l'idée du progrès[5]. Elle sera aussi particulièrement attentive à ses besoins et à son bien-être, et accordera toujours une grande importance à son « épanouissement »[6]. Cette culture des Trente Glorieuses, intériorisée par un si large segment de la population (segment qui, par ailleurs, représente l'avenir), va à son tour inspirer et encourager le développement plus poussé de l'État providence. La croissance économique, l'État providence et la culture des Trente Glorieuses forment ainsi une spirale, dont les composantes se renforcent mutuellement.

Au-delà de ces changements culturels généraux, la vague des boomers transformera la structure sociale des pays occidentaux. La période en entier a été façonnée par l'existence même des boomers : de la multiplication des banlieues[7], des écoles et des universités entre 1945-1965, à la prolifération d'actes de contestation au cours des années 1964-1972, en passant par la propagation du rock and roll et autres modes[8] durant les années 1950. Pour comprendre l'impact de cette génération, il suffit de rappeler son poids démographique : en 1966, la moitié de la population

5. Ricard, *La génération lyrique*, p. 52-79 ; Owram, *Born at the Right Time*, p. 111-136.

6. Owram, *Born at the Right Time*, p. 308-317 ; Ricard, *La génération lyrique*, p. 63-70, 149-160.

7. Richard Harris, *Creeping Conformity: How Canada Became Suburban, 1900-1960*, Toronto, University of Toronto Press, 2004, p. 106-154.

8. Par exemple les patins à roulettes, les ciné-parcs, la restauration rapide, et la liste pourrait continuer et continuer…

canadienne était âgée de moins de 21 ans, et 63 % avaient moins de 30 ans[9] !

Cette génération engendrera peu à peu une culture propre aux jeunes, de plus en plus autonome et distincte de la culture commune à la société. D'abord centrée sur le rock and roll, cette culture, diffusée rapidement dans les années 1950 par de nouveaux et puissants médias électroniques de masse tels que la télévision[10], agira comme une grande force de changement, « rajeunissant » la société[11] tout au long des années 1950 et 1960, d'abord sur les plans économique et culturel, puis, plus tard, sur le plan politique.

Cette culture propre aux jeunes deviendra tellement influente qu'elle connaîtra une transformation qualitative : de sous-culture, elle deviendra une véritable « contre-culture » durant les années 1960[12]. Ce sentiment d'identification générationnel trouve un terreau particulièrement fertile sur les campus, où un grand nombre de jeunes se côtoient quotidiennement et gèrent leurs propres organisations, dont des journaux. Ce n'est pas un hasard si le militantisme étudiant devient chose courante – au point de devenir l'un des principaux symboles des années 1960 – au moment où les boomers intègrent les rangs de l'université. La grande majorité des travaux portant sur les mobilisations étudiantes canadiennes ou québécoises des Trente Glorieuses situent les débuts de cette agitation entre le milieu des années 1950 et le milieu des années 1960. Par exemple, Doug Owram et Cyril Levitt, d'une part, puis Nicole Neatby, Éric Bédard et Gilles Pronovost, de l'autre, ont bien montré que les mouvements étudiants canadiens et québécois ont commencé à se structurer et à se mobiliser durant les années 1950 et au début des années 1960. Chose intéressante à noter : tous – sauf Pronovost – ont situé en 1963 ou

9. Owram, *Born at the Right Time*, p. 309.

10. Paul Rutherford, *When Television was Young: Primetime Canada, 1952-1967*, Toronto, University of Toronto Press, 1990.

11. Ricard, *La génération lyrique*, p. 85-90.

12. *Ibid.*, p. 88-89, 120-123 ; Owram, *Born at the Right Time*, p. 153-158, 203-215. Par sous-culture, j'entends simplement une culture qui est propre à un groupe particulier de la société. La « contre-culture », quant à elle, entretient un rapport d'opposition à la culture dominante et a des visées hégémoniques. Pour une exploration de ce thème, voir Theodore Roszak, *The Making of a Counter Culture: Reflections on the Technocratic Society and its Youthful Opposition*, Garden City, N.Y., Doubleday, c1968.

1964 le point tournant du mouvement, devenu alors plus mature et plus autonome[13].

En Amérique du Nord, les premières manifestations étudiantes ont lieu dès la fin des années 1950. Elles sont surtout le fait de mouvements pacifistes : le Committee for a Sane Nuclear Policy (SANE), aux États-Unis, et la Combined Universities Campaign for Nuclear Disarmament et sa revue *Our Generation Against Nuclear War,* au Canada[14]. Au Québec, les premières mobilisations étudiantes de masse ont lieu en 1958 ; elles sont structurées autour de l'accessibilité à l'éducation postsecondaire, mais elles sont aussi fortement marquées par l'idéal de la paix[15]. La plupart de ces mouvements de la première heure sont d'inspiration chrétienne. Ils ont en commun, comme le fait valoir Cyril Levitt, un ton plus moral que politique et une perspective pragmatique, appliquée, presque « non idéologique »[16]. Ce sont des mouvements moralistes, qui s'intéressent à des causes ciblées et concrètes visant la défense de valeurs professées – mais non respectées – par la société en général.

Au cours des années suivantes, le mouvement mobilise plus particulièrement les étudiants, se dote de nouvelles organisations et adopte de nouvelles causes. Aux États-Unis, les *sit-in* et les *freedom rides,* organisés en 1960 et 1961 par un groupe racialement mixte d'étudiants nommé le Student Non-violent Coordinating Committee, ajoutent la cause

13. Owram, *Born at the Right Time,* p. 160, 187-191 ; Cyril Levitt, *Children of Privilege : Student Revolt in the Sixties: A Study of Student Movements in Canada, the United States, and West Germany,* Toronto, University of Toronto Press, 1984 ; Nicole Neatby, *Carabins ou activistes ? L'idéalisme et la radicalisation de la pensée étudiante à l'Université de Montréal au temps du duplessisme,* Montréal, McGill-Queen's University Press, 1997, p. 7-47 ; Éric Bédard, « L'idéologie syndicale étudiante : du discours à la pratique : le cas de l'AGEUM (1950-1969) », *Bulletin du regroupement des chercheurs et chercheures en histoire des travailleurs et travailleuses du Québec,* vol. 21, n° 1 (1995), p. 16-19 ; Gilles Pronovost, « Les idéologies étudiantes au Québec », dans Fernand Dumont, Jean Hamelin et Jean-Paul Montminy (dir.), *Idéologies au Canada français 1940-1976,* t. 2 : *Les mouvements sociaux ; Les syndicats,* Québec, Les Presses de l'Université Laval, 1981.

14. Myrna Kostash, *Long Way from Home: The Story of the Sixties Generation in Canada,* Toronto, Lorimer, 1980, p. 3-69 ; Peter Brock, *Pacifism in the Twentieth Century,* Syracuse, Syracuse University Press, 1999.

15. Neatby, *Carabins ou activistes ?,* p. 211-231 ; Bédard, « L'idéologie syndicale étudiante », p. 18.

16. Levitt, *Children of Privilege,* p. 30-40.

antiségrégationniste au programme politique des étudiants. Puis vient la création, en 1962, de l'association nationale américaine nommée Students for a Democratic Society et la diffusion de son manifeste fondateur, le *Port Huron Statement*. Ce dernier se lit comme la déclaration officielle de la perte de confiance envers l'élite américaine :

> *We are people of this generation, bred in at least modest comfort, housed now in universities, looking uncomfortably to the world we inherit. When we were kids the United States was the wealthiest and strongest country in the world: the only one with the atom bomb, the least scarred by modern war, an initiator of the United Nations that we thought would distribute Western influence throughout the world. Freedom and equality for each individual, government of, by, and for the people—these American values we found good, principles by which we could live as men. Many of us began maturing in complacency. As we grew, however, our comfort was penetrated by events too troubling to dismiss.* [Énumeration de plusieurs événements troublants du point de vue de la gauche…] *Beneath the reassuring tones of the politicians, beneath the common opinion that America will "muddle through", beneath the stagnation of those who have closed their minds to the future, is the pervading feeling that there simply are no alternatives.* […] *Any new left in America must* […] *consist of younger people who matured in the postwar world, and partially be directed to the recruitment of younger people. The university is an obvious beginning point.* […] *The bridge to political power, though, will be built through genuine cooperation, locally, nationally, and internationally, between a new left of young people, and an awakening community of allies*[17].

Au Canada, une évolution similaire a lieu en 1964, quand la Combined Universities Campaign for Nuclear Disarmament se rebaptise Student Union for Peace Action et publie un manifeste intitulé *The University and Social Action in the Nuclear Age*, lequel affirme essentiellement la même chose : « *The old institutions, relations and ways of doing things are not capable of handling the new tasks facing mankind*[18]. » Au Québec, la

17. Students for a Democratic Society, « The Port Huron Statement of the Students for a Democratic Society, 1962 » (texte intégral), sur le site Web *A New Insurgency: The Port Huron Statement in its Time and Ours*, consacré à son 50e anniversaire, University of Michigan, [http://www.lsa.umich.edu/phs/resources/porthuronstatementfulltext] (30 décembre 2013).
18. Levitt, *Children of Privilege*, p. 149-162.

même année, la combinaison de l'engagement politique croissant chez les jeunes et du renouvellement du nationalisme mène à la création de l'Union générale des étudiants du Québec (UGEQ)[19].

Cette frénésie du monde étudiant contraste avec la situation qui avait cours jusqu'alors. Il y a eu, en effet, très peu de mouvements étudiants de masse en Amérique du Nord au cours de la première moitié du XXe siècle. Le cataclysme de la Grande Dépression, qui suscita, dans les années 1930, quelques mobilisations étudiantes de grande ampleur[20], est sans doute l'exception qui confirme la règle. Ces dernières diffèrent toutefois des mouvements étudiants des années 1960 en ce qu'elles étaient en bonne partie dirigées et parrainées par des organisations adultes – socialistes, communistes ou autres.

Pourquoi ce contraste? Au-delà de la force de la « culture jeunesse », l'avènement des mouvements étudiants a été grandement facilité par le fait que les universités de la deuxième moitié des Trente Glorieuses sont très différentes de celles d'antan. Plusieurs transformations importantes sont à noter. Premièrement, en raison de l'accroissement de la demande pour des employés scientifiques et à col blanc – à la fois dans les secteurs public[21] et privé –, l'éducation postsecondaire s'oriente davantage vers des formations pratiques, appliquées. Cette réorientation est aussi encouragée par l'ensemble des changements culturels, tels que la respectabilité

---

19. À ce sujet, voir Jean Lamarre, « "Au service des étudiants et de la nation" : l'internationalisation de l'Union générale des étudiants du Québec », *Bulletin d'histoire politique*, vol. 16, n° 2 (hiver 2008), p. 53-74.
20. Robert Cohen, *When the Old Left Was Young: Student Radicals and America's First Mass Student Movement, 1929-1941*, New York, Oxford University Press, 1993; Richard Braungart et Margaret Braungart, « Political Generational Themes in the American Student Movements of the 1930s and 1960s », *Journal of Political and Military Sociology*, vol. 18, n° 1 (1990), p. 79-121; Catherine Gidney, « Poisoning the Student Mind? The Student Christian Movement at the University of Toronto, 1920-1965 », *Journal of the Canadian Historical Association/Revue de la Société historique du Canada*, vol. 8, n° 1 (1997), p. 147-163; Paul Axelrod, « The Student Movement of the 1930s », dans Paul Axelrod et John Reid (dir.), *Youth, University and Canadian Society: Essays in the Social History of Higher Education*, Montréal, McGill-Queen's University Press, 1989, p. 216-246.
21. Entre 1956 et 1966, le pourcentage de la population active canadienne à l'embauche du secteur public passe de 12,6 % à 19,1 % (Kostash, *Long Way from Home*, p. XVI).

accrue de l'homme d'affaires et l'engouement pour les sciences provoqué par la course vers l'espace que se livrent les États-Unis et l'URSS[22]. De nouvelles matières et de nouveaux programmes font leur apparition ; l'accent est moins fermement placé sur les aspects humanistes et classiques (voire théologiques) de l'éducation.

Ce changement de philosophie s'accompagne du recul du caractère élitiste de l'université. Désormais, une population instruite est considérée comme essentielle au fonctionnement de l'économie et de la société modernes. Avec cette volonté de s'adresser à une proportion plus grande de la population et l'ajout de nouveaux programmes, les institutions prennent de l'expansion. Cet accroissement s'accompagne d'une certaine diversification : les professeurs ont des formations de plus en plus variées, viennent de plusieurs régions et de divers pays, et sont de plus en plus recrutés parmi les laïcs.

Ces tendances sont accentuées par le baby-boom. Le défi que se sont donné les pouvoirs publics est considérable : offrir une formation universitaire à plus de jeunes, précisément au moment où la plus importante génération de l'histoire approche de l'âge adulte. Le défi sera relevé : le nombre d'étudiants au Canada triple entre 1960 et 1968 alors que la proportion des jeunes âgés entre 18 et 22 ans fréquentant l'université double. Cela représente une augmentation supérieure à celle des 50 années précédentes[23] ! Dans le processus, la sphère universitaire connaît une transformation extensive : non seulement les nouveaux campus poussent comme des champignons, mais les universités existantes voient leur taille décupler. L'institution universitaire typique, jusque-là une petite « communauté du savoir » bien ordonnée et hiérarchisée, ressemble à présent à un réseau de facultés aux liens lâches, gouverné par

22. Le lancement du premier satellite artificiel, *Spoutnik*, par les Russes en 1957 va provoquer une frénésie se rapprochant de la panique en Occident, où on se sermonne collectivement pour avoir pris un tel « retard » en matière de formation scientifique (Barbara Barksdale Clowse, *Brainpower for the Cold War: The Sputnik Crisis and National Defense Education Act of 1958*, Westport, Greenwood Press, 1981 ; Paul Dickson, *Sputnik: The Shock of the Century*, New York, Walker and Company, 2001).

23. Levitt, *Children of Privilege*, p. 31-32 ; Owram, *Born at the Right Time*, p. 181. Le nombre brut d'inscriptions passe de 163 000 à 475 000, et le pourcentage de 9,5 % à 18 %.

une structure complexe et bureaucratique[24]. Naturellement, la traditionnelle philosophie paternaliste devient singulièrement difficile à appliquer dans les universités renouvelées et « massifiées ». Les jeunes vont y trouver de nouveaux espaces de liberté et d'expression. La formation de mouvements politiques structurés suivra de près.

La jeunesse gagne d'autant plus de poids dans la société que les élites, elles, sont généralement désunies durant les années 1960. Dans un essai quelque peu personnel, le politologue Jean-Marc Piotte mentionne certaines « conditions rendant possible une période de contestation » chez les jeunes. Au sommet de celles-ci se trouve « la division des élites dirigeantes qui s'opposent » au sujet des « projets de société ».

Les jeunes, confrontés à un pouvoir culturellement divisé, placés devant divers projets de société, voyant l'élite progressiste malmener l'élite conservatrice, peuvent facilement rêver à une société qui serait différente de celle que leur proposent leurs aînés divisés, espérer qu'ils pourraient faire mieux, plus vite et plus radicalement que les vieux progressistes, d'autant plus que ceux-ci, en lutte avec les tenants du passé, concèdent facilement aux poussées revendicatives de la jeunesse[25].

Bref, le bras de fer que se livrent réformateurs et conservateurs durant les années 1950 et 1960 crée un terreau fertile pour la dissension au sein de la jeunesse. D'autres auteurs expriment cette réalité en parlant d'une crise de l'autorité généralisée[26]. Cette crise est liée à « l'accélération du temps » – c'est-à-dire des évolutions technologiques, économiques et autres – qui se fait sentir durant les Trente Glorieuses. Cette accélération fait diminuer le prestige associé à l'expérience, à l'âge et à la tradition. De là à déclasser l'autorité, il n'y a qu'un pas. À mesure que les Trente Glorieuses et la guerre froide progressent, un nouveau rapport, plus critique, entre la population et certaines politiques gouvernementales prend forme, avant même l'apparition des mouvements étudiants structurés. Aux États-Unis, la ségrégation continue des Noirs dans plusieurs États

24. Paul Axelrod, *Scholars and Dollars: Politics, Economics and the Universities of Ontario, 1945-1980*, Toronto, University of Toronto Press, c1982.

25. Jean-Marc Piotte, *La communauté perdue : petite histoire des militantismes*, Montréal, VLB éditeur, 1987, p. 23-29. Citation, p. 26.

26. Zaki Laïdi, *Le temps mondial*, Bruxelles, Éditions Complexe, 1997 ; Ricard, *La génération lyrique*, p. 91-100, 113-116 ; Owram, *Born at the Right Time*, p. 160-166.

du Sud est des plus désespérantes. En ce qui concerne la politique extérieure du pays, après quinze ans d'anticommunisme véhément, le discours officiel sur la guerre froide commence à perdre de sa fraîcheur et de sa crédibilité. Il n'arrive plus à cimenter la totalité de la nation américaine. L'arrestation de Rosa Parks, les interventions militaires américaines aux objectifs flous dans les pays non alignés du tiers-monde, la prolifération nucléaire, le fiasco de l'attaque de la baie des Cochons et les excès de la House Un-American Activities Committee du sénateur Joseph McCarthy sont quelques-uns des événements qui viennent amplifier cette crise de l'autorité. Au Canada, l'entente établie entre le gouvernement Diefenbaker et l'administration Eisenhower sur la coordination de la production militaire continentale, en 1959, et l'autorisation accordée aux États-Unis par le premier ministre Pearson d'installer des ogives nucléaires sur les missiles déployés en territoire canadien, en 1963, ont des conséquences similaires[27].

La jeunesse étudiante participe toujours davantage à la critique, puisque l'accélération du temps entame aussi l'idée selon laquelle les jeunes doivent nécessairement passer par une période d'apprentissage probatoire avant de devenir des acteurs sociaux à part entière. Dans un premier temps, les étudiants ne contestent pas tant les idéaux de la société qu'ils s'élèvent en défenseurs de ceux-ci[28]. Ils critiquent l'autorité au nom des valeurs communes, telles que la démocratie et la justice. Puis, moins on a d'estime pour l'autorité, plus la «jeunesse» devient une valeur en soi, quasi synonyme de «vérité» et «d'authenticité». Dans le processus, la volonté de résister à l'action du gouvernement gagne en légitimité. Au Canada, cette culture de la résistance à l'autorité se double d'un anti-américanisme de plus en plus manifeste. Cette méfiance envers l'autorité se diffuse à l'intérieur de la culture jeunesse et au-delà, de telle sorte qu'une grande partie de la population vient à considérer que les manifestations et la dissension doivent être tolérées. Partout, les étudiants politisés au point de devenir des militants ou des «radicaux» demeureront minoritaires; toutefois, ils réussiront à mobiliser de grands nombres d'étudiants pour des causes multiples, pour la simple raison que, jusqu'à la toute fin des années 1960, la majorité

27. Kostash, *Long Way from Home*, p. 42.
28. Levitt, *Children of Privilege*, p. 7.

d'entre eux ressentent plus d'affinités avec les protestataires qu'avec les autorités[29].

Ces prises de parole de plus en plus répandues sont alimentées par l'impatience d'une génération qui a toujours reçu ce qu'elle désirait. Un sentiment d'urgence, de hâte anime en effet un grand nombre de campus nord-américains. Cyrill Levitt décrit ainsi la situation aux États-Unis :

> [...] *peace had been maintained throughout the fifties after Korea, new initiatives in civil rights had been made, colonies were gaining their independence, and the Liberal-Catholic John Kennedy had beaten Eisenhower's conservative heir, Richard M. Nixon, in the presidential race of 1960. But in the eyes of the younger generation which was used to getting its way when it wanted, these occurrences, which represented encouraging starts to the older generation of liberals, were seen by the young as being far too little, coming far too late*[30].

Pour toutes ces raisons, la force du nombre aidant, la culture jeunesse deviendra graduellement autoréférentielle, au point de rejeter instinctivement presque tout ce qui vient de la société adulte[31]. Parallèlement, sur de nombreux campus d'Amérique du Nord, on assiste à une certaine autonomisation de la sphère étudiante, qui prétend maintenant former un « corps » à part entière de la société civile, corps ne relevant plus des organisations ou des mouvements adultes. Ces affirmations collectives sont accompagnées d'un pendant individuel : l'étudiant s'affirme aussi comme acteur social[32]. Les étudiants de l'Université Saint-Joseph ne seront pas insensibles à ces tendances.

De nouvelles idées gagnent le milieu universitaire

Pour créer un *mouvement*, il faut d'abord former un *corps*. Au cours des années 1957 à 1965, c'est à une telle formation qu'on assiste : les étudiants

---

29. Owram, *Born at the Right Time*, p. 217.
30. Levitt, *Children of Privilege*, p. 151. Voir aussi Owram, *Born at the Right Time*, p. 111-135, 159-184, ainsi que Ricard, *La génération lyrique*, p. 105-128.
31. Ricard, *La génération lyrique*, p. 149-160. Un dicton populaire des années 1960 affirme : « *Don't trust anyone over thirty.* »
32. Pronovost, « Les idéologies étudiantes au Québec », p. 114 ; Ricard, *La génération lyrique*, p. 136.

de Moncton se dotent d'une identité propre et en viennent à constituer un groupe social. Il serait faux d'affirmer qu'ils n'avaient pas d'identité auparavant. Toutefois, celle-ci avait toujours été définie par l'administration universitaire, par les anciens, bref par les « aînés ».

L'enthousiasme généralisé pour le « progrès » et la « modernisation » au début des années 1960 aura raison de cette identité étudiante traditionnelle. Interpellée par les nombreux débats sociopolitiques de l'heure, transplantée sur de nouveaux campus « massifiés » et branchée sur de nouveaux réseaux estudiantins d'ampleur continentale, la masse étudiante devient une communauté largement autoréférentielle. Cette « communauté dans la communauté » apprend très vite à se mobiliser… et à déranger. Le mouvement étudiant est désormais une réalité en Acadie.

Avant même que la Révolution tranquille acadienne ne batte son plein, de nouvelles idées gagnent l'Université Saint-Joseph, et ce, partiellement grâce à des organisations étudiantes nationales. Il existe en effet quelques brèches dans l'appareil de socialisation de l'Université. Deux comités mettent les étudiants de ses deux campus en contact avec des condisciples d'autres universités canadiennes, d'autres villes et d'autres régions : le comité local de la Fédération nationale des étudiants universitaires canadiens (FNEUC) et le comité local de l'Entraide universitaire mondiale du Canada (EUMC). Qui plus est, ces comités ont des objectifs extrinsèques au corps étudiant : des objectifs en matière de lobbying dans le premier cas et d'aide au développement international dans le second.

C'est la FNEUC qui aura le plus d'influence sur l'identité politique des étudiants du sud-est du Nouveau-Brunswick. Il y a au sein de cette association de nombreux débats sur l'éducation et – de plus en plus – sur la place de l'étudiant dans le système d'éducation. Ces débats sont introduits à l'Université Saint-Joseph par l'intermédiaire du comité local de la FNEUC, doté d'un bureau de huit membres, par les communiqués émis par le bureau national et que le journal étudiant *Liaisons* publie de façon assez régulière[33], et par la participation

33. Voir, par exemple, Paul Doyon, « Congrès de la FNEUC », *Liaisons*, octobre 1958, p. 3 ; Andrée Fougère, « Séminar national », *Liaisons*, septembre 1961, p. 4-5.

des étudiants de Saint-Joseph au « Seminar national » [*sic*] annuel de l'organisation.

On ne pourrait certes pas affirmer que la FNEUC était une organisation étudiante « radicale » à l'aube des années 1960. Mais il serait tout aussi erroné de prétendre que l'association n'agissait pas comme courroie de transmission des idées nouvelles. Par exemple, au congrès de 1958, le populaire président du comité international de l'association, Gabriel Gagnon, affirme avec force que les étudiants doivent être « représentés dans les divers rouages administratifs des universités [... et qu']il faudrait instaurer [...] un régime de cogestion où les étudiants auraient part[34] ». Ces idées sont ensuite longuement débattues au congrès et dans les pages des journaux étudiants, incluant ceux de Moncton. La liberté de la presse estudiantine ainsi que l'autonomie des associations étudiantes sont deux autres thèmes majeurs discutés à ce congrès. À celui de 1961, c'est l'accessibilité aux études postsecondaires qui retient le plus l'attention, et la Fédération recommande la création d'un système national de bourses « attribuées d'après le mérite académique et selon les besoins financiers, arrêtant par là le gaspillage des talents, et limitant le nombre de "Mozarts assassinés"[35] ». Les bases – et même les thématiques – des mouvements étudiants des années 1960 sont déjà posées.

La figure de l'étudiant revendicateur prend tout de même un peu de temps à s'imposer à l'extérieur des pages de *Liaisons*. La première manifestation des étudiants du campus de Moncton est un événement que l'on peut qualifier de syncrétique, puisqu'il allie les préoccupations collégiales « traditionnelles » et les nouvelles pratiques estudiantines. En effet, cette manifestation – événement public s'il en est – a pour objet un événement à caractère plutôt privé, que Clément Cormier relate ainsi dans son historique de l'Université :

> À partir de septembre 1959, les étudiants chambraient à Lefebvre [la nouvelle résidence, qui est le premier bâtiment construit sur le site de l'actuel campus] et suivaient des cours à 80 Church. [...] Au printemps de 1960 [...] prenait forme le pont de 40 pieds qui enjambait le ruisseau Hall pour relier l'Université à la ville. En

34. Paul Doyon, « Congrès de la FNEUC », *Liaisons*, octobre 1958, p. 3.
35. Secrétariat de la FNEUC, « La crise de l'éducation au Canada », *Liaisons*, septembre 1961, p. 2.

> ouvrant le pont en septembre 1960, l'Université s'attirait des ennuis parce qu'elle offrait un débouché à la circulation publique [...]. Cette rue [devait être] « d'accès aux étudiants et au personnel de l'U.S.J. seulement[36] ». Mais les voitures enfilaient sans gêne la rue Archibald et entraient directement à Sunny Brae[37]. [...] Aux heures de pointe, l'encombrement menaçait les piétons ; des automobilistes éclaboussaient les étudiants qui formulèrent des plaintes. Pendant que les responsables des terrains étaient à la recherche d'une solution, l'inévitable se produisit : une voiture heurta un étudiant lui infligeant une blessure grave. Toute la population du pavillon Lefebvre indignée organisa une manifestation bruyante qui attira les pompiers et la police[38].

L'événement a une certaine importance : c'est la première fois que des étudiants acadiens de Moncton tiennent une manifestation. Toutefois, il ne faut pas en exagérer la portée : cette « manifestation » ressemble plutôt à un charivari, une réaction populaire à un incident qui dérange[39]. *A priori*, il s'agit d'une affaire « privée », qui n'implique que le conducteur de la voiture et l'accidenté. Ironiquement, il semble que la totalité des étudiants résidants se sont sentis interpellés par l'événement – qui devient ainsi public – parce qu'ils concevaient encore l'université comme un espace « privé », hors du monde, hors de la ville, et concluent que le chauffeur a violé cet espace... « leur » espace. C'est comme si les étudiants jonglaient avec une nouvelle idée – la manifestation – sans encore savoir tout à fait quelle portée lui donner, ou à quelle cause l'appliquer.

Ce n'est qu'un début. La représentation de l'étudiant comme un acteur social ayant le droit de s'exprimer sur des questions publiques devient de plus en plus courante à l'Université Saint-Joseph, surtout à partir de 1960. À l'instar de leurs camarades de la FNEUC, les étudiants-journalistes de *Liaisons* commencent à traiter, peser, analyser et échanger de nouvelles idées durant les années 1961 à 1963. Ils ne se contentent plus de discuter

36. Voir aussi *L'Évangéline* du 10 septembre 1960.

37. Quartier périphérique de Moncton situé derrière l'Université et donnant accès à des routes provinciales.

38. Cormier, *L'Université de Moncton*, p. 101-102.

39. Barbara LeBlanc, « Tête à tête et charivari à Moncton : rencontre interculturelle entre les Acadiens et les anglophones de Moncton », *Les Cahiers de la Société historique acadienne*, vol. 27, n° 1 (1996), p. 4-18.

uniquement d'affaires étudiantes et éducatives : ils se « mêlent » de plus en plus des affaires de la société.

Cette tendance est d'abord observable dans le domaine de l'éducation, plus proche des préoccupations « légitimes » des étudiants. Dès 1958, un étudiant écrit : « Nous nous sommes rendus [*sic*] compte que la valeur d'un pays ne réside pas seulement dans ses ressources matérielles, il faut des hommes compétents pour les exploiter. » Constatant avec inquiétude que les États-Unis et l'URSS produisent proportionnellement plus de diplômés universitaires que le Canada, il affirme que « le monde de 1958 exige, sur le plan scientifique et intellectuel, une préparation que nous donnons mal [...] et à trop peu de jeunes », avant de conclure que « l'État doit venir en aide à l'éducation », tout en mettant en garde contre les dangers d'un éventuel « monopole » de l'État dans la sphère éducative, où la religion catholique doit conserver ses prérogatives[40].

Dès 1961, le spectre de la séparation du Québec est évoqué, puis, en 1963, on affirme haut et fort « Oui au séparatisme[41] ! » L'économie n'est pas épargnée : en 1962, un étudiant en commerce a le courage de conseiller « Étatisation de l'industrie ? OUI ! » au « peuple canadien-français », bien qu'il éprouve encore le besoin de se défendre contre d'éventuelles accusations de communisme[42]. *Liaisons* publie aussi ses premiers articles réellement revendicateurs portant sur des enjeux locaux. Par exemple, en avril 1963, on lance en caractères gras, à la une : « Nous la voulons toujours cette école normale française – d'où vient ce retard ? »

L'ardeur des débats locaux sera encore renforcée par l'adhésion des étudiants, en janvier 1963, à une autre association étudiante « nationale[43] », la Presse étudiante nationale (PEN). Cet organisme joue, comme la FNEUC, mais davantage que cette dernière, un rôle d'accès à l'information et aux débats. Plus encore, il permet aux étudiants de l'Université Saint-Joseph de se comparer aux autres milieux étudiants, de se mesurer aux autres sans complaisance. On trouve un exemple de ce phénomène dans un « courrier du lecteur » publié en février 1963 dans *Liaisons* :

40. Laurent Richard, « L'aide financière aux étudiants », *Liaisons*, avril 1958, p. 2.
41. Raynald Sinclair, « Le mouvement séparatiste du Québec doit-il être pris au sérieux ? », *Liaisons*, novembre 1961, p. 5 ; Vincent Gauthier, « À l'encontre de certains... Oui au séparatisme », *Liaisons*, février 1963, p. 5.
42. Gérald Laplante, « Étatisation de l'industrie ? Oui ! », *Liaisons*, mai 1962, p. 9.
43. « Canadienne-française », cette fois.

> [...] le consomptueux [*sic*] journal [...] *Liaisons* a fait son entrée triomphale comme « membre spécial » dans la toute nouvelle Presse Étudiante Nationale (PEN) [...] *Liaisons* se classe parmi les membres spéciaux mais ne le mérite aucunement et c'est là une catastrophe. [...] Il faut bien se l'avouer une fois pour toutes ; nous avons un piètre journal [...] ce qu'on y retrouve le moins [...] et qui est l'essentiel ; une prise de position susceptible de créer une pensée chez-nous[44].

Cette lettre est intéressante à plusieurs égards. C'est d'abord l'un des premiers textes au ton virulent à paraître dans *Liaisons* (il ne sera certes pas le dernier). Deuxièmement, ce ton est utilisé pour faire une autocritique collective, attestant ainsi l'émancipation du regard de l'élite et l'adhésion aux valeurs du monde étudiant moderne. À cet égard, il est fort intéressant de noter les critères utilisés pour décrire ce que *serait* un bon journal : ce qui manque à *Liaisons* pour faire partie de la « presse universitaire comme telle », ce sont des « prises de position » qui « suscitent la pensée ». L'auteur, qui n'est pas resté anonyme, exprime un trop-plein vis-à-vis les « paquets de mots » et la rhétorique vide, moralisatrice et peu critique qui remplissait les pages des journaux étudiants des collèges classiques.

L'adhésion à ces organismes étudiants nationaux encourage l'apparition d'un sentiment d'appartenance générationnelle chez les universitaires acadiens. Ce sentiment est fort probablement amplifié par le développement simultané de ce qu'il convient d'appeler une « culture de la jeunesse » centrée sur le rock and roll. Née aux États-Unis mais se propageant rapidement partout en Occident (voire au-delà), elle donne lieu à des façons de s'habiller, de parler, de danser et d'écouter de la musique propres à la jeunesse. Elle érige des frontières entre les générations, tout en ignorant les divisions nationales[45]. En Acadie, jusque dans les régions les plus rurales, on commence à organiser des danses mettant le rock à l'honneur, vers lesquelles convergent les jeunes des villages environnants.

Malgré tout, la référence nationale demeure forte en Acadie du Nouveau-Brunswick. La première tentative des étudiants de rassembler leurs forces au sein d'une association régionale, en 1963, en témoigne. À cette occasion, ils imitent l'élite acadienne, elle-même organisée en

44. Ronald Gaudet, « Savants pédagogues... que faites vous ? », *Liaisons*, février 1963, p. 5.
45. Owram, *Born at the Right Time*, p. 152-156.

groupe ethnolinguistique, et adoptent l'Acadie du Nouveau-Brunswick comme cadre de leurs activités. Les associations étudiantes de six collèges tiennent un congrès en novembre 1963 et annoncent, quelques mois plus tard, la création de l'Union générale des étudiants acadiens (UGEA), dans un éditorial de *L'Évangéline* :

> Il faut des structures... Cela, les étudiants acadiens l'ont compris. L'UNION FAIT LA FORCE. C'est désormais ce que tentent de réaliser les étudiants acadiens : l'UNION! [... L]es buts généraux de l'Union [stipulent] : « Les étudiants français des provinces Maritimes réalisent pleinement le besoin d'une collaboration plus étroite en vue d'une action collective » ; l'on veut « mettre sur pied des services destinés à toute la classe étudiante, à se faire le porte-parole de tous les étudiants [et] faire des pressions auprès des autorités gouvernementales provinciales ». [...] Et cette Union, elle devra être dirigée entièrement par des étudiants[46].

Ces étudiants sont alors bien de leur temps : ceux du Québec formeront la même année l'Union générale des étudiants du Québec[47]. Les étudiants réfléchissent aussi à la possibilité d'organiser leur presse à l'échelle de l'Acadie[48]. Les journaux des collèges affiliés de l'Université de Moncton (à Bathurst, à Shippagan, à Edmundston et à Saint-Basile) avaient adhéré à la Presse étudiante nationale à peu près en même temps que *Liaisons*. À présent, une commission d'étude prône la séparation de l'organisme national – jugeant celui-ci trop « québécois » dans son contenu et ses préoccupations – et la formation d'un nouvel organisme autonome, la Presse étudiante acadienne (PEA), qui regrouperait tous les journaux étudiants acadiens[49].

---

46. « L'U.G. des étudiants acadiens », *L'Évangéline*, 22 février 1964, p. 4. C'est Léon Thériault, alors étudiant en deuxième année de philosophie au Collège de Bathurst, qui fait l'annonce. Il deviendra un proche collaborateur du Parti acadien durant les années 1970 ainsi qu'historien à l'Université de Moncton.
47. L'Union générale des étudiants du Québec sera fondée une dizaine de mois plus tard, en novembre 1964 (Pierre Bélanger, *Le mouvement étudiant québécois : son passé, ses revendications et ses luttes (1960-1983)*, Montréal, ANEQ, 1984, p. 5).
48. Observateur de *Liaisons* au congrès de PEA, « Au dernier congrès de PEA : *Liaisons* y était », *Liaisons*, 2 décembre 1966, p. 2. « [...] en octobre 1963, les journaux des collèges et des écoles secondaires du NB, alors membres de la PEN en tant que régionale, formaient une commission d'étude sur la PEN. »
49. *Ibid.*

En ce début de l'année 1964, tout porte à croire que les étudiants acadiens sont en train de modeler leur cadre institutionnel sur celui de l'ethnicité. Au lieu de s'investir dans le développement des sphères étudiantes pancanadienne, canadienne-française ou « maritimienne », ils allaient créer une force de frappe étudiante spécifiquement acadienne. Ce faisant, ils suivent un modèle maintenant presque séculaire en Acadie, en vertu duquel la société civile adopte les contours du groupe ethnolinguistique. L'observateur contemporain a toutes les raisons de croire que l'avènement d'une sphère étudiante organisée ne fera qu'ajouter un volet à la société civile acadienne. Toutefois, la venue de ce nouveau groupe ne se fera pas sans bouleverser l'élite définitrice.

La naissance d'une nouvelle sphère sociale en Acadie

Les étudiants ont modelé leurs premières institutions sur celles de l'élite acadienne. Jusque-là, ils avaient reconnu unanimement que le rôle de porte-parole de la communauté acadienne revenait aux adultes, plus particulièrement aux organisations de l'élite définitrice. Il faut dire que cette dernière ne laisse pas de doute à ce sujet : grâce à sa « société nationale » et à ses journaux, elle continue de se présenter comme la voix de tous les francophones des Maritimes.

Toutefois, surgit bientôt une exception à cette règle : les congrès étudiants, notamment ceux de la FNEUC et de l'Union canadienne des étudiants (UCE). Ces réseaux ne sont certes pas fréquentés par les membres de l'élite définitrice. On y discute de plus en plus librement de thèmes sociaux, dont certains touchent de près les francophones des Maritimes. Conséquemment, les étudiants acadiens qui participent à ces congrès estiment qu'il est légitime de se poser en représentants et en défenseurs non seulement des *étudiants* ou même des étudiants des universités de langue française, mais aussi du groupe ethnoculturel acadien en entier.

Une première prise de parole au nom de l'Acadie

Dans le contexte politique du début des années 1960, caractérisé par la croissance du nationalisme canadien et du nationalisme québécois rival, l'Union canadienne des étudiants se donne pour mandat de participer à la redéfinition du Canada. Sa volonté est d'autant plus grande que la crise d'identité canadienne commence à avoir des effets directs sur elle : certaines associations étudiantes du Québec trament la formation d'une nouvelle union générale pour les étudiants québécois. Visiblement, le nationalisme québécois émergent touche la jeune génération de près. Dans le but de promouvoir le dialogue interculturel national et d'accommoder les étudiants québécois, l'Union canadienne des étudiants se réorganise[50], propose un long mémoire à la commission Laurendeau-Dunton, coordonne une « French Canada Week » d'ampleur nationale et organise des congrès régionaux[51] afin de permettre aux étudiants des quatre coins du pays de discuter des relations entre les deux principaux groupes linguistiques.

La rencontre des étudiants des provinces de l'Atlantique a lieu les 6 et 7 janvier 1964 à Fredericton. Dans le contexte politique du moment, les étudiants acadiens se sentent investis d'une mission précise : faire connaître la situation et les besoins de leur groupe ethnolinguistique auprès des instances étatiques provinciales et fédérales, ainsi qu'auprès de la majorité anglophone. Toutefois, assez rapidement, les cinq délégués de l'Université de Moncton et quelques autres délégués acadiens se rendent compte qu'ils doivent s'exprimer avec une certaine force s'ils ne veulent pas que la question des relations interlinguistiques soit vue comme une simple nécessité d'accommoder le Québec :

> Les délégués de l'Université de Moncton et d'autres Acadiens étudiant aux Universités anglaises ont exposé en de longues discussions et argumentations, la situation du français aux Maritimes. Cette situation, nous le savons très bien, se résume tout justement par ce mot – déplorable[52].

---

50. Steward Goodings, « Microcosm of Biculturalism », *Saturday Night*, avril 1964, p. 25, cité dans Owram, *Born at the Right Time*, p. 169.
51. En 1965, l'UCE (ou Canadian Union of Students, en anglais) est organisée en quatre « régions », soit l'Atlantique (13 membres, dont les associations étudiantes de l'Université de Moncton et du Collège de Bathurst affilié) ; le Québec (4 membres : l'Université McGill et les collèges Loyola, Bishops et Marianopolis) ; l'Ontario (14 membres) et l'Ouest (9 membres). La formation de l'Union générale des étudiants du Québec a déjà amputé l'organisation de tous ses membres francophones du Québec (Archives de l'Université McMaster, Canadian University Students Fond, First accrual, Section 4, General office files 1963-1965).
52. Lucille Fougère, « Le signe des choses à venir ? », *Liaisons*, février 1964, p. 2.

Ils ne reçoivent pas immédiatement l'oreille ou le soutien qu'ils souhaitent :

> Certains délégués des provinces autres que le Nouveau-Brunswick, [*sic*] ont exprimé au début des séances que les rapports entre les deux nations ne sont pas d'actualité puisqu'il n'y a pas, d'après eux, de «problèmes de co-habitation aux Maritimes»[53].

Ils finissent toutefois par remporter des victoires symboliques importantes, car en fin de compte, l'assemblée des étudiants adopte plusieurs résolutions visant justement à améliorer le sort des Néo-Brunswickois francophones. Les premières portent sur la reconnaissance du français à l'Assemblée législative, aux tribunaux et à la fonction publique de la province du Nouveau-Brunswick, alors que deux autres demandent l'établissement d'une «école normale» française dans la province et l'amélioration du système d'instruction publique de langue française afin d'accorder aux francophones une «chance égale de poursuivre des études [...] jusqu'au niveau supérieur[54]».

Après le congrès, l'élite s'empresse de féliciter la délégation d'étudiants. Dans un éditorial, *L'Évangéline* vante ses accomplissements :

> Naturellement l'université de Moncton était représentée par cinq de ses étudiants qui ont fait bonne figure dans les délibérations [... L]es étudiants [...] sont appelés à être demain des professionnels ou des hommes d'affaires qui auront leur mot à dire dans la politique de leurs provinces. [...Ils] étaient les représentants **indirects** de tous les Acadiens. [...] Il est nécessaire que les vœux énoncés à cette conférence ne soient pas oubliés[55].

On constate que les félicitations sont accompagnées du rappel habituel : les étudiants ne sont pas encore tout à fait des acteurs dans la «vraie»

53. «"Incompréhensible que le N.-B. ne soit province bilingue"», *L'Évangéline*, 7 janvier 1964, p. 3.
54. «École normale française réclamée par les étudiants», *L'Évangéline*, 8 janvier 1964, p. 3, et Lucille Fougère, «Le signe des choses à venir?», *Liaisons*, février 1964, p. 2. D'autres résolutions demandent un drapeau national distinctif et un hymne national pour le Canada, ce qui montre bien que le congrès s'inscrit dans le courant du nationalisme canadien des années 1960.
55. François M. De Vernal, «En éditorial : un évènement d'importance», *L'Évangéline*, 13 janvier 1964, p. 4. (C'est moi qui souligne.) Bien sûr, les dignitaires de la SNA, eux, ne sont jamais qualifiés de représentants «indirects» des Acadiens dans les pages du journal.

vie politique. En réalité, l'élite nationaliste a une attitude pleine d'ambivalence envers les étudiants : d'une part, elle souhaite continuer à imposer la vision traditionnelle de l'étudiant-coquille vide ; mais, d'autre part, la Société nationale des Acadiens se rend compte qu'elle a besoin des étudiants pour défendre les « intérêts nationaux » dans cette nouvelle sphère sociale en formation. Déterminées à maintenir leur monopole sur la définition de la situation acadienne, les organisations nationalistes ne savent pas trop comment traiter les représentants des étudiants de « leur » université. Ceux-ci ne les laisseront pas dans l'incertitude très longtemps.

Une confrontation directe avec les associations nationalistes des adultes

Le congrès de l'Union canadienne des étudiants a piqué l'intérêt des délégués sur la question des relations entre les populations anglophone et francophone de la province. Douze jours après leur retour de Fredericton, certains d'entre eux, accompagnés de quelques autres, participent à l'assemblée générale annuelle de la SNA. Le lendemain, *L'Évangéline* exprime sa surprise devant l'assurance des étudiants : « Un groupe impressionnant d'étudiants et d'étudiantes a assisté aux assises de l'Assemblée [...] et y a exprimé son opinion à maintes reprises[56]. » Lors de la réunion, les membres de la SNA s'étaient empressés de les féliciter pour leur participation au congrès étudiant régional, en votant une résolution adoptée à l'unanimité :

> L'Assemblée Générale de la Société nationale des Acadiens offre ses félicitations aux étudiants acadiens qui ont su faire prévaloire [*sic*] le point de vue français lors de la récente conférence des Universités des Provinces Maritimes[57].

Par ailleurs, une deuxième résolution crée « un poste au conseil d'administration de la SNA pour le représentant de l'Union générale des étudiants acadiens[58] ».

Ces résolutions reconnaissent clairement le dynamisme naissant dans le monde associatif étudiant. Mais les étudiants ne repartent pas

56. Fernand Richard, « Les à côtés de l'Assemblée générale de la SNA », *L'Évangéline*, 20 janvier 1964, p. 1.
57. Lucille Fougère, « Bloc-notes », *Liaisons*, février 1964, p. 2.
58. *Ibid.*

impressionnés pour autant. Déjà, après le congrès régional de l'Union canadienne des étudiants, ils avaient mis en doute l'efficacité du leadership acadien en constatant les obstacles à surmonter avant d'arriver à une réelle égalité entre les deux groupes linguistiques :

> C'est qu'ils [les délégués étudiants anglophones] ne voient pas la gravité du problème, ils ne vivent pas comme nous, notre situation. La plupart ont dit, à la conférence, que c'était la première fois qu'ils en entendaient parler. **Mais où alors sont nos institutions, nos organismes**, nos mouvements qui forceraient toute la population à prendre conscience de la gravité du problème ? Où sont-ils nos gens qui devraient nous sortir de cette malheureuse situation[59] ?

Cependant, les étudiants ne se contentent pas de remettre en question le travail de l'organisation nationaliste acadienne la plus en vue, ils le ridiculisent. En février 1964, Pierre Savoie, le tout nouveau président de l'Association des étudiants de l'Université de Moncton, et Lucille Fougère, une journaliste étudiante, cosignent la une de *Liaisons* et l'intitulent « Une journée bien perdue : l'assemblée de la S.N.A.[60] ». L'article, très sarcastique, relate les impressions des quinze délégués étudiants à l'assemblée générale de l'organisme, dont les membres sont décrits comme des « hommes haut placés, [des] dignitaires – l'élite enfin – du peuple acadien ». Ils se disent déçus par l'excès de formalisme des procédures, par le pur symbolisme des résolutions et par ce qu'ils perçoivent comme la difficulté à passer à l'action. Ils ridiculisent le fait que sept des huit résolutions adoptées ce soir-là se limitent à remercier ou à féliciter des gens[61], que l'ultime résolution réitère un mandat qui n'a pas encore été accompli[62] et qu'un rapport

59. Lucille Fougère, « Le signe des choses à venir ? », *Liaisons*, février 1964, p. 2. C'est l'auteure qui souligne.

60. Pierre Savoie et Lucille Fougère, « Une journée bien perdue : l'assemblée de la S.N.A. », *Liaisons*, février 1964, p. 1 ; « Pierre Savoie élu président de l'AEUM », *Liaisons*, février 1964, p. 12.

61. Savoie et Fougère, « Une journée bien perdue : l'assemblée de la S.N.A. », *Liaisons*, février 1964, p. 1 ; « Pierre Savoie élu président de l'AEUM », *Liaisons*, février 1964, p. 12 ; Fernand Richard, « Huit résolutions ont été adoptées à la fin de l'Assemblée SNA », *L'Évangéline*, 20 janvier 1964, p. 1.

62. Celle-ci « demande au comité exécutif [...] d'intensifier son travail pour fonder une école normale française ».

d'étude soit simplement rangé sur les tablettes sans qu'aucun suivi ne soit proposé[63].

Globalement, les étudiants déplorent que les délégués soient « si peu informés », décrient le « ridicule » des procédures, l'inaction, le report de décisions importantes ainsi que le simplisme des analyses. Mais surtout, ils condamnent une « certaine qualité indescriptible des discussions [...], une fluidité amorphe », le fait qu'« une opinion est émise, dans une seconde elle est absorbée dans un lourd silence qui pèse partout ». Bref, les auteurs de l'article s'insurgent, crient leur dégoût pour la culture du silence, du secret et du privilège qu'ils croient déceler chez les membres de la principale association nationaliste acadienne, la SNA. La « modernisation » de 1957 n'aurait donc pas changé foncièrement le fonctionnement de la sphère nationaliste acadienne.

Après cette réunion à l'hiver 1964, on voit pour la première fois des étudiants se mettre à désigner l'ensemble des adultes faisant partie des organisations « nationales » d'un qualificatif nouveau : « l'élite ». Avec ce terme aussi flou que polyvalent, ces étudiants réifient ces individus, qui formeront désormais, dans la conception de plusieurs, un groupe soudé par un programme unique. Conférant au terme une connotation négative, ils expriment leur perte de confiance envers ces dignitaires et leurs manières de procéder, qui leur semblent dépassées. Cette perte de confiance est exprimée clairement : « Et nous nous demandons pourquoi les Acadiens ne font pas de progrès ! » Les leaders de la nouvelle sphère étudiante se disent déçus et commencent à affirmer que les étudiants sont sûrement les seules forces vives capables de faire bouger les choses en Acadie.

L'Évangéline avait terminé sa couverture de l'assemblée générale de la SNA en affirmant : « [...] la rencontre serait une réussite au moins dans un domaine : c'est qu'on a reconnu que le groupe d'étudiants acadiens a une contribution à faire à notre vie nationale[64]. » Une certaine reconnaissance pour l'étudiant : celle du droit de participer aux débats de société. Les étudiants politisés vont toutefois plus loin ; ils évacuent l'élite et se donnent eux-mêmes un rôle historique de première importance :

63. Fernand Richard, « Le rapport Pichette présenté à la SNA », *L'Évangéline*, 20 janvier 1964, p. 1.

64. Bernard Poirier, « En éditorial : la commission Pichette », *L'Évangéline*, 20 janvier 1964, p. 4.

> C'est donc à nous, étudiants universitaires, de prendre notre lutte en main, de lutter pour que la population soit fière et de sa langue, et de son origine ethnique. Oui, aux armes les étudiants[65] !

L'avalanche ne faisait que commencer. Deux mois plus tard, on passe d'une critique pointue des agissements d'une association particulière à un constat d'échec – général et global – porté contre l'élite traditionnelle dans son ensemble. Publié à la une de *Liaisons*, l'article est intitulé «Acadie '64: une impasse?». En voici deux longs extraits (dont le premier paragraphe) qui illustrent l'acidité de la critique:

> Il est parfois nécessaire de dire la vérité. [...] Et il est toujours difficile [...] de dire [...] à un groupe de personnes plus âgées que soi qu'ils ont commis une erreur. Peut-être serait-il plus facile et plus juste [...] de seulement proposer des solutions et d'agir? Mais [...] il faut savoir où nous en sommes avant de pouvoir commencer [...] alors il faut dévoiler [...] parler [...] écrire. Écrire quoi? Mais la vérité, telle que nous la voyons.
>
> [...] depuis cinquante années [...] beaucoup d'Acadiens ont [...] lentement abandonné la ferme comme source de revenu; ils ont cherché ailleurs, dans les usines, en ville. Or la situation est aussi simple que tragique. Les Anglais contrôlent tout, la force économique est concentrée exclusivement dans leurs mains [...] on subit l'influence de la presse anglaise, de la radio anglaise et aujourd'hui de la télévision anglaise. Si jamais un peuple eut besoin d'une élite forte [...] c'est bien pendant ces soixante années de vrai dérangement [...] Que lui a-t-on donné? Une soi-disant élite qui prêchait un patriotisme axé sur le sentiment sinon sur une espèce de mythologie. [...] on a réussi à conserver chez nous non pas une fierté de ce qu'on est ou un désir de s'épanouir [...] mais la peur, la peur de regarder chez l'autre et la peur ou l'indifférence à l'égard de la vie politique, économique et sociale de la communauté. [...] On lui a montré comment vénérer ses ancêtres mais non comment les dépasser[66].

Il s'agit d'un long article de fond qui présente une vision globale, historiquement située et articulée de la société acadienne contemporaine.

---

65. Lucille Fougère, «Le signe des choses à venir?», *Liaisons*, février 1964, p. 2.
66. Lucille Fougère, Pierre Savoie et Bertrand Johnson, «Acadie '64: une impasse?», *Liaisons*, avril 1964, p. 1, 5, 9.

Les auteurs y font le point sur l'histoire des Acadiens et sur l'élite, son idéologie et ses actions, jugées inadaptées et non pertinentes, voire malhonnêtement rassurantes. Le résultat ? Les Acadiens ne sont pas préparés au monde moderne et sont susceptibles soit de demeurer de pauvres ruraux, soit de devenir des travailleurs exploités dans les villes. Alors vient le nœud de l'article :

> Alors le temps est venu. Il faut qu'on se pose la question terrible, la question sacrilège. Cette masse de trois cent mille acadiens [*sic*] ne serait-elle pas supérieure aujourd'hui sur tous les plans si elle était devenue anglaise ? Quelle autre conclusion peut-on tirer [...] la seule solution valable dans cette situation [est-elle] un long, tortueux, horrible procédé d'assimilation ? On aurait dû trouver une issue.

Question sacrilège, en effet... aussi franche et critique que le constat d'échec qui l'a inspirée. L'heure, selon ces étudiants, n'est plus à la complaisance. En conclusion, les auteurs affirment qu'« il est impossible de répondre à cette question » et qu'il faut donc « encore faire un peu d'effort ». Mais chose certaine, ce n'est plus « l'élite » qui peut assurer le leadership. La nouvelle identité étudiante se développe à partir d'un schéma narratif dans lequel « l'élite traditionnelle acadienne » occupe clairement la figure de l'Autre. C'est-à-dire que cette élite – incarnée par la SNA, la Société mutuelle l'Assomption, *L'Évangeline* et l'administration de l'Université de Moncton – y joue le rôle de contre-exemple et de repoussoir.

Ironiquement, au moment même où les étudiants commencent à être reconnus en tant qu'acteurs sociaux par la SNA, certains d'entre eux coupent les ponts avec l'élite définitrice. Cette rupture, cette division identitaire, si visible durant les « événements » de 1968 et 1969, est donc consommée dès 1964.

Une telle critique publique des représentants de la nation n'avait jamais été formulée auparavant[67]. À vrai dire, les protagonistes étudiants

67. Il y avait certes eu un précurseur digne de mention quelques années plus tôt dans les pages de *L'Évangéline*. Jean Hubert, un journaliste d'origine québécoise à l'emploi dudit journal et « homme de lettres et de culture française qui personnalisait le grand modèle hérité du collège classique et dont l'Acadie ne comptait encore que peu d'exemples », avait alors vilipendé la « pratique du secret et du silence » de l'élite nationaliste. La critique étudiante de 1964 est néanmoins originale, et ce, de deux façons. Premièrement, alors que la critique de Hubert

de cet épisode s'attaquent en quelque sorte à un canard déjà boiteux. Les institutions de l'élite nationaliste, on l'a vu, ont célébré l'arrivée du gouvernement Robichaud ainsi que son programme de réformes. Mais, ce faisant, elles se sont aussi rendues moins indispensables, de sorte qu'en 1964, la SNA ne pouvait plus avoir la prétention de former un « gouvernement acadien parallèle ». Elle était plutôt réduite au rôle de meneuse de claque pour le gouvernement Robichaud. Cette évolution avait rendu plus visibles les dissensions entre la faction progressiste de l'élite (les réformateurs frustrés) et les éléments plus traditionalistes, engendrant une crise latente de l'autorité (telle que décrite par Jean-Marc Piotte[68]).

Cette crise fait en sorte que les dignitaires de la SNA sont devenus une proie potentielle pour un autre groupe d'individus lettrés qui prétendent parler au nom de la nation : les leaders étudiants. Ces derniers balayent sous le tapis les côtés plus modernes de la « nouvelle SNA », choisissant plutôt de mettre l'accent sur ses modes d'action désuets, reléguant ainsi l'association au statut de dinosaure. En fin de compte, la SNA n'est pas *assez* « modernisatrice » aux yeux des étudiants. La frustration des jeunes résulte à la fois des différences de *styles* des deux générations et des divergences au sujet des *priorités*. Les étudiants vivent une expérience particulière en raison de leur statut et de leur situation ; ils accordent donc plus d'importance à certaines questions, telle celle de l'éducation. Droits de scolarité et financement des universités figurent plus haut sur leur liste de priorités que sur celle de l'élite, ce qui cause souvent des ressentiments envers cette dernière. En outre, les étudiants sont beaucoup plus *pressés* que l'élite. Selon eux, l'État n'intervient pas assez rapidement. Cette intensité et cette impatience[69], si caractéristiques d'une grande partie des

---

visait à renforcer l'élite, celle des étudiants était nettement moins sympathique à la cause élitaire. Deuxièmement, alors qu'Hubert n'a jamais prétendu parler au nom de quiconque sauf de lui-même, les étudiants engagés, auteurs des articles de 1964, se présentent comme les représentants de tout un groupe social, qui plus est d'un groupe qui ne cache pas ses prétentions à incarner les intérêts du peuple au complet. Voir Jean-Paul Hautecoeur, *L'Acadie du discours : pour une sociologie de la culture acadienne*, Québec, Les Presses de l'Université Laval, 1975, p. 113-115, et l'éditorial signé par Hubert dans *L'Évangéline*, 18 octobre 1962, p. 4.

68. Piotte, *La communauté perdue*, p. 23-29.

69. Par exemple, Léandre Desjardins, « Nous la voulons toujours, cette école normale française (école d'instituteurs) : d'où vient ce retard ? », *Liaisons*, avril 1963, p. 1.

baby-boomers des années 1960, consacreront le schisme entre les étudiants et l'élite acadienne. Cette rupture idéologique est importante : c'est la première fois que des étudiants prennent la parole en tant que groupe social et qu'ils prennent position contre l'élite.

Une nouvelle identité étudiante

Comme nous avons pu le voir, la construction de cette nouvelle identité étudiante s'est faite dans un mouvement d'opposition au groupe désigné comme l'élite traditionnelle. Vers 1964, plusieurs articles parus dans les journaux étudiants définissent, pour la première fois, cette nouvelle identité et assignent une responsabilité sociale importante aux étudiants, tout en leur lançant un cri de ralliement. Les professeurs des collèges classiques sont dépeints comme des collaborateurs de l'élite, et leur « autorité » ainsi que leur « pouvoir presqu'absolu [*sic*] » sont dénoncés comme autant d'« abus » et d'atteintes à la « liberté », à la « dignité » et aux « droits rattachés à la personne humaine[70] ».

Simultanément, au cours de ces mois charnières du début de 1964, on voit se dessiner une nouvelle conception de l'étudiant et de sa place dans le monde. Le contraste avec le modèle de l'étudiant des années 1950 est frappant. L'étudiant est désormais un acteur social qui peut agir de façon légitime au sein de la société, qui a le droit de porter un jugement sur cette société et qui peut même tenter de la changer. L'époque de l'étudiant-coquille vide est révolue ; voici celle de l'étudiant-citoyen. Cette capacité, voire cette responsabilité d'agir est appuyée par une nouvelle conception des devoirs et des droits. Si l'étudiant a encore des devoirs importants et lourds, c'est avant tout envers le monde actuel et ses futurs enfants et non pas envers ses ancêtres, depuis longtemps disparus. Par ailleurs, afin d'agir dans l'intérêt de la société, l'étudiant réclame de nouveaux droits. Le premier d'entre eux est précisément celui de devenir étudiant, l'accès à l'éducation étant brandi comme l'une des clés d'un monde meilleur. Les affirmations en ce sens abondent dans les journaux étudiants en 1964 et 1965. Mais pour les illustrer, on s'en tiendra à quelques phrases tirées d'un éditorial de *Liaisons* signé par Winston Wells :

70. « Les étudiants », *Liaisons*, avril 1965, p. 4, 6.

> [...] la société adulte, société qui a décidé il y a plusieurs années du rôle de l'étudiant – un spectateur qui admire les exploits des joueurs, c'est à dire [*sic*] des adultes. Mais l'étudiant n'accepte plus ce rôle, il **veut prendre une part active dans la société**, parce qu'il a quelque chose à lui apporter [...] Mais l'étudiant se doit de [...] montrer aux « adultes » qu'il fait également partie de la société [...] au même titre qu'eux [...]. Et c'est pourquoi il doit combattre dès maintenant pour la **revendication de ses droits** et pour exiger la reconnaissance de ses [...] possibilités. [...] Certes l'étudiant a des devoirs envers l'université qu'il fréquente, mais il ne faut pas oublier que l'université a également des devoirs envers l'étudiant[71].

Finalement, l'identité sociale de l'étudiant, sa « communauté imaginée », connaît un changement fondamental durant les années 1960. On assiste alors au relâchement puis à la désagrégation d'un corps social « vertical » et « intergénérationnel » qui liait l'étudiant au collège, à ses professeurs, aux aînés et aux anciens, corps cimenté par la religion et par la « race[72] ». Parallèlement, se construit un sentiment d'appartenance à un corps « horizontal », proprement étudiant, corps « générationnel » parfois présenté comme une classe sociale en soi. Bref, de fils des ancêtres, on devient des fils et des filles du siècle.

Pierre Perrault a capté sur le vif la réaction d'un étudiant de 1968 lorsqu'il évoque la perception qu'avaient les générations antérieures de l'identité individuelle :

> (Régis Brun) : Emery Mé Toddy. [...] Emery c'est mon père, Aimé, c'est mon grand-père, et Toddy, c'est mon arrière-grand-père qui est né en 1844.
>
> (Pierre Perrault) : Alors ils disaient... ?
>
> (RB) : Tout le temps. Le garçon à Emery Mé Toddy. En Acadie c'est commun. [...] On donne toujours une file d'ancêtres avant. La personne était reconnue pas par son nom, [mais par son ancêtre]. [...] il y a des soubriquets pour chaque groupe de famille. [...] Tu n'as pas de personnalité dans tout ça. [...] Tout de suite, on n'est

71. Winston Wells, « Éditorial : la grande peur », *Liaisons*, avril 1964, p. 2. C'est moi qui souligne.
72. Le terme est souvent utilisé jusqu'aux années 1950, au Canada, pour désigner les groupes ethnoculturels. Il a une connotation plus culturelle et historique que biologique ou génétique. Ainsi parlait-on des « races » canadienne-française, irlandaise, etc.

> pas un individu. [...] C'est affreux cette société là. T'existes pas. [...] T'es le garçon à quelqu'un mais tu n'es pas toi-même. Mais ça disparaît. [...] Pour moi c'est très important [que ça change...]. J'aimais mon père, mais [...] je ne veux pas être identifié à mon père, mes ancêtres[73].

Or Guy Rocher a déjà montré que ce « lien vertical » était une caractéristique centrale de la culture canadienne-française traditionnelle :

> Quant au passé, il s'identifiait à l'idée de fidélité dans la mentalité traditionnelle du Québec. Le passé demandait à être continué dans le présent et perpétué dans l'avenir. Car les descendants appartenaient encore et pour toujours à ceux dont ils étaient issus : une communauté intemporelle tissait des liens invisibles entre les hommes du présent et tous ceux qui les avaient précédés et avaient tracé la voie. Une dette de reconnaissance aussi bien que le respect envers les anciens imposait qu'on maintînt et continuât leur œuvre[74].

Par le simple fait de s'identifier comme un groupe social distinct, défini par la génération, les étudiants sont donc en train de contester un des fondements de la culture traditionnelle. Mais ils font plus que cela : ils remettent aussi en question le monopole de la parole collective de l'élite, ce qui constitue une première. Un combat s'engage alors pour l'obtention du droit de parler au nom de l'Acadie.

L'autonomisation accrue de la sphère étudiante de Moncton

L'autonomie de la sphère étudiante acquiert une réalité symbolique en janvier 1965, quand l'Association des étudiants de l'Université de Moncton décide de s'incorporer. La nouvelle est accueillie quelque peu pompeusement dans l'éditorial du journal étudiant :

> La nouvelle constitution de l'AEUM a été acceptée. [... Elle] détermine avec force le rôle de l'Association face aux étudiants, à l'administration de l'Université et principalement face à la société.

---

73. AUL, Fonds Pierre Perrault, P319/D/8,5, dossier 2, section 173 (verbatim d'enregistrement audiovisuel, été 1968).
74. Guy Rocher, « La crise des valeurs au Québec », dans Fred Caloren *et al.* (dir.), *Le nouveau défi des valeurs*, Montréal, Éditions HMH, 1969, p. 14.

> Nous pouvons nous réjouir d'une telle victoire. Il est certain que les étudiants ont pris conscience de la force qu'ils détiennent, et encore plus du rôle qu'ils ont à jouer. [...] Avec l'incorporation de l'Association, les étudiants de l'Université de Moncton participeront à part entière à l'évolution de la pensée étudiante vers un syndicalisme sans compromission. [...] c'est beaucoup plus qu'une force légale, **c'est une opportunité pour les étudiants de créer un gouvernement**[75].

Puis, deux mois plus tard, la mobilisation de masse des étudiants ajoute une réalité concrète à la parole des leaders et aux démarches juridiques de leur association. Il semblerait que les cris de ralliement aient été entendus, car le 26 mars 1965, un nombre important d'étudiants de Moncton se joignent à ceux des trois autres universités de la province pour manifester devant l'édifice de l'Assemblée législative contre les augmentations des droits de scolarité et réclamer la gratuité scolaire. Au Nouveau-Brunswick, c'est la première grande manifestation étudiante à caractère politique depuis la Seconde Guerre mondiale. L'épisode commence le mardi 23 mars quand le conseil étudiant de l'University of New Brunswick (UNB) décide d'organiser une marche dans la capitale « en protestation contre l'augmentation de 15 % des frais de scolarité dans douze universités des Maritimes ». Puis, le jeudi, « à une réunion d'urgence du Conseil étudiant de l'Université de Moncton, on [...] vote de se joindre aux étudiants de UNB dans cette manifestation ». Malgré le peu de temps disponible – la manifestation a lieu le lendemain –, le conseil se dit confiant de pouvoir mobiliser 200 étudiants, même si Fredericton se trouve à plus de deux heures de route[76].

Il ne se trompe pas : le lendemain, ils sont effectivement plus de 200 étudiants de Moncton à être du voyage. Sur place, ils rejoignent 1300 manifestants venus des trois universités de langue anglaise de la province, surtout de la capitale[77]. Devant l'édifice de l'Assemblée législative, ils distribuent des tracts et brandissent des pancartes sur lesquelles on peut lire « L'éducation est un droit ». La marche, encadrée à la fois

75. « Éditorial : incorporation et gouvernement », *Liaisons*, février 1965, p. 2. C'est moi qui souligne.

76. « Les universitaires marcheront sur Frédericton aujourd'hui », *L'Évangéline*, 26 mars 1965, p. 3.

77. UNB et St. Thomas University.

par un corps de sécurité étudiant et par la police municipale, se déroule sans heurts.

Le premier ministre Robichaud, qui n'a jamais eu peur des foules, accueille les étudiants sur le seuil de l'édifice et, « tout souriant devant cette masse grouillante qui l'entourait, à [*sic*] fait appel au bon sens des étudiants dans cette marche. Il leur a rappelé que ces démonstrations ont du bon parfois, ajoutant qu'il avait lui-même participé à des démonstrations lorsqu'étudiant [*sic*][78] ». Les étudiants ne sont toutefois pas venus parler de leur manifestation, mais bien de l'augmentation des droits de scolarité. Dans les pages de leurs journaux, ils reprocheront à Robichaud son attitude, jugée paternaliste :

> « Boys and girls ! »... Ainsi s'adressait M. le Premier Ministre Louis Robichaud aux 1500 étudiants des Universités. [...] Habile procédé par lequel, [*sic*] étudiants étudiantes, devenaient ses petits garçons, ses petites filles ! Les quelques paroles de PAPA Robichaud ne nous ont rien révélé d'intéressant[79].

Voyant que le premier ministre ne s'engageait nullement envers les revendications contenues dans les deux mémoires qu'ils lui avaient acheminés, les organisateurs de la marche dépêchent 300 observateurs dans les galeries publiques de l'Assemblée, où le chef de l'opposition officielle, Cyril « Cy » Sherwood, de connivence avec les leaders étudiants, s'apprête à entamer un débat sur l'éducation postsecondaire.

Faisant écho aux textes produits par les étudiants, Sherwood rappelle que seulement 37 % du budget des universités néo-brunswickoises proviennent des coffres de la province, alors que la moyenne canadienne est de 47 %. Il accuse le gouvernement de ne pas réclamer son dû d'Ottawa, puisque le transfert fédéral-provincial pour l'éducation postsecondaire est de seulement 214 $ par étudiant au Nouveau-Brunswick, en comparaison avec 282 $ en Ontario et 370 $ à Terre-Neuve. Finalement, jugeant que ce n'était pas aux étudiants à payer pour les bévues du gouvernement, il exige que les droits de scolarité soient plafonnés au niveau de 1964-1965[80].

---

78. Bernard Poirier, « 1500 étudiants ont marché sur le parlement », *L'Évangéline*, 27 mars 1965, p. 1.
79. Gaëtan Ruest, « Boys and girls », *Liaisons*, avril 1965, p. 1.
80. Bernard Poirier, « Sherwood demande au gouvernement d'accorder une attention spéciale aux octrois universitaires », *L'Évangéline*, 27 mars 1965, p. 1-2.

L'attaque déclenche un débat « de plusieurs heures », pendant lequel le président de l'assemblée « a eu fort à faire » et « a dû menacer des députés d'expulsion ». Prudent, le gouvernement ne se montre pas insensible aux revendications des étudiants. Le ministre de l'Énergie, « M. Daniel Riley, en pleine forme, a rendu hommage aux étudiants qui se sont rendus en manifestation et pour apporter leurs problèmes au grand public », disant qu'« [i]ls ont démontré que les jeunes d'aujourd'hui sont très sérieux ». Finalement, le premier ministre réussit à apporter quelques amendements exonérant le gouvernement de tout blâme, avant que « [p]ar un vote de 29-18, la version amendée de la motion du chef de l'opposition [soit] adoptée par l'Assemblée[81] ».

Cette première manifestation de masse des étudiants se révèle donc un succès. Les contestataires ont réussi à mettre leurs revendications aux ordres du jour politique et médiatique. Certes, l'opposition leur a servi de messager, mais il est peu probable que ce débat aurait été aussi loin sans la présence de la foule dans la rue et dans les gradins.

Les militants ne se contentent pas de cette victoire. Dans le numéro d'avril de *Liaisons*, des journalistes tels que Gaëtan Ruest et Winston Wells réitèrent les demandes des manifestants, puis rappellent aux étudiants que la réalisation de ces changements tant souhaités dépend uniquement de leur engagement dans le mouvement naissant :

> [Pour] bon nombre d'étudiants [...] la gratuité universitaire est chose impossible ! Allons donc messieurs, cessez de poser les freins à toutes les idées neuves et ne craignez pas d'aller de l'avant. Il n'en dépend que de nous [...][82].

Les idées nouvelles qui circulent sur le campus étaient initialement véhiculées par un groupe restreint d'étudiants engagés. Visiblement, elles ont gagné un public relativement large en moins de deux ans. Avec cette manifestation, la nouvelle identité étudiante, intériorisée par un groupe important de jeunes, vient de faire sa première incursion dans le réel. Le premier mouvement étudiant de Moncton est né.

Cette naissance du militantisme étudiant et les premières affirmations de soi contre l'autorité ont lieu au même moment à Moncton

81. Bernard Poirier, « Par un vote de 29-18 : la version amendée de la motion du chef de l'opposition a été adoptée par l'Assemblée », *L'Évangéline*, 27 mars 1965, p. 3.
82. Ruest, « Boys and girls », *Liaisons*, avril 1965, p. 1-2.

et ailleurs en Amérique du Nord. La création de l'Union générale des étudiants acadiens, la confrontation de *Liaisons* avec la SNA et l'incorporation de la Fédération des étudiants de l'Université de Moncton (FEUM) s'apparentent, sur le plan symbolique, à la diffusion du *Port Huron Statement* du Students for a Democratic Society aux États-Unis, à la métamorphose de la Combined Universities Campaign for Nuclear Disarmament en Student Union for Peace Action au Canada anglais et à la création de l'Union générale des étudiants du Québec. Tous ces événements ont lieu entre 1962 et 1965. L'idée d'une « élite » à laquelle on ne peut faire confiance est commune à plusieurs de ces mouvements, notamment en raison de la popularité des écrits du sociologue C. Wright Mills[83].

Sur la représentativité de Liaisons

On pourrait avancer que les articles publiés dans *Liaisons* n'engagent directement que les petits groupes d'étudiants qui ont investi ce journal. C'est vrai. Il serait toutefois erroné de prétendre que cette évolution dans l'évocable et l'évoqué n'est pas représentative de tendances plus profondes au sein de la population étudiante de l'Université de Moncton. Malgré le fait qu'un médium agit rarement comme simple miroir de la société, il y a de bonnes raisons de croire que les éclats de *Liaisons* font écho à des malaises profonds et à des transformations fondamentales vécues par les étudiants du plus grand centre universitaire francophone des Maritimes. L'appui populaire dont bénéficie Pierre Savoie, qui était au centre des événements décrits plus haut, en témoigne. À peine quelques semaines après sa confrontation avec la SNA, il est élu président de l'Association des étudiants de l'Université de Moncton[84]. Si ce petit groupe est composé

83. Voir Levitt, *Children of Privilege*, p. 145-149, et Charles Wright Mills, *The Power Elite*, New York, Oxford University Press, 1956.

84. « Pierre Savoie élu président de l'AEUM », *Liaisons*, février 1964, p. 1. Des événements ultérieurs attestent la popularité et la « respectabilité » continue de Savoie. Par exemple, il semblera bon aux organisateurs du Ralliement de la jeunesse acadienne de 1966 (une initiative conjointe des professeurs de sociologie de l'Université de Moncton et de la SNA) de l'inviter en tant que conférencier. Il sera subséquemment élu président du comité organisateur du deuxième ralliement (voir « Un second Ralliement ? », *L'Évangéline*, 4 février 1967, p. 1).

de précurseurs, ses idées ne semblent pas avoir été marginales au sein de la population étudiante.

Un autre élément qui porte à croire que la production idéologique de *Liaisons* en 1964 n'est pas fortuite, marginale ou accidentelle réside dans le fait que ses grandes lignes seront reprises par les rédactions subséquentes. En effet, les schémas narratifs définissant l'identité étudiante ainsi que le rapport à l'autorité, forgés au cours de cette année charnière, ont été constamment reproduits au cours des années 1965-1969. En fait, ils seront aussi amplifiés et renforcés.

Aussi, ces nouvelles conceptions de l'étudiant et du monde semblent récolter l'adhésion des étudiants, puisque ceux-ci se mobilisent de plus en plus souvent durant ces années, comme ils l'ont fait en 1965, ce qui donnera lieu à des affrontements de plus en plus directs avec l'administration universitaire, la municipalité de Moncton et le gouvernement provincial. Finalement, s'il a existé un contre-discours étudiant, à l'époque, celui-ci ne s'est manifesté ni dans les pages du journal, ni par l'apparition d'un autre type de leadership au sein de l'association étudiante, ni par de quelconques manifestations concrètes.

Les causes de l'apparition du militantisme

Les raisons qui expliquent le début du militantisme au campus de l'Université de Moncton s'apparentent à celles qui agissent partout sur le continent. Elles peuvent être regroupées en trois catégories.

Premièrement, la période ne manque pas de problèmes sociaux et politiques qui interpellent au plus haut point les générations montantes. Celui sur lequel les étudiants de Moncton se sentent légitimés de prendre la parole est la modernisation de l'éducation. Les exigences du monde et de l'économie modernes justifient leur recherche de nouvelles solutions en matière d'éducation. Cette réflexion mène souvent à des discussions portant sur la société tout entière et sur le rôle de l'État.

Par ailleurs, la guerre froide et ses armements nucléaires, la décolonisation et la perspective d'une expansion mondiale du communisme, la course vers l'espace et – plus près du Canada – la possible sécession du Québec font craindre pour le futur. Conséquemment, plus ces problèmes s'amplifient, plus les étudiants se sentent habilités à discuter d'enjeux sociaux et politiques. Durant les années 1960, les nombreuses réformes politiques, administratives et symboliques des gouvernements Robichaud, Lesage et Pearson – respectivement à Fredericton, à Québec et à Ottawa – alimentent les discussions et les réflexions de ces « élites du futur », permettant à celles-ci d'exercer leurs capacités de rationaliser des situations sociales et politiques réelles.

Le deuxième type de causes relève davantage des *conditions* nécessaires à la prise de parole des étudiants. Ces derniers se voient offrir, au cours des années 1960, un cadre de vie et de travail beaucoup plus propice au développement d'une sphère discursive autonome que ne le permettaient les collèges d'autrefois. Avec le déménagement de l'enseignement postsecondaire des campagnes de Memramcook à la ville de Moncton, les étudiants acadiens sont en mesure d'établir un contact plus étroit avec la population anglophone ainsi qu'avec la société de consommation de masse, ce qui ne peut que stimuler leurs réflexions.

Troisièmement, les changements structurels de l'université comme telle sont également au nombre des facteurs qui expliquent le militantisme des étudiants de Moncton. L'éducation postsecondaire commence à se démocratiser et sa clientèle, à se diversifier ; elle n'est plus uniquement l'affaire des élites et des privilégiés. Le nombre d'étudiants augmente de 192 % au Canada entre 1960 et 1969[85]. Les Acadiens du Nouveau-Brunswick suivent cette tendance de près, puisque l'augmentation dépasse les 170 %[86]. Par ailleurs, les disciplines « non traditionnelles », c'est-à-dire non liées au cours classique, sont de plus en plus nombreuses à l'Université Saint-Joseph durant les années 1950 et prennent leur essor au cours des années 1960[87] : par exemple, les inscriptions à l'École de commerce

85. Levitt, *Children of Privilege*, p. 31-32. En chiffres absolus, le nombre d'étudiants universitaires passe de 163 143 à 475 548. Une partie de cette augmentation spectaculaire est due à la taille énorme de la génération du baby-boom. Mais l'augmentation est impressionnante même exprimée en termes de pourcentage des jeunes : 9,7 % d'entre eux fréquentent l'université en 1960, et 18 % en 1968.

86. Cormier, *L'Université de Moncton*, p. 157-164, 250.

87. À ce sujet, par exemple, un éditorialiste de *L'Évangéline* affirmait : « Il n'y a pas très longtemps, la faculté des Arts était la faculté et ceux qui s'inscrivaient dans les autres facultés, comme les Sciences, le Commerce étaient considérés comme étant à part et même d'un calibre inférieur. L'influence américaine nous a convaincu du contraire au point où aujourd'hui, les carrières scientifiques sont les carrières d'avenir » (Bernard Poirier, « En éditorial : pénurie parmi les nôtres », *L'Évangéline*, 2 avril 1965, p. 4).

de l'Université de Moncton triplent entre 1963 et 1969[88]. Cette croissance donne à la population étudiante une masse critique inédite.

Par ailleurs, la clientèle de la nouvelle université à Moncton est plus diversifiée que celle des collèges classiques. L'institution attire des étudiants de toutes les régions de la province, ainsi que du Québec, à la recherche de programmes spécialisés. L'augmentation du nombre d'étudiants garantit aussi la représentation de milieux socioprofessionnels diversifiés. Finalement, la fermeture du volet universitaire du collège féminin Notre-Dame d'Acadie en 1965 et l'ouverture d'une école normale sur le campus en 1968 attirent un nombre de plus en plus élevé de femmes. Cette diversité sociale expose les étudiants à de nouvelles réalités.

La croissance et la diversification du corps étudiant sont liées de très près à un autre phénomène: l'agrandissement des universités. Celle de Moncton en est un bon exemple. Créée en 1963 à partir de six collèges classiques éloignés les uns des autres et comportant chacun un ou deux bâtiments, la nouvelle université a un campus central urbain qui accueillera rapidement une dizaine de facultés ou d'écoles logées dans autant d'édifices. Quelques années plus tard, elle deviendra officiellement laïque. Pendant ce temps, son corps professoral augmente de façon spectaculaire: de 33 professeurs en 1963, on passe à 145 en 1969 et à 239 en 1973. Comme la masse étudiante, le corps professoral est non seulement plus nombreux, mais aussi plus diversifié qu'autrefois: la proportion des prêtres diminue largement et le reste des effectifs vient de disciplines et d'écoles variées.

Or, dans une telle «multiversité», l'homogénéité de la pensée et le contrôle social qui avaient cours dans les collèges classiques deviennent impensables, comme l'atteste le témoignage suivant:

> Dans certains de nos collèges classiques, l'autorité contrôle encore complètement l'association étudiante laquelle association est formée par cette même bourgeoisie intellectuelle. [À...] Moncton, la situation diffère un peu. [... En raison de] l'emplacement des pavillons et le nombre important d'externes, l'AEUM est difficilement contrôlée par l'autorité[89].

88. Cormier, *L'Université de Moncton*, p. 157-164, 250.
89. Cyrille LeBlanc, «Pour une démocratie à l'Université de Moncton», *Liaisons*, avril 1967. Assez curieusement, Clément Cormier ne semble pas avoir prévu cette

Par ailleurs, les horaires sont beaucoup moins chargés et réglementés. On y trouve donc plus d'espaces de liberté, où il est possible de tenter de faire sens du monde avec moins de supervision de la part des aînés. Un ancien militant décrit ainsi l'ambiance de l'époque :

> La nouvelle Université, à Moncton, contrastait énormément avec les « prisons » que représentaient les collèges classiques. Dans ceux-là, on était 350 et on formait un clan solidaire seulement dans l'enrégimentation [*sic*]. À l'uni, tout change ; il y avait beaucoup moins de contrôle social. L'Université de Moncton était un lieu complètement sauté vers la fin des années 60. [...] Il y avait vraiment beaucoup de vie sur le campus[90].

Les étudiants de l'Université Moncton vivent ce type de changement structurel en même temps que ceux de l'ensemble de l'Amérique du Nord, alors que les étudiants des campus du nord de la province connaîtront ces changements plus tard, et incomplètement, ce qui contribuera à la formation d'un schisme entre les scènes étudiantes de Moncton, d'une part, et celles de Bathurst, de Shippagan, d'Edmundston et de Saint-Basile, d'autre part, au milieu des années 1960.

Finalement, il ne faudrait pas minimiser l'influence qu'ont eue des organisations comme la FNEUC, la Presse étudiante nationale et l'Union canadienne des étudiants. Par leur truchement, les étudiants de Moncton ont été exposés à de nouvelles idées et à de nouvelles façons de faire. Ce sont elles qui les incitent initialement à se soustraire aux « autorités [qui], même s'il n'est pas permis d'en juger, semblent exercer un contrôle trop immédiat sur les choses exclusivement étudiantes[91] ». C'est en elles que les étudiants puisent l'idée qu'ils forment l'un des trois « corps » de

---

difficulté en matière de « direction » de la conscience des jeunes, au contraire ! Dans un document de 1959, dans lequel il trace les plans préliminaires en vue de l'avènement d'une université moderne de langue française au Nouveau-Brunswick, il dresse la liste des avantages d'avoir un seul – mais grand – campus. Or, dans la liste, on trouve « direction spirituelle » – à côté d'éléments comme « vie étudiante » et « activités sportives » (« Développement de l'USJ à Moncton – préparation d'un document », CEAAC, Fonds Clément Cormier, 177.1865).

90. Notes personnelles, conférence prononcée par Michel Blanchard à l'Université de Moncton à l'invitation de la Fédération des étudiants et étudiantes du Campus de Moncton (FEECUM), 25 février 2005.

91. R. W. Couturier, « Éditorial », *Liaisons*, septembre 1959.

l'université et que, conséquemment, ils devraient être « représentés dans les divers rouages administratifs des universités ». C'est grâce à elles, aussi, qu'ils sont sensibilisés au « problème de la liberté de la presse étudiante et de l'autonomie des associations étudiantes » ainsi qu'à la problématique de l'accessibilité aux études[92].

« Rallier » la jeunesse acadienne ?

L'autonomisation des étudiants dérange. Bientôt, l'élite prendra les grands moyens pour rétablir l'unité discursive au sein de la communauté acadienne.

La mort prématurée des organisations étudiantes acadiennes régionales

Les changements identitaires et politiques importants dans la sphère étudiante de Moncton en 1964-1965 ne sont pas sans conséquences sur les rapports que les étudiants entretiennent avec la collectivité acadienne et avec le monde en général. En effet, l'écroulement des certitudes anciennes laisse les étudiants un peu orphelins, à la recherche de leur « juste » place dans la société. Cette recherche identitaire est surtout visible dans les rapports qu'ils nouent avec leurs confrères et consœurs des collèges classiques affiliés à l'Université de Moncton.

Il a été établi que vers la fin de l'année 1963 s'esquissait un réseau institutionnel regroupant tous les étudiants de niveau postsecondaire acadiens : l'Union générale des étudiants acadiens. Or ces bases organisationnelles encore fragiles font rapidement les frais des tergiversations identitaires des étudiants de Moncton. Ces derniers fréquentent alors une institution en pleine croissance, la seule en Acadie regroupant plusieurs facultés et offrant une gamme de diplômes spécialisés. Dans ce contexte, ils ont tendance à se comparer davantage aux étudiants des « grandes » universités de langue anglaise – comme l'University of New Brunswick – qu'à leurs cousins des collèges classiques de langue française. C'est encore plus vrai après leur rupture symbolique avec les institutions élitaires

92. Paul Doyon, « Congrès de la FNEUC », *Liaisons*, octobre 1958, p. 3, et Secrétariat de la FNEUC, « 35 ans d'unité étudiante », *Liaisons*, septembre 1961, p. 4.

acadiennes et leur première manifestation à l'échelle provinciale. Aux yeux de bien des étudiants de Moncton, « sur le plan politique et diplomatique l'AEUM est au premier rang parmi les universités des provinces de l'Atlantique[93] ». Ironiquement, donc, au moment même où le mouvement étudiant de Moncton se présente comme le véritable porte-parole de l'Acadie, les étudiants affirment aussi leur appartenance au monde plus large. Ils se voient désormais comme étant à la fois l'incarnation de la nouvelle génération de leaders acadiens et membres à part entière – voire les meneurs – du mouvement étudiant des provinces maritimes et même du Canada.

Les résultats ne tardent pas à se faire sentir. Dès l'arrivée de Pierre Savoie à la présidence de l'AEUM en 1964-1965, l'année même où cette dernière se met à affirmer son autonomie, les étudiants commencent à s'éloigner des autres conseils étudiants acadiens. La première preuve tangible du désir des organisations étudiantes de Moncton de ne pas se laisser enfermer dans des structures ethniques apparaît dès octobre 1964, quand les dirigeants de *Liaisons* décident de demeurer membres de la Presse étudiante nationale et refusent de se joindre à la Presse étudiante acadienne naissante[94]. Puis, toujours en 1964, l'Union générale des étudiants acadiens, créée en grande pompe moins d'un an plus tôt, meurt d'une mort tranquille, et les associations étudiantes des collèges affiliés se voient obligées de créer une nouvelle fédération excluant l'Université de Moncton : la Fédération des associations générales étudiantes des collèges acadiens (FAGECA)[95].

Il faut se garder de mettre toute la responsabilité de cette évolution sur le dos de l'association de Moncton : les rapports entre les représentants des collèges classiques et l'AEUM ont toujours été troubles, caractérisés par une méfiance et une incompréhension mutuelles. Déjà, dans son éditorial proclamant la création de l'Union générale des étudiants acadiens,

93. Réjean Poirier, « Une conférence provinciale : initiative nouvelle sur des problèmes de 1960 », *Liaisons*, mars 1966, p. 2. Cette citation est tirée du *Bulletin de Presse de la PEA* (vol. 6, n° 52, 8 février 1966) avec une fierté évidente.

94. Observateur de *Liaisons* au congrès de PEA, « Au dernier congrès de PEA : *Liaisons* y était », *Liaisons*, décembre 1966, p. 2.

95. « La FAGECA a tenu son congrès à Edmundston », *L'Évangéline*, 6 avril 1965, p. 2 ; A. L. Laplante, c.j.m., *Le collège de Bathurst : chronique des années 1949-1975*, Moncton, Université de Moncton, 1979, p. 115, 117.

Léon Thériault demandait à ses condisciples des collèges classiques de faire preuve d'ouverture envers les étudiants de l'Université de Moncton.

> On a [...] souvent objecté [*sic*] que les étudiants de cette université auraient une nette prépondérance dans l'organisation. Certains voient mal l'adhésion de leur groupe à l'Union, Union dont ils sont pourtant les co-fondateurs! [...] Refuser les étudiants de cette université, c'est vouer à l'échec l'organisation du monde étudiant acadien! Ce n'est pas le temps d'ériger des castes où il ne doit pas en avoir[96].

Mais au-delà de la méfiance des collèges affiliés, il est probablement juste d'affirmer que l'ambivalence des étudiants de Moncton est la cause principale de la mort de l'Union. En cette ère obnubilée par la modernisation et le progrès, par l'interventionnisme de l'État et l'intégration des Acadiens dans toutes les sphères de la société, l'acadianisation des structures étudiantes a semblé contre-intuitif aux étudiants de l'Université de Moncton, qui se lancent avec enthousiasme dans le tourbillon du militantisme étudiant nord-américain. Plus concrètement, c'est le modèle du conseil étudiant «encadré» tel qu'on le trouvait dans les collèges classiques qu'on rejette et duquel on essaie de se distancier le plus possible.

Premières tentatives de récupération du mouvement de Moncton

L'attitude critique des associations étudiantes ne fait pas le bonheur de tout le monde. L'Université de Moncton est, après tout, le bijou des institutions acadiennes créé – non sans opposition[97] – par le gouvernement Robichaud seulement quelques années plus tôt. Et ne l'a-t-on pas conçue justement pour renforcer la communauté acadienne? Pour lui donner de nombreux nouveaux chefs de file qui porteront le flambeau national en ces temps ultramodernes? En voyant les premiers groupes de leaders étudiants de Moncton – suivis par la masse – critiquer ouvertement l'élite acadienne, se distancier des autres étudiants francophones de la province, s'unir aux combats des étudiants anglophones, endosser le principe de la

96. Léon Thériault, «En éditorial: l'U.G. des étudiants acadiens», *L'Évangéline*, 22 février 1964, p. 4.
97. Cormier, *Louis J. Robichaud*, p. 137-141.

liberté religieuse et critiquer, de surcroît, le gouvernement Robichaud, plusieurs nationalistes se sont dit que les choses étaient bien mal parties et se sont demandé si la nouvelle institution n'était pas une source de division plutôt que d'unité. Rappelons que le gouvernement Robichaud était encore populaire au point d'être pratiquement irréprochable aux yeux de la plupart des associations acadiennes. Clairement, il fallait trouver une façon de ramener les étudiants à l'ordre et, surtout, de leur faire réintégrer le giron de la grande famille acadienne.

Depuis le début des années 1960, déjà, les dirigeants de la SNA s'inquiètent du fait que « les étudiants [...] n'ont que très peu d'intérêt, ou pas du tout, pour notre vie nationale, et, d'aucuns [...] voient d'un mauvais œil à peu près tout ce qui se fait dans l'intérêt de la vie nationale[98] ». Conséquemment, ils accordent une large place au thème de la jeunesse lors de la convention de 1965 et encouragent « les jeunes » à participer aux activités de « la nationale ». Après la manifestation de Fredericton, par contre, les leaders perdent patience et adoptent une posture plus agressive envers les étudiants.

La première salve en ce sens est tirée par un représentant de *L'Évangéline* dès le lundi suivant la manifestation. On y rend compte d'une conférence donnée au congrès de la Presse étudiante acadienne (PEA) par un journaliste du quotidien *L'Évangéline*, René d'Anjou. Rappelons que le journal de l'Université de Moncton ne fait pas partie de la PEA, qui réunit les équipes de dix journaux étudiants[99] venues discuter de leur fonctionnement et créer, éventuellement, des projets communs. D'Anjou ne manque pas l'occasion de critiquer l'absence de *Liaisons* en déplorant « le fait qu'il y a une division chez les étudiants de langue française au Nouveau-Brunswick ». Ensuite, « il suggère aux étudiants de la PEA de

98. Procès-verbal de la réunion du conseil du 4 novembre 1961, CEAAC, Fonds SNA, 41-3-10, cité dans Maurice Basque, *La Société nationale de l'Acadie: au cœur de la réussite d'un peuple*, Lévis, Éditions de la Francophonie, 2006, p. 149.

99. *Rencontre*, du collège pour filles Notre-Dame-d'Acadie (Moncton); *Ensemble*, de l'Université Saint-Joseph (Moncton); *Stella Maris*, du Collège Jésus-Marie (féminin, Shippagan); *Le Basilien*, du Collège Maillet (féminin, Saint-Basile); *Le Bouclier*, du Collège Saint-Louis (Edmundston); *L'Echo*, du Collège Sacré-Cœur (Bathurst); *Haute Mer* du Collège Notre-Dame-du-Perpétuel-Secours (Humphrey); *Tempo*, de l'école secondaire Cormier (Edmundston); ainsi que deux observateurs de Cocagne et de Barachois.

faire un effort pour unir leur force [*sic*] dans une cause qui devrait normalement être la même pour tous », spécifiant « qu'on ne pouvait imposer à d'autres un seul mode de pensée mais qu'une association d'idées pouvait donner de très bons résultats[100] ». N'entendant pas s'arrêter là, le journaliste lance un autre appel à l'unité des étudiants acadiens, appel plus explicite cette fois, dans un éditorial signé quelques jours plus tard.

> Les membres de la Presse étudiante acadienne ont démontré un esprit de maturité en fin de semaine alors qu'ils tenaient leur congrès. [...] Un esprit d'équipe [...] a dominé ces trois jours. [...] C'est donc avec espoir que la PEA prend forme. [...] D'un autre côté, le journal *Liaisons* devra nécessairement changer sa politique d'esprit de clocher pour permettre aux autres étudiants de participer plus activement à cette publication, qui se devrait d'être mieux ébauchée avec un caractère plus représentatif de la gente étudiante de l'université qui, à l'heure actuelle, ne s'intéressent [*sic*] pas au journal pour des raisons que l'on devine facilement. [...] Dans certains milieux, on semble s'imaginer à tort que la PEA n'est qu'une nullité. Sans être optimiste, on peut prétendre que cette organisation [...] deviendra le principal porte-parole de la gente étudiante de langue française des Maritimes d'ici quelques années. Les étudiants de l'Université de Moncton auraient avantage à rechercher une plus active collaboration avec la PEA de qui elle pourrait tirer d'excellents exemples[101].

Cet article laisse entrevoir un certain mépris de la part des étudiants de l'Université de Moncton pour les journaux des collèges, et l'agacement provoqué par la politique d'indépendance du journal de l'Université ainsi que par la prétention des étudiants de Moncton de participer aux débats de société dans un cadre autre que la sphère acadienne. À quoi peut être due cette anomalie dans la grande famille acadienne ? Le journaliste de *L'Évangéline* se montre catégorique : c'est forcément à cause de la non-représentativité du groupe qui a la main haute sur *Liaisons*. Par ailleurs, il prétend que la publication sera perdante si elle ne se rallie pas à la Presse étudiante acadienne. Visiblement, il ignore

100. « Le journalisme : une expérience qui fait partie de l'éducation des jeunes – R. P. Roland Soucy », *L'Évangéline*, 28 mars 1965, deuxième cahier, p. 1.

101. René d'Anjou, « En éditorial : à l'heure de la PEA », *L'Évangéline*, 30 mars 1965 p. 4.

le pouvoir d'attraction qu'exercent les organisations plus vastes sur les étudiants de Moncton.

Puis viennent les tentatives de recréer une association générale des étudiants acadiens. Près de deux ans après la disparition du regroupement initial, la Fédération des associations générales étudiantes des collèges acadiens n'abandonne pas l'idée de « réunifier » tous les étudiants acadiens à l'intérieur d'une seule association. Afin de faciliter les rapprochements, elle invite des délégués de l'AEUM à l'occasion de ses deuxième et troisième congrès annuels, en avril 1965 et en mars 1966. La rencontre de 1966 comporte notamment un séminaire sur la condition étudiante. Ce congrès est, selon le communiqué envoyé à *L'Évangéline*, « le plus grand rassemblement d'étudiants francophones [...] de toute l'histoire des Maritimes » et marque peut-être un « tournant décisif dans l'évolution du mouvement étudiant aux Maritimes[102] ». En l'organisant, l'Association régionale acadienne espère devenir un lieu de rencontre incontournable pour l'AEUM.

Les communications demeurent toutefois difficiles durant ce congrès. De l'aveu du comité organisateur, « au début, on sentait qu'il régnait une espèce d'antagonisme entre les différentes institutions, une tendance à l'esprit de clan ou [*sic*] les fortes personnalités ressortaient. Il exista même une période de tension [...][103] ». Ces tensions semblent avoir été surmontées, car les participants recommandent finalement la création d'une « structure regroupant les étudiants francophones des Maritimes », devenue une vraie « nécessité ».

Mais un séminaire auquel participent quelques délégués ne suffit pas pour changer l'attitude de l'ensemble des étudiants engagés du campus urbain. La vérité, c'est que ces derniers, dans leurs aspirations à être de « vrais » étudiants d'une « vraie » université, sont rebutés par tout ce qui transpire encore de l'univers des collèges classiques, ces institutions qui se donnent pour mission de guider et d'encadrer leurs ouailles autant moralement qu'intellectuellement. Or les activités des collèges acadiens affiliés à l'Université de Moncton rappellent encore trop cet univers aux étudiants de Moncton, qui se veulent déjà adultes et citoyens.

---

102. Réjean Nadeau, « Tournant décisif dans l'évolution du mouvement étudiant aux Maritimes? », *L'Évangéline*, 19 mars 1966. (Nadeau faisait partie des étudiants qui ont assisté au congrès.)

103. *Ibid.*

Par exemple, les congrès de la FAGECA comportent encore des concours d'art oratoire très classiques, dont les thématiques sont jugées vieillottes et moralisatrices[104] par les délégués du campus de Moncton. Ces derniers considèrent par ailleurs que ces événements sont trop « encadrés » par les adultes : les concours oratoires sont présidés et jugés par des notables, puis la conférence d'ouverture de 1965 portant sur « La planification au sein des Associations Générales des Étudiants » est donnée par un professeur – un prêtre, de surcroît ! Et le pire, c'est qu'elle a été « reçue avec enthousiasme ». Qui plus est, on discute de divers sujets – ciné-club, journée de sport, comité de bourses, concours de poésie, peinture et chanson –, mais aucunement d'activités où l'étudiant serait partie prenante de la société tout entière. Finalement, même « l'appréciation du congrès » est livrée par des professeurs[105]. Décidément, les congrès de la Fédération n'impressionnent pas beaucoup les étudiants de Moncton qui, observant de loin leurs cousins acadiens, ne reconnaissent pas l'époque dans laquelle ils aspirent à vivre.

De toute façon, le « gouvernement étudiant » de Moncton est déjà parti sur une autre lancée, visant un public plus large. En effet, l'AEUM est au cœur de l'organisation de la première « Conférence des étudiants du Nouveau-Brunswick », un événement bilingue qui aura lieu sur le campus de Moncton du 18 au 20 mars 1966. L'événement, une « première » qui regroupera des étudiants de toutes les institutions postsecondaires de la province, est considéré comme nécessaire afin de discuter de « problèmes qui ne peuvent être résolus à l'A.E.A. [Association des étudiants de l'Atlantique] », étant donné les prérogatives provinciales dans le domaine de l'éducation. Afin d'être bien au fait des développements ailleurs au pays, on invite aussi des représentants de l'Union canadienne des étudiants et de l'Union générale des étudiants du Québec[106].

104. Les thèmes abordés par les participants en 1966 incluent « L'évolution de l'étudiant dans son milieu au point de vue de l'éducation morale » « (Comment) la confiance (des adultes) oblige, attache et doit stimuler les jeunes » et « L'éducation dans l'esprit chrétien génératrice de lumière, de vérité et d'initiative » (« Gérald Fortier remporte les honneurs du concours d'art oratoire de FAGECA », *L'Évangéline*, 14 mars 1966, p. 1, 3).

105. « La FAGECA a tenu son congrès à Edmundston », *L'Évangéline*, 6 avril 1965, p. 2.

106. Réjean Poirier, « Une conférence provinciale : initiative nouvelle sur des problèmes de 1960 », *Liaisons*, mars 1966, p. 2.

Liaisons se réjouit des discussions à venir et, tout en s'interrogeant sur la participation des collèges acadiens, affirme qu'il n'y a pas forcément de contradiction entre la plus récente initiative de l'AEUM et un éventuel rapprochement des étudiants acadiens :

> On discutera cette année des affaires provinciales, du bilinguisme et du biculturalisme [...], du rapport Byrns [*sic*] [...], du système actuel d'éducation au NB, de l'école normale française sur le campus de l'Université de Moncton. [...] Mais dans tout cela, quelle sera l'attitude de nos confrères et consœurs de Bathurst, St-Louis, Maillet et Shippagan ? Répondront-ils à l'invitation de venir discuter « amicalement » avec leur « supérieur » [...] ? Le climat sera probablement froid de part et d'autre mais nous avons confiance que l'AEUM avec toute sa diplomatie saura entreprendre des démarches auprès des membres de la FAGECA afin de former prochainement une nouvelle UGEA[107].

Sur place, l'idée de créer une nouvelle union étudiante acadienne ne semble toutefois pas prédominer, car l'AEUM propose que le congrès provincial devienne un événement annuel et même un forum permanent afin de former « un groupe de pression[108] ». Si dans l'immédiat ces recommandations ne sont pas suivies, il est désormais clair que les chefs de file étudiants de Moncton souhaitent participer à une sphère étudiante plus étendue que la sphère acadienne.

L'organisation du Ralliement de la jeunesse acadienne

C'est dans ce contexte que la SNA décide d'organiser un événement majeur, le Ralliement de la jeunesse acadienne. L'événement doit rassembler 200 jeunes de milieux variés venant de partout dans les Maritimes. Des représentants d'organisations jeunesse des dix provinces canadiennes sont aussi invités. La SNA affirme prendre l'initiative parce qu'« on s'était alors plaint que la jeunesse acadienne ne soit pas assez représentée dans la société, en tant qu'unité de base possédant ses problèmes et ses idées propres[109] ».

107. *Ibid.*

108. « À la conférence provinciale des étudiants du Nouveau-Brunswick », *L'Évangéline*, 21 mars 1966, p. 1.

109. Uriel Poitras, « Une première en Acadie : des jeunes francophones des dix provinces se réuniront à St-Joseph », *L'Évangéline*, 25 février 1966, p. 7.

Bénéficiant de fonds fédéraux devant servir à marquer le centenaire du pays (et, parallèlement, à renforcer l'unité de celui-ci), la SNA se dit résolue à provoquer un moment phare dans l'évolution de la jeunesse acadienne. Et à bien des égards, le Ralliement de la jeunesse acadienne sera exactement cela.

Pour la SNA et l'élite en général, soucieuses de leur relève, l'événement est une façon de panser les plaies causées par leur relation durement éprouvée avec les étudiants de Moncton et, éventuellement, de ramener ces derniers dans le giron des institutions et du mouvement nationaux. Elles conçoivent l'événement comme une occasion pour les jeunes de « discuter et dialoguer avec l'élite acadienne[110] ». Et quel meilleur cadre pour effectuer un tel rapprochement qu'un ancien collège classique sis en milieu rural, plus précisément dans le « berceau de la Renaissance acadienne », Memramcook ?

L'éditorialiste principal de *L'Évangéline*, Bernard Poirier, exprime cette volonté de rapprochement tout en tentant d'en définir les modalités :

> [Le Ralliement de la jeunesse acadienne] sera une première en Acadie qui marquera, nous l'espérons, un nouveau départ vers une collaboration plus étroite entre le monde adulte et le monde **étudiant**. [...] aux réunions de la Société Nationale des Acadiens, le reproche a souvent été lancé que les **jeunes** n'avaient pas de voix consultative ou encore que leurs vues n'étaient pas acceptées de la société. Cette situation ne date pas d'hier et elle n'est pas propre à la SNA où [*sic*] aux Maritimes. [...] Aux aspirations énergiques, flamboyantes et sans réserve de la **jeunesse étudiante** se mesurent l'expérience pratique, la réflexion mûrie des chefs de file qui il y a quelques années à peine faisaient partie de l'autre groupe. [...] Les jeunes doivent prendre une part plus active dans la société mais pour cela, il faut que le terrain soit déblayé, applani [*sic*] et que chacun tende la main[111].

110. Bernard Poirier, « À moins d'un réseau d'écoles complètement de langue française : la culture acadienne n'a pas d'avenir (R. P. Lazure) », *L'Évangéline*, 2 avril 1966, p. 1.

111. Bernard Poirier, « Éditorial : Ralliement des jeunes », *L'Évangéline*, 1er mars 1966, p. 4. C'est moi qui souligne. Dans le communiqué initial annonçant le Ralliement de la jeunesse acadienne, la SNA tenait des propos semblables. Uriel Poitras, « Une première en Acadie : des jeunes francophones des dix provinces se réuniront à St-Joseph », *L'Évangéline*, 25 février 1966, p. 7.

L'événement doit accueillir des « délégués [...] des milieux universitaires, collégiaux, ouvriers et agricoles ». Des 175 délégués, 65 viennent du milieu étudiant, soit 37 %[112]. Pourtant, malgré cette diversité, l'éditorialiste utilise les termes « jeunes », « étudiants » et « jeunesse étudiante » de façon interchangeable. Par ailleurs, il souhaite voir les « jeunes » se réconcilier avec les « adultes », alors qu'en fait, c'est seulement avec les étudiants de Moncton qu'il y a brouille. Voilà, me semble-t-il, des éléments de preuve renforçant l'hypothèse selon laquelle le Ralliement de la jeunesse acadienne était avant tout un instrument devant servir à ramener les étudiants de Moncton au bercail.

En ce qui concerne le fond, Poirier reconnaît les reproches adressés à l'élite, mais l'exonère aussitôt de tout blâme et demande aux « jeunes », qu'il considère trop pressés, de faire preuve de patience. Il va même jusqu'à citer les qualités qui leur manquent encore avant de pouvoir pleinement participer à la sphère publique. Il convient finalement que les jeunes doivent se faire entendre davantage, mais plaide pour que cela se fasse dans le calme, le dialogue et le cadre de la « société nationale ».

Les étudiants de Moncton reconnaissent dans ce discours une variante légèrement mise à jour de la vision traditionnelle de l'étudiant, selon laquelle celui-ci n'est pas un agent social, puisqu'il doit encore faire « l'apprentissage de la liberté » avant de pouvoir participer aux affaires de la société. C'est la représentation, jugée infantilisante, contre laquelle ils luttent ouvertement depuis 1963-1964. Ont-ils vu dans cet éditorial une volonté de récupérer le mouvement étudiant ? Si oui, ils ne l'ont pas exprimé. Dans tous les cas, ils n'ont pas la tête à contester le Ralliement parce que ce n'est pas la SNA qui est responsable du contenu du congrès, mais plutôt deux nouveaux professeurs de l'Université bien connus des étudiants politisés pour leurs prises de position critiques, Camille-Antoine Richard et l'abbé Roger Savoie. S'il est plutôt clair que la SNA espère récupérer le mouvement étudiant grâce à cet événement, il devient rapidement évident que les objectifs des jeunes professeurs sont d'une tout autre nature[113].

112. *Ibid.*

113. Marc Johnson, *Les stratégies de l'acadianité: analyse socio-historique du rôle de la presse dans la formation de l'identité acadienne*, thèse de doctorat, Bordeaux, Université de Bordeaux II, 1991, p. 204.

Immédiatement après la divulgation du programme de l'événement, le père Savoie déclare : « En réponse à une question d'un journaliste, que l'aspect religieux du nationalisme acadien prendrait une place importante lors des discussions. Selon le père Savoie, la jeunesse ne veut plus entendre parler d'un patriotisme "marial" qui ne saurait aider à l'évolution de la nation acadienne[114]. »

Camille-Antoine Richard – le « directeur du comité d'organisation » – énumère pour sa part les buts complémentaires du Ralliement : d'abord susciter une prise de « conscience de ce que la société peut apporter aux jeunes francophones et de ce qu'ils peuvent y apporter » ; ensuite faciliter l'apparition d'une « conscience collective » favorisant « la libre expression » au sein même de la jeunesse ; finalement, « orienter » les jeunes « vers un engagement social concret [... qui] débouchera possiblement sur une action et l'édification de structures[115] ». Dès lors, il semble évident que Savoie et Richard espèrent propager le feu de la contestation étudiante au-delà du campus de Moncton.

Mais pourquoi la SNA a-t-elle donc choisi de confier le programme du Ralliement à ces jeunes professeurs critiques et progressistes ? Au début de l'année 1966, certains membres de l'élite définitrice savent déjà que ces professeurs se rapprochent des milieux étudiants militants et les encouragent à prendre la parole. Bien des étudiants engagés dans l'équipe de *Liaisons* fréquentent leurs cours de sociologie et de philosophie, et on a vu certains d'entre eux participer à des projets de recherche de Camille-Antoine Richard[116]. Par ailleurs, il n'échappe probablement pas à la SNA que, dans un article récent, Richard partage plusieurs arguments avec « Acadie '64 : une impasse ? », cet article choc des étudiants de Pierre Savoie, Lucille Fougère et Bertrand Johnson paru dans *Liaisons* un an plus tôt. Toujours est-il que la SNA croit bon, au moment d'organiser le grand Ralliement, de recruter Richard et Savoie. Si on souhaite rallier les

114. Uriel Poitras, « Une première en Acadie : des jeunes francophones des dix provinces se réuniront à St-Joseph », *L'Évangéline*, 25 février 1966, p. 7.

115. *Ibid.* Aussi « Lettre de C. A. Richard à J. Brazeau » du 7 février 1966, citée dans Johnson, *Les stratégies de l'acadianité*, p. 204.

116. Par exemple, en janvier 1965, Richard publie les résultats d'un sondage mené auprès des étudiants sur la question de l'union des provinces maritimes. L'exercice a été exécuté par Winston Wells, alors rédacteur en chef de *Liaisons*. Voir *Revue économique*, janvier 1965, p. 28-30.

jeunes, il faudrait, se dit-on probablement, avoir l'approbation de leurs nouveaux oracles. Ainsi pourra-t-on faire d'une pierre deux coups.

Ceux qui soupçonnaient l'existence de liens intellectuels entre ces professeurs et les militants étudiants voient leurs doutes se confirmer quand Camille Richard insiste pour inviter Pierre Savoie – qui occupe maintenant un emploi d'enseignant à Chicoutimi – comme conférencier. Savoie, on le rappelle, avait non seulement été rédacteur en chef de *Liaisons* en 1963-1964, l'année des premières salves contre l'élite, mais aussi président de l'AEUM en 1964-1965, l'année de l'incorporation de l'association et de la première manifestation à Fredericton. On voit de mieux en mieux ce que Camille-Antoine Richard veut dire quand il affirme souhaiter que le Ralliement débouche sur un « engagement social » !

Le Ralliement suscite donc des attentes bien différentes au sein des divers groupes qui y participent : l'élite définitrice, les étudiants et les nouveaux professeurs iconoclastes[117], sans oublier les bailleurs de fonds fédéraux. Il va sans dire que plusieurs de ces attentes sont difficilement conciliables, voire antithétiques.

Malgré tout, il est clair que la SNA agit de bonne foi et qu'elle croit réellement aux chances de sceller la réconciliation et de ressortir du Ralliement avec une société civile acadienne unie et unanime, comme elle l'avait presque toujours été jusqu'alors. Il est probable que l'élite ait été prête à faire son bout de chemin, à accepter certaines critiques et à faire certains compromis pour y parvenir. D'ailleurs, *L'Évangéline* publie un deuxième éditorial en prévision du Ralliement, plus favorable aux délégués :

> L'on peut prévoir aujourd'hui que ce congrès ne sera pas fait de balivernes et de discours assez ennuyant [*sic*] pour endormir les participants. [...] Si des reproches doivent être adressés à la vieille garde, c'est au cours de ces trois jours qu'un verdict sera rendu[118].

Le jeune journaliste qui rédige l'éditorial met en évidence l'existence de tensions importantes au sein de la communauté acadienne, et il semble souhaiter que l'on crève finalement l'abcès au cours de la fin de semaine.

117. Les plus importants seront présentés avec plus de détails dans le prochain chapitre.

118. René d'Anjou, « De grandes espérances », *L'Évangéline*, 15 mars 1966, p. 4.

Son souhait est exaucé. Les délégués, tels des législateurs zélés, y adoptent des résolutions touchant à toutes les sphères de la société, bref, tentent de refaire le monde à neuf, à leur image. À l'issue de l'événement, une élite un peu ébranlée réussit tout de même à se dire satisfaite, prête à accepter les résolutions des jeunes et à en tenir compte – quoiqu'elle ne puisse résister à l'envie de lancer quelques flèches en direction des congressistes[119]. N'empêche que lorsque la poussière retombe, il ne fait plus de doute que les étudiants forment désormais un groupe distinct du mouvement national acadien et qu'une réconciliation totale est, en réalité, impossible.

L'AEUM organise la sphère étudiante... provinciale

Prenons à témoin, pour l'instant, la question des organisations étudiantes régionales. Durant le Ralliement, malgré un rappel à l'ordre sévère, les étudiants de Moncton continuent à faire cavaliers seuls, voire à adopter une position antagoniste[120]. En effet, lorsque l'assemblée vote « en faveur de la formation d'une Union générale des étudiants francophones des Maritimes[121] », ce sera sans l'appui des représentants de Moncton. Léon Thériault, encore partisan de l'Union générale des étudiants acadiens, exprime sa déception – ainsi que son agacement par rapport à l'idéal du bilinguisme de ses condisciples de Moncton – dans une longue lettre à l'éditeur de *L'Évangéline* :

> Je sais que pour certains progressistes non seulement le fait acadien traditionnel mais même la présence française aux Maritimes est une exigence négligeable. Ainsi, des représentants d'une de nos institutions d'enseignement n'ont pas jugé bon d'appuyer la résolution ayant trait à une Union générale des étudiants de langue française aux Maritimes. Pour eux, le fait français ne représente pas un critère

119. « Les adultes impressionnés par le Ralliement des Jeunes », *L'Évangéline*, 6 avril 1966, p. 3 ; « Le Dr Richard est heureux de l'initiative des jeunes », *L'Évangéline*, 2 avril 1966, p. 1 ; Bernard Poirier, « En édito : les jeunes s'interrogent », *L'Évangéline*, 9 avril 1966, p. 4.
120. « Un premier pas vers le syndicalisme étudiant », *Liaisons*, 25 novembre 1966, p. 2.
121. « Le Ralliement établirait une Union générale des étudiants francophones aux Maritimes », *L'Évangéline*, 4 avril 1966, p. 1.

> valable pour la création d'une telle association; on pourrait se grouper directement avec les étudiants de langue anglaise[122].

Lors du congrès suivant de la Fédération des associations générales étudiantes des collèges acadiens, en octobre, l'AEUM dépêche des représentants. Poussés une nouvelle fois à souscrire à la formation d'une union générale des étudiants acadiens, ces derniers se dérobent en proposant la création d'une commission d'étude chargée de se pencher sur la question, ce qui est fait. On demande alors à chaque association étudiante de déposer un mémoire « dans les deux mois », exposant, entre autres, leur point de vue sur l'union : devait-elle regrouper les étudiants acadiens des Maritimes ou tous les étudiants du Nouveau-Brunswick sans égard à la langue[123]. Mais, un peu plus d'un mois plus tard (du 25 au 27 novembre 1966), lors du deuxième congrès provincial des étudiants – organisé, comme la première fois, par les étudiants de Moncton –, l'AEUM prend les devants et appuie activement la proposition de créer une fédération étudiante provinciale.

> [A]u début des discussions, les délégués se sont aperçus qu'il n'y avait présentement aucun organisme pour mettre en action les décisions prises [par le congrès provincial]. Poussé [*sic*] par ce besoin urgent, on décida donc de s'unir et de former un syndicat qui aurait pour nom ACTIONS (Association Concerning the Total Interest of NB Students), Association concernant les intérêts totaux des étudiants du NB[124].

Surprises par la tournure des événements, les associations des collèges acadiens – à l'exception de celle de Saint-Louis (Edmundston), absente – se rallient tout de même à la décision, probablement de guerre lasse. La nouvelle organisation réunit ainsi les universités de Mount Allison (Sackville), Saint-Thomas (Fredericton), celle du Nouveau-Brunswick (Fredericton), l'École normale bilingue (Fredericton) ainsi que les campus de Moncton,

---

122. « Le ralliement des jeunes francophones des Maritimes », *L'Évangéline*, 3 décembre 1966, p. 4. Sous la rubrique « Opinion du lecteur ».
123. « Un premier pas vers le syndicalisme étudiant », *Liaisons*, 25 novembre 1966, p. 2.
124. Réjean Poirier, « Au NB : une association étudiante bilingue », *Liaisons*, 2 décembre 1966, p. 2-3.

Saint-Louis (Edmundston), Bathurst, Jésus-Marie (Shippagan) et Maillet (Saint-Basile). Pour ceux qui avaient rêvé d'une sphère étudiante acadienne, le coup est d'autant plus dur qu'au dernier congrès de la Presse étudiante acadienne, un peu plus tôt dans le mois, *Liaisons* avait laissé entendre qu'elle n'entrevoyait la possibilité de se joindre à l'organisme que s'il devenait une «régionale» de la Presse étudiante nationale[125]. L'heure de la mort des institutions étudiantes acadiennes régionales a sonné.

L'éditorialiste de *Liaisons*, Réjean Poirier, ne cache pas son enthousiasme pour l'alliance interethnique que représente ACTIONS, qui, selon lui, deviendra une association puissante:

> ACTIONS, un groupement unique en son genre au Canada par son **caractère bilingue** [...] sera [...] **un exemple** pour les autres provinces du Canada par l'entente entre les deux groupes ethniques. Il semble bien que **l'animosité** qui existe entre Anglais et Français, **surtout chez les aînés**, a tendance à disparaître dans le monde étudiant. [...] Cette nouvelle association [...] sera appelée à remplacer certaines autres, françaises ou anglaises. Ainsi, au lieu d'avoir plusieurs associations, nous n'en aurons qu'une mais puissante et agissante. Nous ne pouvons que nous réjouir. [...] Mais pour réussir [...], il faudra [...] **oublier la langue maternelle et ne penser qu'à la fonction que nous occupons, c'est à dire celle d'étudiant**[126].

Lors de la première assemblée annuelle de l'organisme, les 4 et 5 novembre 1967 à Edmundston[127], les délégués de Moncton réitèrent cette grande foi dans le bilinguisme et la compréhension entre les deux «peuples fondateurs» du pays. Ils proposent et font accepter 1) la réalisation d'une étude sur la situation bilingue et biculturelle des étudiants du Nouveau-Brunswick et 2) la mise en place de moyens pratiques d'échanges culturels: échanges d'étudiants, d'artistes, de journaux, etc. «La proposition fut accueillie avec enthousiasme[128].»

125. Observateur de *Liaisons* au congrès de PEA, «Au dernier congrès de PEA: *Liaisons* y était», *Liaisons*, 2 décembre 1966, p. 2.

126. Normand Bérubé, «Édito: ACTIONS», *Liaisons*, 2 décembre 1966, p. 2-3. C'est moi qui souligne.

127. Elle avait préalablement tenu sa «réunion inaugurale» en mars 1967.

128. Donald Poirier, «L'AEUM tient le haut du pavé à l'assemblée générale de l'Action», *Liaisons*, 15 novembre 1967, p. 3. Notons aussi que le président élu à l'occasion est un étudiant du Collège de Bathurst, Pierre Tremblay. La bonne

Comme leurs prédécesseurs de 1964, les étudiants de 1966 et 1967 sont convaincus que leur génération saura régler les différends qui ont pu exister entre les élites des générations antérieures. Désormais, en ces temps nouveaux qui s'amorcent, les différences entre groupes ethnolinguistiques disparaîtront et tous auront des « chances égales » dans la vie, à la condition qu'ils veuillent bien participer à la sphère publique.

Le premier mouvement étudiant acadien de Moncton est bel et bien né dès 1964-1965. Contrairement à ce que laissent entendre les principales études portant sur le sujet, l'ouverture d'un espace discursif alternatif, critique et proprement étudiant ainsi que l'apparition d'une identité collective étudiante à laquelle plusieurs s'identifient précèdent, à Moncton, le Ralliement de la jeunesse acadienne de 1966, reconnu par l'historiographie comme le point de départ de ce mouvement. L'organisation de ce Ralliement ne constitue, finalement, qu'une réaction de l'élite définitrice à l'agitation qui secouait déjà le campus de Moncton ainsi qu'un lieu de production idéologique parmi d'autres pour le groupe social déjà vigoureux que forment les étudiants.

volonté en vue de faciliter une meilleure compréhension entre groupes linguistiques semble avoir été réciproque.

Chapitre 3

Un premier mouvement étudiant libéral-réformiste, 1964-1967

Les étudiants de Moncton ne se sont donc pas laissé « rallier » par le mouvement national. L'unité de la « grande famille » acadienne n'a pu être refaite. Ils ont su, dans la première moitié des années 1960, s'imposer comme groupe social ayant ses propres discours et ses propres idées. Mais à quoi ressemble donc l'idéologie qu'ils propagent, au-delà de leur méfiance envers les organisations acadiennes et de leur confiance en leurs confrères anglophones ? Correspond-elle, comme d'aucuns ont pu le croire, à un « protonéonationalisme » ? Les étudiants de l'« avant-1968 » se contentaient-ils de préparer le terrain pour leurs successeurs, esquissant tant bien que mal les contours du futur néonationalisme ? En d'autres termes, la « nouvelle gauche » acadienne serait-elle nécessairement néonationaliste, comme on le prétend fréquemment ? Les alliances décrites dans le chapitre précédent laissent croire que non. Cette tendance sera confirmée dans le présent chapitre, qui présentera les deux principales – et complémentaires – caractéristiques idéologiques du mouvement étudiant, soit son rapport iconoclaste avec la tradition acadienne et son adhésion sans réserve à l'idéal de la modernisation libérale.

Avant d'observer de plus près les discours des étudiants, rappelons d'abord le contexte idéologique de l'Acadie du « moment Robichaud » afin de mieux les situer dans leur milieu et voir dans quelle mesure une nouvelle forme de nationalisme existe, ou non, avant 1968.

Le « moment Robichaud » ou l'âge d'or de l'idéologie de la participation

Au lendemain de l'élection de Louis Robichaud, certains observateurs anglophones ne savent pas trop à quoi s'attendre du jeune premier ministre. Serait-il, malgré les apparences, un partisan chauvin de la cause acadienne ? N'a-t-il pas, peu de temps auparavant, évoqué la nécessité de conserver une place pour la religion dans les écoles publiques[1] ? N'a-t-il pas exprimé son soutien au projet de l'heure de l'élite nationaliste acadienne, c'est-à-dire la création d'une école normale distincte pour la minorité francophone ? La principale promesse de son programme électoral – la suppression des frais imposés aux usagers dans les hôpitaux – n'a-t-elle pas eu pour effet de polariser l'opinion publique, opposant les villes aux régions rurales et – à un degré moindre – les anglophones aux francophones[2] ? Et maintenant son Cabinet n'est-il pas formé d'autant de francophones que d'anglophones – une première dans l'histoire de la province[3] ?

Toutefois, il devient rapidement évident que le nouveau chef du gouvernement est avant tout un adepte de la modernisation dans les domaines politique, économique et administratif. Pendant la campagne électorale, le Parti libéral a tout mis en œuvre pour présenter les origines ethniques et linguistiques de Robichaud comme étant dépourvues de pertinence. L'élite définitrice acadienne, qui adhère désormais à l'idéologie de la participation modernisatrice, a d'ailleurs fait écho à ce discours. Robichaud, pour sa part, n'a pas parlé du sujet directement, se contentant d'affirmer qu'il voulait être le premier ministre de tous les Néo-Brunswickois[4],

1. Il faut dire que l'anticommunisme ambiant de l'époque rend ces propos plus acceptables qu'à l'habitude dans la perspective de plusieurs anglophones.
2. Richard Wilbur, *The Rise of French New Brunswick*, Halifax, Formac, 1989, p. 186, 191, 195 ; Robert Pichette, « Longtemps l'Acadie a attendu un chef : Clément C. Cormier, c.s.c. (1910-1987) », *Les Cahiers de la Société historique acadienne*, vol. 30, n° 4 (1999), p. 246.
3. Comprenant Robichaud. Les ministres sont Michel Fournier, Georges Dumont, André Richard, Adrien Lévesque, Joseph LeBlanc, Donald Harper, Kenneth Webber, Lestock DesBrisay, Graham Crocker, Henry Irwin et William Duffie.
4. Joseph Yvon Thériault, « Le moment Robichaud et la politique en Acadie », dans Institut canadien de recherche sur le développement régional, *L'ère Louis J. Robichaud, 1960-70 : actes du colloque*, Moncton, Institut canadien de recherche sur le développement régional, 2001, p. 49 ; Della Stanley, *Louis Robichaud: A Decade of Power*, Halifax, Nimbus, 1984, p. 53.

et présentant toutes ses politiques en termes de contributions au « bien commun » et au « progrès »[5]. Une fois élu, il a fait comprendre à tous les groupes d'intérêt – et particulièrement aux associations acadiennes – que leurs priorités ne sauraient lui être imposées[6]. Mais surtout, le discours et le programme de Robichaud rassurent. En entendant le premier ministre parler de construire des canaux maritimes, d'attirer de nouvelles industries, de remplacer les lois sur l'alcool désuètes, d'améliorer le système d'éducation et même de réaliser l'union politique des provinces maritimes, à peu près tous se rendent compte qu'ils n'ont pas affaire à un homme au service d'une seule partie de la population.

Bien que les besoins des Acadiens soient grands, les réformes et les investissements publics consentis par le gouvernement Robichaud sont toujours faits dans le cadre de réformes globales qui sont, ostensiblement, pour le bien de tous. La création de l'Université de Moncton, en 1963, est un bel exemple de cette approche « ethniquement neutre ». Avec la nouvelle université, les Acadiens accèdent enfin à une institution postsecondaire moderne et financée publiquement ; le rêve de Clément Cormier devient réalité[7]. Toutefois, cette nouvelle institution ne concrétise qu'une seule des recommandations faites par la Commission royale d'enquête sur l'enseignement supérieur au Nouveau-Brunswick[8]. Sa création advient en même temps que la construction d'un nouveau campus de l'University of New Brunswick, à Saint John, l'aménagement d'un campus moderne pour la St. Thomas University[9] et l'annonce que, dorénavant, toutes les universités de la province recevront un financement égal par étudiant, et que ce

5. Michel Cormier, *Louis J. Robichaud : une révolution si peu tranquille*, Moncton, Éditions de la francophonie, 2004, p. 103.

6. *Ibid.*, p. 117-121, 127.

7. La nouvelle institution fédère les six institutions postsecondaires françaises existantes, qui deviennent des « collèges affiliés ». Le nouveau campus, qui sera construit à Moncton, vise à palier les lacunes du réseau en offrant des programmes jusqu'alors inexistants au Nouveau-Brunswick francophone. Voir Clément Cormier, *L'Université de Moncton : historique*, Moncton, Centre d'études acadiennes, 1975, et Jacques Paul Couturier, *Construire un savoir : l'enseignement supérieur au Madawaska, 1946-1974*, Moncton, Éditions d'Acadie, 1999.

8. La commission est présidée par John Deutsch, vice-principal de l'Université Queen's (Couturier, *Construire un savoir*, p. 131-147 ; Stanley, *Louis Robichaud*, p. 65-66).

9. Cette université catholique, érigée par les Irlandais de la région de Miramichi, est simultanément déménagée aux côtés de la UNB, à Fredericton.

financement sera supérieur à ce que l'University of New Brunswick recevait jusque-là. L'ouverture de l'Université de Moncton représente donc une fraction de la modernisation intégrale du système d'éducation postsecondaire néo-brunswickois – réforme dont toutes les parties allaient sortir gagnantes – et est dépeinte comme telle par le gouvernement. Cela ne change rien au fait que l'élite définitrice voit dans l'université un puissant « instrument pour projeter le peuple acadien dans l'avenir[10] ».

La réforme la plus importante du gouvernement Robichaud, le programme Chances égales pour tous, est présentée de façon semblable. Avec cette réforme – qui requiert l'abrogation de 40 lois et l'adoption de 130 nouvelles –, le gouvernement provincial devient le seul responsable de la taxation[11], de la santé, de l'éducation, des services sociaux et de la justice[12]. Les conseils de comté sont abolis, mais en contrepartie les régions rurales bénéficient de l'uniformisation des taxes provinciales et de services publics de qualité. Il est indéniable que ce programme profite à de nombreuses communautés acadiennes, mais cela est uniquement attribuable au fait que la majorité d'entre elles habite des régions économiquement faibles et, conséquemment, incapables de se doter de services publics de qualité. Plusieurs régions anglophones en bénéficient aussi, et la réforme réalise la nécessaire rationalisation des structures de l'État provincial, si bien que lors des vifs et chauds débats sur le programme Chances égales pour tous, on a réussi à éviter la polarisation entre anglophones et francophones, malgré quelques escarmouches[13].

Si les réformes Robichaud sont acceptées par la population anglophone, elles confirment à de nombreux Acadiens qu'ils peuvent influencer le politique. Dès lors, l'appareil gouvernemental ne semble plus appartenir exclusivement à l'« Autre », c'est-à-dire à la majorité anglophone. La grande popularité de ces mesures tant auprès de la population acadienne que des chefs de file nationaux montre à quel point l'idéologie de la participation modernisatrice est devenue dominante. Cet appui quasi unanime aux

10. « Éditorial », *L'Évangéline*, 11 septembre 1965, p. 4.

11. Avec l'exception que les municipalités conservent le droit de taxer les propriétés immobilières.

12. Robert Young, « Le programme Chances égales pour tous : une vue d'ensemble », dans Institut canadien de recherche sur le développement régional, *L'ère Louis J. Robichaud*, p. 23-39.

13. Stanley, *Louis Robichaud*, p. 143-153 ; Cormier, *Louis J. Robichaud*, p. 211-223.

réformes Robichaud ne devrait pas, toutefois, nous faire oublier que dix ou quinze ans auparavant, elles auraient été impensables. Le changement est majeur : en une décennie, la société acadienne, dont l'élite et les éléments nationalistes ont si longtemps souhaité l'autonomie, voire l'autarcie, accepte sans broncher l'intégration de la majorité des institutions créées au cours des cent dernières années – les hôpitaux et les collèges, notamment, ainsi que les écoles de comté – aux structures bureaucratiques du gouvernement provincial[14]. Quelques-uns dénoncent certes l'« expropriation », mais la majorité se réjouit de la nouvelle ère de services publics modernes.

C'est ainsi que durant la première moitié des années 1960, la société biculturelle qu'est le Nouveau-Brunswick – dont la vie politique avait été jusque-là « légitimée par son caractère local et décentralisé[15] » – se voit traversée de part en part par la logique et les fonctions de l'État. Cette Révolution tranquille acadienne suscite tellement d'enthousiasme que le rêve d'un « gouvernement acadien » moderne, sous la conduite de la Société nationale des Acadiens, vivement exprimé en 1957, est rapidement écarté. À vrai dire, durant les années 1960, tous les signes de l'autonomie traditionnelle de l'Acadie tendent à disparaître. L'Église abandonne ses nombreuses fonctions sociales à l'État. L'Ordre de Jacques-Cartier se dissout[16]. La Société l'Assomption assume pleinement son statut de compagnie d'assurances et se consacre aux impératifs de la viabilité financière et de la profitabilité[17]. L'Association acadienne d'éducation, considérant que l'égalité scolaire est acquise et constatant que les enseignants de langue française se dotent d'une organisation

14. Joseph Yvon Thériault, « Domination et protestation : le sens de l'acadianité », *Anthropologica*, vol. 23, n° 1 (1981), p. 57.

15. Joseph Yvon Thériault paraphrasant le politologue Hugh Thorburn (« Le moment Robichaud et la politique en Acadie », p. 47).

16. Denise Robillard, *L'Ordre de Jacques Cartier : une société secrète pour les Canadiens francais catholiques, 1926-1965*, Montréal, Éditions Fides, 2009 ; Marcel Martel, *Le deuil d'un pays imaginé : rêves, luttes et déroute du Canada français*, Ottawa, Les Presses de l'Université d'Ottawa et le Centre de recherche en civilisation canadienne-française, 1997, p. 145-147 ; Gratien Allaire, « Le triangle canadien-français au tournant des années 1960 : le Conseil de la vie française en Amérique, la Société Saint-Jean-Baptiste de Montréal et l'Ordre de Jacques-Cartier », *Francophonies d'Amérique*, n° 17 (printemps 2004), p. 107-116.

17. Euclide Daigle, *Petite histoire d'une grande idée : Assomption, compagnie mutuelle d'assurance-vie, 1903-1978*, Moncton, Imprimerie acadienne, 1978.

professionnelle, met fin à ses activités[18]. Même *L'Évangéline*, journal « national » des Acadiens, s'entiche du renouveau et se rebaptise *Le progrès – L'Évangéline* pendant une brève période, à la fin de la décennie. En dix courtes années, l'essentiel de la structure institutionnelle de l'élite définitrice a disparu ou s'est transformé, faisant place à ce qui semble être une société nouvelle.

Les mots d'ordre « intégration » et « participation » sont aussi appliqués dans le domaine de l'économie. La plupart des Acadiens accueillent favorablement les initiatives liées au développement industriel introduites par le gouvernement Robichaud dans le but d'attirer des investissements dans les pâtes et papiers, les mines, l'hydroélectricité et l'industrie chimique[19]. On espère que ces efforts provoqueront une troisième vague d'industrialisation favorisant l'augmentation du revenu régional par habitant et son rapprochement de la moyenne canadienne. Les Acadiens sont aussi partisans des efforts conjoints consentis par les gouvernements fédéral et provincial en vue du développement régional[20]. Robichaud recrute des notables acadiens dits progressistes[21] comme agents chargés d'appliquer ces nouvelles politiques, propices – on l'espérait – à la prospérité des régions les plus rurales de la province.

---

18. Louis F. Cimino, *Ethnic Nationalism Among the Acadians of New Brunswick: An Analysis of Ethnic Political Development*, thèse de doctorat (anthropologie), Durham, Duke University, 1977, p. 120; Maurice Basque, *De Marc Lescarbot à l'AEFNB: histoire de la profession enseignante acadienne au Nouveau-Brunswick*, Edmundston, Éditions Marévie, 1994, p. 110-111.

19. Donald Savoie et Maurice Beaudin, *La lutte pour le développement: le cas du Nord-Est*, Sillery, Presses de l'Université du Québec; Moncton, Institut canadien de recherche sur le développement régional, 1988, p. 98-101.

20. Robert Young, « L'édification de l'État provincial et le développement régional au Nouveau-Brunswick », *Égalité*, n°s 13-14 (1984-1985), p. 125-152; Savoie et Beaudin, *La lutte pour le développement*; Greg Allain et Serge Côté, « Le développement régional, l'État et la participation de la population: la vie courte et mouvementée des conseils régionaux d'aménagement du Nouveau-Brunswick (1964-1980) », *Égalité*, n°s 13-14 (1984-1985), p. 187-215.

21. Par exemple, le très influent Martin Légère, directeur de la Fédération des Caisses populaires acadiennes, est nommé directeur du Conseil de développement économique pour le Nord-Est du Nouveau-Brunswick en 1960. Cinq ans plus tard, quand la structure prend le nom de Conseil régional d'aménagement du Nord-Est, il demeure à la tête de l'organisation (Wilbur, *The Rise of French New Brunswick*, p. 226).

Les investissements extérieurs et l'intervention de l'État ne sont toutefois pas considérés comme les seules voies menant au développement et à la prospérité. Car durant les années 1960, le discours libéral-capitaliste en faveur de la libre entreprise fait aussi une percée en Acadie du Nouveau-Brunswick. Or, depuis plus de trente ans, le coopératisme était, en réalité, devenu le « modèle acadien » de développement économique, pour le meilleur ou pour le pire. L'élite définitrice avait considéré cette doctrine, diffusée en Acadie surtout par le Mouvement Antigonish de Moses Coady au cours des années 1930 et 1940, comme une version adoucie des pratiques capitalistes, version plus communautaire et plus compatible avec le catholicisme. Durant les années 1960, l'idéal et le consensus coopératifs se trouvent marginalisés par le nouveau discours sur la culture entrepreneuriale, discours propagé par des professeurs de la jeune Faculté de commerce de l'Université de Moncton non seulement par leur enseignement, mais aussi au moyen d'un périodique qu'ils fondent : la *Revue économique*. Dans ses pages, les premiers professeurs de commerce et d'économie de l'Université diffusent une doctrine économique nouvelle :

> Rappelons-nous constamment le fait que même l'élément français de la province du Nouveau-Brunswick vit dans une économie Nord-Américaine [*sic*]. Celle-ci ne connaît que le dynamisme, l'optimisme et une foi inébranlable dans l'avenir. C'est une économie progressive, toujours désireuse de perfectionnement. Ce genre d'activité économique a tellement d'emprise, même dans les pays socialistes, qu'il serait inconcevable, sinon impossible, d'ériger dans le continent Nord-Américain [*sic*] une économie exclusive caressant ainsi les aspirations d'un groupe quelconque. Voilà pourquoi il est urgent, pour nous, de bâtir à l'intérieur de ces cadres établis. Notre développement économique s'avèrera plus facile et je ne crois pas que cela nuise à notre caractère national. [...] le progrès c'est la lutte contre la routine[22].

L'adhésion de plusieurs individus à une éthique capitaliste qui aurait semblé « étrangère », voire « protestante » quelques décennies plus tôt

22. Le professeur d'économie Aurèle Young, tel que cité par Jean Cadieux, un professeur de commerce, dans « L'Acadie économique », *Revue de l'Université de Moncton*, vol. 1, n° 2 (septembre 1968), p. 45-48. Young et Cadieux, deux proches collaborateurs de Clément Cormier, ont été parmi les premiers professeurs laïcs de l'Université Saint-Joseph.

doit être interprétée comme un autre signe que la participation à toutes les sphères de la société est devenue le principal idéal dans l'Acadie du Nouveau-Brunswick.

Le discours libéral insistant sur la « participation » et l'« intégration » qui avait été développé dans les années 1950 est progressivement devenu hégémonique. En conséquence, les expressions du nationalisme ont pratiquement disparu durant la première moitié des années 1960. L'élection de Robichaud au poste de premier ministre de la province est perçue par plusieurs comme la preuve irréfutable que les Acadiens peuvent désormais participer sans problème à la sphère publique, tirer leur épingle du jeu et même avoir une influence déterminante sur la politique provinciale, voire nationale.

La première moitié des années 1960 est donc relativement consensuelle au Nouveau-Brunswick francophone. Tant l'élite définitrice que le grand public adhèrent sans trop de réserve au projet Robichaud, vu comme un beau risque. En ce sens, au-delà des actions des étudiants, l'élite avait su préserver l'unité des Acadiens tout au long de la périlleuse transition idéologique de la tradition vers le réformisme libéral.

La bonne entente néo-brunswickoise à l'épreuve des conflits linguistiques canado-québécois (1963-1967) ?

Les questions linguistiques ont connu une période d'accalmie sous le gouvernement Robichaud. Mais ce répit était fragile, malgré la force des idéaux universalistes qui y étaient déployés. En effet, quelques facteurs ont contribué à maintenir la langue dans l'actualité pendant cette période, préfigurant les débats houleux qui allaient se déchaîner à la fin de la décennie.

Il y a d'abord les conflits linguistiques sur la scène nationale. Plusieurs auteurs, dont Jean-Paul Hautecoeur, se sont contentés d'attribuer au Québec l'apparition du néonationalisme acadien au tournant des années 1970. Les grandes lignes de cette idéologie auraient migré, en quelque sorte, depuis les sphères militantes, journalistiques et intellectuelles du Québec jusque dans les milieux équivalents en Acadie. S'il est vrai que les idées et les idéologies voyagent, elles doivent aussi être adoptées et intégrées par les acteurs locaux afin d'influencer la dynamique politique d'une population donnée. Qu'en est-il des idées néonationalistes québécoises ? Quel processus conduit une partie des Acadiens à s'en inspirer après 1967? Et surtout, pourquoi ces idées ont-elles pénétré la sphère acadienne seulement à partir de ce moment-là?

Rappelons d'abord que la culture politique québécoise des années 1960 est loin de se limiter au néonationalisme. À vrai dire, la nouvelle culture politique qui se développe au Québec ressemble beaucoup à celle qui prend son envol au Nouveau-Brunswick au même moment. Au début de la décennie, on sent bien le lien de cousinage entre le programme Chances égales pour tous des libéraux de Louis Robichaud et la Révolution tranquille des libéraux de Jean Lesage. Dans les deux cas, on décèle un engouement très fort pour les idéaux du progrès et de la modernisation ainsi qu'une foi dans la science et la raison[23]. C'est ce qui explique les ruées parallèles vers la technocratie et son savoir, qui serviront à améliorer le fonctionnement de la société et de l'économie, et ce, pour le bien de la population. Les nouveaux gestionnaires des deux provinces sont considérés comme les sauveurs du présent et les garants de l'avenir[24], si bien qu'on leur cède les leviers du pouvoir[25]. Dans les deux cas, l'espoir des francophones qui participent à cette «révolution par l'État», c'est d'améliorer le sort des gens et d'arriver à une gestion moderne, rationnelle et efficace de la société[26]. Ces similitudes

23. «La rationalité instrumentale, écrit Léon Dion, pénètre peu à peu tous les pores de la société depuis la Révolution tranquille, remet en question l'identité que les Canadiens français s'étaient donnée ou avaient reçue» (Léon Dion, *La révolution déroutée, 1960-1976*, Montréal, Éditions du Boréal, 1998, p. 275).

24. Ce paragraphe emprunte bien des idées développées par Jocelyn Létourneau dans «Le "Québec moderne": un chapitre du grand récit collectif des Québécois», *Revue française de science politique*, vol. 42, n° 5 (1992), p. 765-785. Voir aussi François Ricard, *La génération lyrique: essai sur la vie et l'œuvre des premiers-nés du baby-boom*, Montréal, Éditions du Boréal, 1994, p. 95-105; et Marc Renaud, «Québec's New Middle Class in Search of Social Hegemony: Causes and Political Consequences», dans Michael D. Behiels (dir.), *Quebec since 1945: Selected Readings*, Toronto, Copp Clark Pitman, 1987.

25. Certes, la culture politique décrite ici a des antécédents idéologiques dans le Québec des années 1950, 1940 et même plus tôt. Ces antécédents ont été bien analysés ailleurs et il n'est pas question ici de les nier: bien des individus et des institutions œuvrent depuis longtemps à la modernisation politique du Québec. La nouveauté des années 1960 réside dans la domination – voire l'hégémonie – des idéologies modernisatrices.

26. Joel Belliveau et Frédéric Boily, «Deux Révolutions tranquilles? Transformations politiques et sociales au Québec et au Nouveau-Brunswick (1960-1967)», *Recherches sociographiques*, vol. 46, n° 1 (janvier-avril 2005), p. 11-34.

provoquent un sentiment de proximité avec les « cousins » québécois chez plusieurs Acadiens – à commencer par l'élite définitrice[27].

Toutefois, dès la première moitié de la décennie, on commence à observer des différences, et celles-ci deviendront de plus en plus importantes. Bien que la volonté de moderniser soit aussi à la base de la Révolution tranquille au Québec, on constate que, dans cette province, la culture politique « modernisatrice » est adoptée au *nom* de la nation (et du rattrapage qu'elle doit effectuer). Le nationalisme sert à justifier le changement, et ce, dès le début. L'heure a beau être à la modernisation, des slogans tels que « Maîtres chez nous » et « le Québec aux Québécois » (et, plus tard, « Égalité ou indépendance ») ne laissent aucun doute sur le but véritable de cette révolution. La modernité – incarnée par l'État interventionniste social-démocrate – est conçue ici comme un instrument au service de la collectivité ethnolinguistique, majoritaire sur le territoire[28]. Un domaine dans lequel cette dynamique est particulièrement perceptible est celui de la gestion du développement économique, grâce à laquelle l'État lutte contre l'infériorité économique des Canadiens français. À l'extérieur du Parti libéral, le nationalisme est souvent encore plus manifeste. Des organisations réclamant l'indépendance du Québec – telles que le Rassemblement pour l'indépendance nationale (RIN) et le Ralliement national (RN) – sont de plus en plus visibles, et les sondages indiquent que leurs programmes sont soutenus par une portion importante de la population[29]. Au Québec, l'idéologie modernisatrice voit donc son volet « participatif » être rapidement éclipsé par son volet nationaliste[30]. Le néonationalisme et le réformisme de la Révolution tranquille seront vus comme consubstantiels.

27. Jean-Paul Hautecoeur, *L'Acadie du discours : pour une sociologie de la culture acadienne*, Québec Les Presses de l'Université Laval, 1975, p. 156.

28. Et cette idée générale est présente, sous des formes légèrement différentes, non seulement au Parti libéral au pouvoir, mais aussi dans des groupes tels que le RIN, Parti pris et même l'Union nationale.

29. Dès le 20 janvier 1962, le *Magazine Maclean* publie les résultats d'un sondage selon lequel « Un Québécois sur quatre (26,2 %) est en faveur de l'indépendance ».

30. Les éléments les plus participationnistes de la Révolution tranquille se sont alors tournés plus fermement que jamais vers le fédéral, convaincus qu'aucune forme de nationalisme ne pouvait être aussi libérale. Voir Kenneth McRoberts, *Un pays à refaire : l'échec des politiques constitutionnelles canadiennes*, Montréal, Éditions du Boréal, 1999, p. 57-64. La dichotomie participationnisme/nationalisme chez les réformateurs libéraux existe donc au Québec comme au Nouveau-Brunswick.

À la même époque, la situation extrêmement minoritaire des communautés francophones des autres provinces les a empêchées d'épouser l'idée du développement par l'État technocratique. Peu nombreuses, exerçant peu de contrôle sur les leviers de l'État et ayant peu d'espoir d'en acquérir, ces communautés restent méfiantes à l'égard des États provinciaux en croissance[31]. Or, comme nous l'avons vu, tel n'est pas le cas des Acadiens du Nouveau-Brunswick, minoritaires eux aussi, mais représentant le tiers de la population de la province (proportion qui, par ailleurs, est à la hausse jusqu'au début des années 1960). Pour des raisons qui ont sûrement quelque chose à voir avec sa croissance démographique continue et avec la densité du tissu organisationnel de ses élites, cette communauté se sent suffisamment forte, durant les années 1959-1967, pour épouser l'idée de l'État régulateur et interventionniste (comme au Québec, donc) sans craindre que celui-ci ne provoque son anéantissement et son assimilation, et ce, malgré l'impossibilité de le contrôler entièrement. Par contre, la situation géopolitique poussera tout de même les élites acadiennes du Nouveau-Brunswick à présenter et à justifier l'idéologie modernisatrice de façon sensiblement différente : elles choisissent d'escamoter la question nationale dans la présentation de leurs projets de réforme. N'ayant pas le loisir de faire comme leurs homologues québécois et de présenter la modernité et l'État comme des instruments au service de la communauté ethnolinguistique, elles justifient les réformes massives en invoquant le bien commun et l'égalité des citoyens. Chances égales pour tous, voilà le leitmotiv du nouvel État provincial.

Tout au long des années 1960, les discours néonationalistes en provenance du Québec ont un effet abrasif sur le discours acadien, centré sur la participation modernisatrice. Ils dérangent. Jean-Paul Hautecoeur a raison d'affirmer qu'ils contrarient l'élite définitrice au point où elle renonce au rapprochement qu'elle avait espéré entre l'Acadie et le Québec et se tourne davantage vers la capitale fédérale, Ottawa[32]. Quant aux étudiants, comme nous l'avons vu, ils demeurent peu intéressés par la question nationale jusqu'en 1968. Ils ne savent que faire de la mouvance indépendantiste naissante au Québec et ils préfèrent éviter la question tout en coopérant avec

31. Martel, *Le deuil d'un pays imaginé*, p. 107-170.

32. Hautecoeur, *L'Acadie du discours*, p. 156-161. L'héritage de cette alliance informelle avec Ottawa se fait encore sentir aujourd'hui.

les associations étudiantes anglophones. Malgré les affinités historiques qui unissent l'Acadie et le Québec, épine dorsale du nationalisme canadien-français traditionnel, les revendications du Québec pour une souveraineté accrue récoltent très peu d'appuis au Nouveau-Brunswick francophone durant la grande majorité des années 1960. Les deux Révolutions tranquilles sont bien jumelles, mais elles ne sont pas identiques.

Le déroulement des audiences de la commission Laurendeau-Dunton qui ont eu lieu à Moncton est un bel exemple de cette résistance qu'éprouve la communauté acadienne à formuler des revendications collectives nationales. En pleine période de « participation modernisatrice », la Commission royale d'enquête sur le bilinguisme et le biculturalisme, créée par le gouvernement fédéral afin de répondre aux pressions exercées par le Québec, incitera les Acadiens à réfléchir, presque malgré eux, aux questions linguistiques. Malgré cette posture réfractaire des Acadiens, la Commission provoque des débats linguistiques sur la scène locale. Ces débats sont toutefois amorcés non par des francophones mais par des anglophones. En effet, l'arrivée d'une commission fédérale chargée d'enquêter sur les questions linguistiques ne suscite pas l'enthousiasme des milieux politiques et journalistiques anglophones de Moncton. Nombreux sont ceux qui craignent que le processus ne prenne la forme d'un concert de griefs et de doléances qui pourrait menacer la bonne entente entre les deux groupes linguistiques de la ville[33]. Une fois la commission sur place, les premiers à prendre la parole ne sont pas des francophones exigeant de profondes réformes linguistiques, mais des groupes anglophones soucieux de sauvegarder le *statu quo*.

L'opinion recueillie le plus souvent par les commissaires est – de loin – celle d'intervenants anglophones qui soutiennent que les relations anglo-acadiennes ne posent guère de problème, « que tout va bien, qu'il n'y a pas de lutte » entre groupes linguistiques dans les Maritimes, que le seul problème est le séparatisme québécois et qu'« on doit plutôt parler de ce qui unit[34] ». Partant de cette lecture globale de la situation, plusieurs groupes

33. « Perspective must be kept », *Moncton Transcript*, 28 mars 1964.

34. André Laurendeau, *Journal tenu pendant la Commission royale d'enquête sur le bilinguisme et le biculturalisme*, Outremont, VLB éditeur ; Québec, Éditions du Septentrion, 1990, p. 62, 66 ; Sébastien Socqué, « L'Acadie de Jacques Ferron et André Laurendeau : Révolution tranquille et éveil acadien », *Études canadiennes/Canadian Studies*, vol. 58 (2005), p. 39-61.

plaident vigoureusement pour le maintien du *statu quo* en matière de politiques linguistiques. Parmi les premiers à faire valoir ce point de vue lors des audiences, on trouve – sans trop de surprise – la loge orangiste locale. Dans une présentation orale et un communiqué de presse, elle affirme que le bilinguisme portera préjudice à la province parce qu'il n'est pas « pratique ». L'anglais, fait-elle remarquer, représente « une force puissante dans les affaires mondiales », avant d'expliquer que l'Angleterre et les États-Unis sont bien positionnés pour profiter de cette réalité étant donné qu'ils n'utilisent qu'une seule langue officielle. Par ailleurs, selon l'organisme, l'argument selon lequel le bilinguisme développe l'unité ne serait pas fondé. Si les orangistes avaient été les seuls à prendre la parole, les représentants de la cause acadienne auraient pu en faire peu de cas et laisser entendre que c'était là l'opinion d'une minorité extrémiste. Mais les témoignages en faveur du *statu quo* ne s'arrêtent pas là. Avant que le débat ne soit terminé, des anglophones bien en vue se seront opposés au bilinguisme ainsi qu'à l'extension de l'éducation en français, et ce, de façon claire, parfois crue. Parmi ceux-ci, il y a le maire Leonard Jones et le pasteur de la plus grande paroisse de l'Église unie de Moncton, Frank Archibald.

Loin de jouer au pacificateur, le maire Jones soutient, devant la Commission, que la distinction entre les écoles « bilingues » (fréquentées à peu près uniquement par les francophones) et les autres écoles devrait être abolie « afin de permettre aux deux cultures de vivre ensemble pour mieux se connaître et partager leur héritage culturel[35] ». Archibald, quant à lui, fait écho à la fois aux propos des orangistes et à ceux du maire, quoiqu'il adopte un langage plus diplomatique :

> *I have* [...] *been amazed with the naturalness with which so many countries of the world accept a knowledge of the English language, as a part and parcel not only of advanced but even of ordinary education.* [...] *There are many of us who feel that what is called a non-sectarian school system, where children learn together and play together and even in times quarrel together would make a real contribution towards a true Canadian culture* [...][36].

35. « Integration in schools is advised by mayor », *The Times* (Moncton), 13 mai 1964, p. 5 ; « Fraternité et Fraternité », *L'Évangéline*, 19 février 1968, p. 4.

36. Lettre du révérend Frank Archibald, de la St. John's Church, aux Commissaires, 12 mai 1964, CEAAC, Fonds Clément Cormier, 177.2715.

Ces propos provoquent la colère des associations éducatives et « nationales » acadiennes, qui viennent à peine de célébrer la construction des premières écoles secondaires publiques de langue française et qui comptent sur le gouvernement Robichaud pour en bâtir d'autres. Toutefois, même si elle est offusquée, l'élite tergiverse. Bien qu'elle songe à répondre aux propos des intervenants anglophones, en refusant très clairement le modèle scolaire (et sociétal) homogène (et unilingue) proposé, elle veut éviter les débordements, c'est-à-dire tout conflit public avec la majorité, redoutant qu'une guerre linguistique nuise à la minorité ou fasse dérailler les progrès réalisés par le gouvernement Robichaud[37]. En fin de compte, il semble que les porte-parole habituels de la communauté aient opté pour la prudence. Confrontés aux tirades anglophones en faveur du *statu quo*, très peu d'Acadiens réclament des changements au régime linguistique existant. Seuls quelques jeunes osent démentir l'idée que « tout va bien » au Nouveau-Brunswick et dénoncer la « docilité du peuple acadien » devant le « quasi-servage » imposé par la majorité[38].

Le coprésident de la commission, André Laurendeau, remarque que « les Acadiens sont, en public, et *a fortiori* au contact d'un public anglophone, très peu loquaces et prolixes au sujet des difficultés quotidiennes qu'ils endurent[39] ». Certains viennent même en petits groupes lui confier leur peur, après les rencontres. Laurendeau arrive à la conclusion qu'il existe un « sournois bâillon » qui empêche les Acadiens de s'exprimer et d'agir librement[40]. Le silence relatif des Acadiens est attribuable, selon lui, non seulement aux traumatismes du passé, mais aussi au déséquilibre du pouvoir qui existe entre les groupes linguistiques des Maritimes[41].

La dynamique linguistique n'est donc pas immédiatement ébranlée par le passage de la commission Laurendeau-Dunton, et la vie continue comme d'habitude à Moncton. En 1965, les célébrations entourant le 75e anniversaire de l'incorporation de la ville témoignent du fait que les conventions régissant la place des langues dans l'espace public n'ont pas

37. « Commission BB – rencontres régionales – Moncton », « comité local de la commission », CEAAC, Fonds Clément Cormier, 177.2715.

38. Laurendeau cité dans Socqué, « L'Acadie de Jacques Ferron et André Laurendeau », p. 10-12.

39. *Ibid.*

40. *Ibid.*, p. 10.

41. *Ibid.*

changé. Les célébrations ont lieu uniquement en anglais, la réalité acadienne est à peine évoquée et le *Red Ensign* est préféré au nouvel unifolié. Confrontée à cette situation, la communauté acadienne, qui représente 34 % de la population de la ville, se contente d'être patiente et d'observer *L'Évangéline* émettre des protestations polies. Comme toujours, on se montre soucieux de ne pas provoquer de débats ouverts sur la question linguistique. Un an plus tard, Jacques Ferron, de passage à Moncton pour la Conference on Mental Retardation, remarque que « les Acadiens sont doux et tenaces ; ils ne revendiquent rien, ils attendent ; l'infériorité leur semble encore naturelle et de la sorte ne les afflige pas trop ; ils restent enjoués et polis[42] ».

Quel qu'en soit le prix, la paix sociale a bel et bien été préservée, si bien que lors de sa visite à Moncton, en 1966, le gouverneur général Georges Vanier loue « l'harmonie entre les groupes linguistiques » et affirme que la ville est un « modèle pour le reste du pays[43] ». Cette réflexion n'est pas une invention du chef d'État. Elle est empruntée au discours politique local. En effet, malgré les effets abrasifs du néonationalisme québécois, il s'est constitué tout un discours, dans le Nouveau-Brunswick libéral des années 1960, autour de la bonne entente. Selon ce discours, les relations interlinguistiques dans la province sont des plus harmonieuses et cette situation serait quasi naturelle pour les Néo-Brunswickois. La raison de son succès est simple : le discours arrange tout le monde. Les forces fédéralistes canadiennes voient dans la cohabitation des deux communautés néo-brunswickoises un éloquent contre-exemple aux thèses indépendantistes québécoises ; les politiciens anglophones y trouvent un bon rempart contre la nécessité de faire des changements brusques au régime linguistique provincial ; et l'élite acadienne participationniste s'en sert comme outil pour convaincre la majorité anglophone que sa participation au pouvoir ne menace pas l'ordre social. Bref, le discours de la bonne entente fait partie à la fois du discours politique dominant au Nouveau-Brunswick et de l'idéologie de la participation. En voici un exemple livré par le recteur Adélard Savoie lors de la collation des grades en octobre 1967 :

---

42. Jacques Ferron, *Le contentieux de l'Acadie*, Montréal, VLB éditeur, 1991, p. 127. Ce passage a d'abord paru dans « L'Acadie de Jacques Ferron », *Magazine Maclean*, vol. 12, n° 7 (juillet 1972) et n° 8 (août 1972).

43. Hector Cormier, *La scission du district scolaire N° 15 : l'histoire d'une lutte, mais surtout d'une victoire*, Moncton, Éditions du Sorbier, 2000, p. 18.

> *The two founding races living together in this province* [...] *have developed a way* [...] *of attempting to settle those problems around a discussion table. The method is not yet perfect, but we think we are gradually improving it. If we can fully succeed in New Brunswick,* [...] *we may set an example for the rest of Canada*[44].

Jusqu'en 1968, il se trouve bien peu d'Acadiens pour contredire de telles idées malgré le contraste entre le discours et la situation sur le terrain. Seuls quelques autonomistes «traditionnels» – dits extrémistes – et quelques jeunes professeurs partisans de la création d'un «néonationalisme» offrent un son de cloche différent, mais faible.

Des frictions émanant de la sphère de l'éducation, 1959-1967

Il serait tout de même faux de prétendre qu'il n'y eut aucun conflit linguistique au Nouveau-Brunswick au cours des années 1959-1967. Cela est surtout vrai en matière d'éducation, où la volonté de l'élite d'intégrer l'ordre provincial a été mise à l'épreuve de façon répétée[45].

L'ambiguité de la situation du français dans le système scolaire néo-brunswickois, particulièrement au niveau secondaire, a suscité la grogne de parents francophones de Moncton à deux reprises, en 1959[46] et en 1961[47], récriminations qui ont été calmées par des concessions à la pièce de la part des autorités[48]. La lenteur du gouvernement Robichaud à

44. Adélard Savoie, «Mission de l'Université», *Revue de l'Université de Moncton*, vol. 1, n° 1 (mai 1968), p. 10. Cette partie du discours était bel et bien prononcée en anglais.
45. L'éducation a toujours été d'un intérêt particulier en Acadie. Étrangement, toutefois, peu d'études documentent les problèmes qu'a posés la gestion de cette sphère au gouvernement Robichaud au cours des années 1960. Voir Stéphane Lang, *Les enseignants acadiens et la Révolution tranquille au Nouveau-Brunswick, 1960-1970: vers de nouveaux rapports avec les enseignants anglophones et l'État*, thèse de maîtrise (éducation), Ottawa, Université d'Ottawa, 1996; aussi Basque, *De Marc Lescarbot à l'AEFNB.*
46. *The Times* (Moncton), 29 octobre 1959, p. 5; *L'Évangéline*, 29 octobre 1959; «Question d'un high school français à Moncton» (1959-65), CEAAC, Fonds Clément Cormier, 177.2531.
47. Jean Hubert, «Injustice au Nouveau-Brunswick», *Vérité*, juin 1963, repris dans *L'Insecte*, décembre 1968, p. 3; Calixte Savoie, *Mémoires d'un nationaliste acadien*, Moncton, Éditions d'Acadie, 1979, p. 330-345.
48. Alexandre Savoie, «Situation scolaire au Nouveau-Brunswick: histoire des luttes et des victoires scolaires depuis 1867», discours donné devant la Société

procéder à la construction d'une école normale de langue française – promise en 1960 mais entamée seulement en 1967 – a elle aussi suscité bien des remous[49]. Réclamée par l'élite définitrice depuis les années 1930, la création de cette institution demeure la priorité pendant les années 1960, puisqu'on la considère comme un complément naturel à la nouvelle Université de Moncton.

Jusqu'en 1967, ces frustrations sont toutefois généralement exprimées dans un langage tout entier pétri de pragmatisme. Par ailleurs, les personnes qui se montrent prêtes à utiliser ces griefs pour entacher la réputation du gouvernement Robichaud sont promptement mises au ban de la société civile acadienne[50]. Conséquemment, ces épisodes ne mettent pas en cause l'ordre libéral existant.

Toutefois, un débat plus virulent portant sur l'organisation des commissions scolaires éclate au tout début de l'année 1967 et vient briser l'unanimisme politique de la communauté pour la première fois. Ironiquement, c'est l'un des volets du programme de réformes administratives et fiscales du gouvernement Robichaud – ces réformes conçues pour être globalement favorables aux Acadiens tout en n'étant pas basées sur l'ethnicité – qui met le feu aux poudres. Le programme Chances égales pour tous incluait, entre autres choses, une refonte complète de la loi sur l'éducation. La nouvelle loi, promulguée le premier jour de l'année 1967, abolit les taxes scolaires de comté et rend l'État provincial financièrement responsable de l'éducation sur l'ensemble du territoire. Simultanément, elle réduit le nombre de districts scolaires de 422 à 33[51]. Le but est de garantir des services scolaires de qualité comparable

---

Saint-Jean-Baptiste de Québec (dactylographié), 1964, p. 8 (sur 11), CEAAC, Fonds Clément Cormier, 177.2271.

49. Cormier, *L'Université de Moncton*, p. 124-126 ; APUM, *Mémoire présenté à la Commission (BB)*, 1965 (republié dans le vol. 2, n° 1 de la *Revue de l'Université de Moncton* en janvier 1969).

50. L'épisode le plus dramatique de ce genre concerne Calixte Savoie (le père de Roger Savoie), qui fut évincé de la Société fraternelle l'Assomption, où il occupait un poste de cadre, et muselé par *L'Évangéline* à cause de ses points de vue sur la politique linguistique au Nouveau-Brunswick. Voir Hautecoeur, *L'Acadie du discours*, p. 165, et Jean Hubert, « Injustice au Nouveau-Brunswick », *Vérité*, juin 1963.

51. Cormier, *La scission du district scolaire N° 15*, p. 11-18. Il est intéressant de noter que la New Brunswick Teachers' Association (NBTA) s'est opposée à ces

dans toutes les régions et, comme d'habitude, le gouvernement présente sa réforme comme un effort de rationalisation favorisant l'efficacité, le « progrès » et la justice sociale pour tous, si bien que le thème de la langue sera largement ignoré au moment de l'adoption de cette réforme.

Mais des problèmes linguistiques surviennent peu de temps après l'adoption de la réforme. Les nouveaux districts étant considérablement plus grands que les anciens, plusieurs d'entre eux sont linguistiquement mixtes – c'est-à-dire qu'ils englobent des communautés francophones et anglophones –, ce qui représente une nouveauté. À cet effet, le rapport Byrne, qui avait inspiré la réforme Chances égales pour tous, se contente de préciser que ces districts devront « convenablement » prendre en considération les besoins de la minorité.

La gestion partagée de l'éducation suscite des frictions sur la scène locale. Les premières étincelles volent dès février, à Moncton, alors que le nouveau district local – le numéro 15 – embauche son troisième et dernier cadre. Comme les deux autres, il s'agit d'un anglophone unilingue. Malgré le fait que la population scolaire du district soit francophone dans une proportion de 34,5 %, les Acadiens réagissent d'abord faiblement. Toutefois, sous l'impulsion de Bernard Poirier, éditorialiste à *L'Évangéline* et membre plutôt conservateur de l'élite définitrice, un mouvement d'opposition se forme autour de quelques jeunes enseignants de la nouvelle école secondaire Vanier et des associations Foyer-école[52]. Le premier réflexe est de réclamer une représentation proportionnelle des Acadiens au sein de l'appareil administratif du district. Puis, certains demandent que le district ait à sa tête non pas un, mais deux surintendants, un francophone et un anglophone. Ces demandes initiales sont entièrement compatibles avec l'idéologie de la participation, puisqu'elles sont basées sur la représentation équitable de chaque groupe linguistique dans les institutions publiques partagées.

Bientôt, une autre revendication est mise en avant : on demande la scission du district en deux entités unilingues distinctes desservant le même territoire. L'association Foyer-école Beauséjour attire 250 personnes à un ralliement en faveur de cette cause. Cette dernière sera d'ailleurs

réformes même si tous les enseignants et enseignantes allaient être « payés selon l'échelle de salaire la plus élevée de la province, celle de la ville de Saint-Jean ».

52. Associations regroupant les parents des élèves sur une base régionale.

pleinement endossée par l'Association des instituteurs acadiens, une organisation professionnelle en pleine ascension, regroupant les enseignants de langue française de la province[53]. Le chat est sorti du sac, et moins de quinze jours après le ralliement de la Beauséjour School, l'Association des professeurs de l'Université de Moncton (APUM) pousse la demande encore plus loin. Sur les conseils d'un comité spécial de quatre personnes comprenant, entre autres, Camille-Antoine Richard, l'Association réclame que la « dualité administrative » soit instaurée non seulement à l'échelle du district, mais aussi dans l'ensemble du ministère de l'Éducation. Ce dernier serait scindé en deux unités linguistiques, et ce, jusqu'au sommet, dirigé par deux sous-ministres. Sur sa lancée, l'APUM réclame aussi la reconnaissance officielle de la « dualité culturelle » de la province et réitère sa demande de 1965 concernant le bilinguisme officiel. L'esprit et la terminologie de la commission Laurendeau-Dunton sont ainsi mis à profit dans ce conflit provincial. Ces revendications provoquent immédiatement des affrontements, en partie parce qu'elles sont sans précédent dans l'espace public néo-brunswickois, mais surtout parce qu'on estime, dans plusieurs quartiers, que le dédoublement d'une partie de la fonction publique sur des bases linguistiques est intrinsèquement incompatible avec l'idéal de la participation professé par Robichaud et l'élite définitrice depuis le début de la décennie.

Devant ces revendications d'un type nouveau, les administrateurs scolaires, les éditorialistes anglophones et les pasteurs protestants crient au séparatisme et insistent sur le fait que tous les membres de la communauté locale doivent travailler ensemble, comparant la création de structures scolaires linguistiquement distinctes à l'idée d'élire deux maires pour une seule ville. Comme aux audiences de la commission Laurendeau-Dunton, on met l'accent sur le besoin de rapprocher les citoyens des deux langues. Dans un premier temps, le gouvernement se tient loin de la controverse, invoquant l'autonomie des districts. Puis Robichaud, en pleine campagne électorale pour sa réélection, va même soutenir que « la demande des citoyens français [*sic*] de Moncton » est « une menace de ségrégation alors qu'il aurait voulu l'intégration des deux groupes ethniques[54] ». Ainsi s'amorce la défense du credo de la participation.

---

53. Cormier, *La scission du district scolaire N° 15*, p. 38-40.
54. *Ibid.*, p. 70.

Durant les mois suivants, une série de tergiversations, de propos maladroits, de décisions et de renversements propage le contentieux à d'autres régions et incite d'autres groupes francophones, y compris les élèves de l'école secondaire Vanier et l'AEUM, à réclamer à leur tour la scission du district. Il faudra attendre jusqu'au mois de novembre pour qu'une solution de compromis calme le jeu : le district ne sera pas scindé, mais il aura bien deux surintendants – issus de chaque groupe linguistique –, qui seront placés sous l'autorité d'un « directeur des services éducationnels et administratifs » commun. La proposition dégonfle le mouvement de protestation et le calme revient. L'épisode aura duré neuf mois. C'est le premier conflit linguistique public au Nouveau-Brunswick depuis la Grande Dépression. À la fin, l'idéal de la participation sort gagnant, mais écorché.

Il faut reconnaître que l'origine *idéelle* du néonationalisme acadien se trouve ici, dans cette dispute sur la gestion des districts scolaires. Ce débat permet de diffuser pour la première fois, auprès des Acadiens, l'idée selon laquelle la province serait « naturellement » *bi*culturelle – tout comme le pays. Cependant, aucun mouvement social structuré n'a encore été organisé de façon durable pour faire valoir et défendre le principe de la dualité linguistique, même si, à l'issue de ce débat, plusieurs intervenants du milieu de l'éducation considèrent que toutes les questions linguistiques ne sont pas résolues de façon satisfaisante.

Qu'en est-il des étudiants ? Ce groupe social en voie d'autonomisation, qui ne craint pas de braver les foudres de l'élite ou du gouvernement provincial, s'entiche-t-il rapidement de la cause nationale ? S'approprie-t-il immédiatement les idées néonationalistes émanant de la Belle Province ? Dénonce-t-il les lacunes linguistiques du programme éducatif du gouvernement Robichaud ? Nous verrons, dans la prochaine section, qu'il n'en est rien. Jusqu'à l'aurore de 1967, les étudiants continuent à avoir pour idéal la gestion commune d'organisations publiques par des individus issus des deux groupes linguistiques de la province.

« À bas la Patente » : iconoclasme et lutte pour le pluralisme idéologique en Acadie

La complicité et l'encouragement de professeurs iconoclastes

Entre 1964 et 1966, les étudiants de l'Université de Moncton se sont placés dans une position bien précaire. En attaquant de front les prétendus représentants de la nation acadienne et en se dissociant des étudiants acadiens des autres campus, ils se sont coupés de tous leurs alliés francophones des Maritimes. Toutefois, ils n'ont pas manqué de s'en faire d'autres en cours de route, soit quelques jeunes professeurs aux idées iconoclastes.

Bien que de nombreux professeurs aient inspiré des idées nouvelles aux étudiants acadiens, on s'attardera ici à ceux qui ont participé à l'organisation du Ralliement de la jeunesse acadienne : Camille-Antoine Richard et Roger Savoie, qui font partie de la première cohorte de professeurs embauchée dans les facultés récemment ouvertes du campus de Moncton. Ils appartiennent à une génération de transition ; ils sont plus jeunes que les réformateurs frustrés, qui ont créé l'Université, mais plus âgés que les premiers étudiants du campus de Moncton. Ils ont fait des études ailleurs, dans des établissements déjà en voie de devenir des universités modernes, et ils ont l'envie marquée de rompre avec la tradition, de développer de nouveaux discours, plus critiques, sur l'Acadie.

Roger Savoie

L'année 1965 est marquée par l'arrivée d'un jeune prêtre, docteur en philosophie au langage franc, Roger Savoie. Il possède une connaissance directe des milieux associatifs acadiens, puisqu'il est le fils du sénateur Calixte Savoie, un membre éminent de l'élite définitrice. Savoie père est en brouille avec la faction « participationniste », dominante depuis le début des années 1960[55].

55. Savoie père, ancien « gérant général » de la Société fraternelle l'Assomption, a été évincé de la direction de la Société par d'ambitieux jeunes collègues réformateurs, et ce, de façon peu transparente. On peut supposer que cette situation a contribué à forger les opinions défavorables du fils à l'égard des institutions élitaires acadiennes (Savoie, *Mémoires d'un nationaliste acadien*, p. 330-345).

Ayant étudié en Europe, Roger Savoie a pendant un certain temps été considéré comme l'étoile montante du clergé acadien. Sa participation à titre de délégué au concile Vatican II lui a d'ailleurs conféré une renommée certaine. Toutefois, assez rapidement après son retour, ses relations avec la hiérarchie religieuse ainsi qu'avec une partie de l'élite nationaliste laïque se détériorent, cette dernière trouvant ses positions trop réformistes, notamment celles sur la liberté religieuse. En peu de temps, il est mis au ban de l'élite[56].

Cette mise à l'écart n'empêche pas Savoie de diffuser ses idées auprès des jeunes. En 1965, par exemple, il donne, à l'invitation du conseil étudiant de la première école secondaire publique de langue française de Moncton, l'école Vanier, une conférence sur la liberté religieuse, et ce, malgré les protestations de parents, de notables et de l'aumônier de l'école. Voici ce que l'un des élèves en dira quelques années plus tard, en 1968 :

> Lorsque Roger Savoie est arrivé, ça a fait un gros boom. On l'a traité d'athée, de communiste et tout ça. [...] Roger Savoie est allé au concile, pis il est arrivé ici. Il vient nous dire : « bon, vous êtes permis de douter, vous êtes permis de penser, vous êtes permis d'avoir des idées à vous mêmes ». Alors [...] pour moi [...] et pour d'autres jeunes que je connais à l'université, ça été tout un événement parce qu'on s'est mis à penser. [...] Ça a été le début d'une remise en question de presque tout [...]. Ça a été une réaction assez forte de la part des étudiants. Automatiquement, les étudiants se sont mis à dire qu'ils trouvaient ça plate la religion, la messe, tout ça. [...] ça a eu énormément de répercussions. [... Jusque-là] la religion [...] c'était simplement qu'il fallait aller à la messe le dimanche. Il fallait pas se poser de questions. Fallait pas douter, point. Si on sortait de ce champ-là, j'sais pas, on était considéré comme athée, communiste, possédé, tout c'que tu veux[57].

Savoie, très influencé par le personnalisme, donne aux jeunes la permission de douter de toute vérité absolue en « substituant une éthique de la liberté [...] et de la responsabilité individuelles à la morale traditionnelle [...] autoritaire » venue d'un « catholicisme austère[58] ». Or cela

56. Hautecoeur, *L'Acadie du discours*, p. 197-198.

57. AUL, Fonds Pierre Perrault, P319/D/8,5, dossier 2, sections 127-128 (verbatim d'enregistrement audiovisuel, Bernard Gauvin, été 1968).

58. Hautecoeur, *L'Acadie du discours*, p. 235. Le personnalisme, on le sait, a joué un rôle analogue dans la Révolution tranquille québécoise (voir E.-Martin Meunier

constitue une brèche importante dans le récit national traditionnel, en vertu duquel l'avenir de la nation repose sur la foi dans la protection de Marie et dans la Providence.

Camille-Antoine Richard

Au même moment, un autre professeur contribue aussi à affaiblir le discours national traditionnel : Camille-Antoine Richard. Natif de Moncton, il a grandi au pied de ce qui deviendra le campus de l'Université de Moncton. Fasciné par les relations entre francophones et anglophones dans la ville, ainsi que par les liens familiaux entretenus par les Acadiens des campagnes avec ceux de la ville, il décide de faire sa maîtrise à l'Université Laval. Son mémoire, intitulé *L'idéologie de la première convention nationale acadienne*[59], peut être considéré comme la première étude portant sur le moment fondateur du nationalisme acadien dans une perspective autre que la célébration ou la simple narration chronologique.

En 1962, lors d'un colloque organisé par *Recherches sociographiques* à l'Université Laval, Richard rencontre le recteur de l'Université Saint-Joseph, Clément Cormier, par l'entremise de son professeur l'anthropologue Marc-Adélard Tremblay (alors reconnu comme la sommité canadienne-française en études acadiennes). Lors d'un bref discours, Cormier se réjouit de la naissance d'une sociologie appliquée à l'Acadie, en faisant explicitement référence aux travaux de Richard. Puis il exprime un vœu : « J'espère qu'un jour, la modeste institution où je travaille sera en mesure d'apporter sa collaboration [à l'étude scientifique de la société acadienne][60]. » Deux ans plus tard, à l'été 1964, Cormier réalise son vœu en embauchant Richard comme premier professeur de sociologie à l'Université de Moncton et en lui donnant le mandat de concevoir

---

et Jean-Philippe Warren, *Sortir de la « Grande Noirceur » : l'horizon « personnaliste » de la Révolution tranquille*, Québec, Éditions du Septentrion, 2002 ; E.-Martin Meunier, *Le pari personnaliste : modernité et catholicisme au XXe siècle*, Montréal, Éditions Fides, 2007 ; Michael Gauvreau, *The Catholic Origins of Quebec's Quiet Revolution, 1931-1970*, Montréal, McGill-Queen's University Press, 2005).

59. Camille-Antoine Richard, *L'idéologie de la première convention nationale acadienne*, thèse de maîtrise (sociologie), Québec, Université Laval, 1960.

60. Notes manuscrites, CEAAC, Fonds Clément Cormier, 177.2699.

un programme spécialisé dans cette discipline[61]. Il ouvre ainsi la voie à l'insertion des sciences sociales dans l'institution d'enseignement en croissance… et au cœur de l'Acadie.

Richard arrive à Moncton juste après les premiers démêlés entre les étudiants et les organisations nationalistes, et il assiste aux premières mobilisations étudiantes. Il se sent interpellé par les débats sociaux acadiens. Comme moyen de communication, il ne choisit ni *L'Évangéline*, ni *Liaisons*, ni les revues scientifiques du Québec, mais le nouveau périodique du campus de Moncton : la *Revue économique*[62]. Cette publication constitue en quelque sorte une brèche dans le réseau institutionnel des milieux nationalistes. Contrairement à *L'Évangéline*, cette revue n'est pas contrôlée par le « noyau dur » nationaliste, mais par quelques professeurs, dont Aurèle Young et Jean Cadieux, des « professionnels » laïcs et des proches collaborateurs du père Cormier depuis les années 1950. Bien que ces derniers fréquentent souvent les mêmes milieux que les dignitaires nationalistes bien en vue, ils sont avant tout épris de progrès et de modernisation. Tout au long des années 1960 et au-delà, leur revue, essentiellement libérale et consacrée au développement économique ainsi qu'au déploiement d'une culture entrepreneuriale en Acadie, fera aussi une place aux idées contestataires de professeurs de gauche. On peut dire que cette revue est un bon exemple de l'effet d'entraînement que provoque toute diversification sociale et idéologique. En effet, ici, c'est l'apparition d'une nouvelle sphère libérale-capitaliste au sein de la collectivité acadienne qui procure un lieu d'expression à un discours autre, celui de la sociologie acadienne.

Le premier article de Richard, publié dès son arrivée, est un appel en faveur du développement des sciences sociales en Acadie. Opposées à la tradition comme moyen de connaissance, ces disciplines sont présentées comme des outils grâce auxquels cette société minoritaire pourra relever les défis de la modernité[63]. Puis, dans son deuxième article, paru l'année suivante, le jeune sociologue hausse le ton et présente une critique plus pointue, en affirmant que les institutions « nationales » et leur idéologie ne sont pas à même d'encadrer un groupe ethnoculturel à l'époque contemporaine :

61. Cormier, *L'Université de Moncton*, p. 174-178.

62. La publication deviendra la *Revue de l'Université de Moncton* en 1968.

63. Camille A. Richard, « Connaissons mieux notre milieu : un plaidoyer en faveur de la recherche en sciences sociales », *Revue économique*, n° 2 (septembre 1964) p. 15-17.

> On doit sérieusement se poser la question à savoir si, dans le contexte actuel, la nation acadienne [...] est suffisamment outillée idéologiquement, en leaders et en armature socio-économique, politique, et culturelle pour supporter sainement le poids de ces [...] changements sociaux. [...] Le leadership national semble avoir une grande difficulté à se renouveler. Le nombre de personnes qui s'intéressent réellement à la question nationale et qui assument des responsabilités semble réduit à une bien petite minorité. [...] Pire encore, ce leadership souffre de façon inquiétante d'un manque de communion avec la masse. [...] Cette difficulté de communications constitue un indice remarquable d'un décalage profond entre l'idéologie ou la pensée des chefs nationaux et le vécu quotidien [...] des Acadiens. [...] En somme, certains indices semblent indiquer que l'idéologie ne réponde plus, comme ce fut peut-être le cas dans les années passées, aux aspirations, aux besoins et aux genres de vie d'une population de plus en plus urbanisée. [...]
>
> Il faut ajouter que plusieurs individus, des familles entières [...] ont déjà choisi, ou sont en voie de choisir [... l'acculturation...], ils abandonnent bon gré mal gré le français. [...] On a toujours recours aux éléments traditionnels pour définir les besoins de la société globale. Voilà peut-être pourquoi un fossé de plus en plus large se creuse inévitablement entre les leaders nationalistes et les nouveaux groupes occupationnels qui constituent la masse des gens[64].

Le constat est sombre: l'Acadie, selon Richard, est en pleine « crise de croissance nationale[65] ». Cela deviendra un thème récurrent chez lui, confirmant ainsi un diagnostic posé dix ans plus tôt par son maître, l'anthropologue Marc-Adélard Tremblay, qui avait fait des recherches extensives sur des communautés acadiennes rurales de la Nouvelle-Écosse[66]. À

64. Camille A. Richard, « Société acadienne et transformations sociales: esquisse sociologique d'une analyse intuitive de la vitalité du nationalisme acadien », *Revue économique*, n° 1 (1965), p. 4-8.

65. « La jeunesse acadienne en quête de réponses », *L'Évangéline*, 2 avril 1966, p. 3. Intervention de Camille Richard à une table ronde du Ralliement de la jeunesse acadienne.

66. Marc-Adélard Tremblay, *The Acadians of Portsmouth: A Study in Cultural Change*, thèse de doctorat (anthropologie), Ithica, Cornell University, 1954.Voir aussi « Niveaux et dynamismes d'acculturation des Acadiens de Portsmouth », *Anthropologica*, vol. 3, n° 2 (1961), p. 202-251 (aussi diffusée sous forme de brochure) ; « L'état des recherches sur la culture acadienne », dans Fernand Dumont et Yves Martin (dir.), *Situation de la recherche sur le Canada français*, Québec, Les

l'exemple de Tremblay, Richard voit une société en mal d'adaptation, en déclin.

Cependant, Richard attribue directement la responsabilité de cette déchéance à l'élite définitrice acadienne, alors que Tremblay voyait essentiellement une petite culture se faire envahir par l'économie et les médias de masse. En effet, Richard fustige vigoureusement la SNA et ses amis. La compétence du réseau institutionnel est sévèrement mise en cause. Voilà l'essentiel du message du premier sociologue acadien. Sa lecture offre une réponse cinglante au discours triomphaliste – version 1960 – des chantres de la nation, qui considèrent les changements sociopolitiques de l'époque comme une nouvelle phase de la Renaissance perpétuelle de l'Acadie[67]. Si cette dernière est encore en d'aussi bonnes mains, pourquoi la grande majorité des gens lui sont-ils indifférents ? Si sa Renaissance est vraiment un seul long phénomène et que l'élite actuelle en est l'héritière directe, comment se fait-il que la SNA ait connu un « long silence [...] entre 1937 et 1957, au moment même où l'Acadien subissait les changements de l'urbanisation[68] ? » Bref, la société acadienne ne serait pas aussi bien encadrée et outillée que les membres de l'élite définitrice le laissent entendre, tels le journaliste et essayiste Emery LeBlanc[69] ou même Clément Cormier. Elle

Presses de l'Université Laval, 1962, p. 145-167 ; « La société acadienne en devenir : l'impact de la technique sur la structure sociale globale », *Anthropologica*, vol. 8, n° 2 (1966), p. 329-350 (aussi paru dans *Communautés et culture : éléments pour une ethnologie du Canada français*, Montréal, Les Éditions HRW, 1973, p. 95-111) ; *Famille et parenté en Acadie : évolution des structures et des relations familiales et parentales à l'Anse-des-Lavallée*, Ottawa, Musées nationaux du Canada, 1971.

67. Voir la discussion sur la génération des réformateurs frustrés en Acadie dans la section du chapitre premier intitulée « Les Trente Glorieuses et le "beau risque" des réformateurs ».

68. « La jeunesse acadienne en quête de réponses », *L'Évangéline*, 2 avril 1966, p. 3. Intervention de Camille Richard à une table ronde au Ralliement de la jeunesse acadienne.

69. LeBlanc est un « professionnel » bien en vue dans la société acadienne au début des années 1960. Rédacteur en chef du quotidien *L'Évangéline*, il occupait une place de choix tant dans la sphère journalistique provinciale que dans le monde associatif. Son livre de 126 pages, intitulé simplement *Les Acadiens*, est la seule synthèse sur le sujet parue dans les années 1960 qui tente de relier le passé et le présent en un tout cohérent (Emery LeBlanc, *Les Acadiens*, Montréal, Éditions de l'Homme, 1963).

souffrirait, au contraire, de problèmes structurels, culturels et idéologiques importants. Non seulement « l'armature institutionnelle » du groupe est-elle défaillante, mais son idéologie, héritée des conventions du XIXe siècle, n'a pas su s'adapter et évoluer, au point où elle ne correspond absolument plus à la réalité. Quant au projet qui pourrait remplacer la structure croulante des institutions élitaires, le sociologue ne se prononce pas. Il laisse seulement entendre que des solutions inédites devront être imaginées.

Si les écrits de Richard révèlent sa parenté intellectuelle avec Tremblay, ils partagent encore plus d'affinités avec le discours étudiant émergent. Rappelons que les articles publiés lors de la confrontation entre la SNA et l'AEUM, l'année précédente, s'inscrivaient eux aussi en porte-à-faux avec le discours des institutions nationalistes, et ce, en utilisant des arguments très similaires[70]. Eux aussi déploraient le manque de leadership de l'élite et l'inadaptation de son idéologie aux temps présents. Richard, visiblement, a été frappé par leurs critiques et leurs préoccupations, qui lui ont semblé pertinentes.

Plusieurs étudiants – et particulièrement les chefs de file et les militants – ne sont pas insensibles à cet usage de la sociologie et de la théologie libérale de Vatican II, qui légitiment de nouvelles représentations de la réalité. Durant les années 1960, ils en viennent à voir la génération des jeunes professeurs comme la source des lumières de la raison immanente, venue chasser les ténèbres de l'Acadie. Conséquemment, l'appui intellectuel, symbolique et logistique des professeurs Savoie et Richard a une influence déterminante sur le premier mouvement étudiant de Moncton.

La religion et la question nationale

Tel que l'a souhaité Roger Savoie, le thème de la religion revient régulièrement au cours du Ralliement de la jeunesse acadienne. Le catholicisme n'est pas attaqué de front, sa valeur spirituelle n'est ni niée ni affirmée. Toutefois, les liens entre l'identité collective et la religion sont sévèrement réprouvés.

C'est dans cet esprit que les délégués étudiants proclament, par voie de résolution, que « la foi et le nationalisme ne sont pas liés l'un à l'autre

70. Notamment « Une journée bien perdue: l'assemblée de la S.N.A. » et « Acadie 1964 : une impasse », *Liaisons*, février et avril 1964.

[et qu']il est préférable de [les] dissocier[71] ». Ils proposent aussi quelques moyens concrets pour réaliser cette séparation : que les cours de sciences religieuses « soient désormais facultatifs dans nos collèges et nos universités » et que ces cours incorporent « l'étude des problèmes de foi dans le monde contemporain ». Finalement, ils expriment « un malaise devant le présent système d'enseignement religieux » dans les écoles[72].

Ce changement de rapport à la religion aura des effets profonds au cours des années suivantes. L'ordre « traditionnel » – soit le réseau institutionnel de l'élite – se trouve singulièrement affaibli par la laïcisation proposée par les jeunes du Ralliement. La conversation suivante atteste cette réalité :

> (Jean Cormier) : [...] quand les Acadiens vont contre l'église, ils vont contre le pouvoir qu'ont des types comme Martin Légère, Gilbert Finn [...]. Parce que ces personnes-là fondent leur pouvoir en grande partie sur la religion. Ça paraît ridicule.
>
> (Bernard Gauvin) : C'est une forme d'autorité. Une forme de pyramide. Il y a Dieu en haut. Et Dieu qui délègue son autorité à j'sais pas trop qui. [...] Pis c'est toute une espèce de hiérarchie. Puis le peuple se trouve là-bas en bas avec rien à dire.
>
> [...]
>
> (Michel Blanchard) : *L'Évangéline*, pour quêter, s'ils avaient pas eu les curés, jamais ils n'auraient pu survivre[73].

Comme le fait remarquer Pierre Perrault dans ses notes qui accompagnent cet extrait de la retranscription de ses enregistrements, en isolant la religion du discours national, les étudiants fragilisent « la seule organisation cohérente du monde acadien » et ébranlent des certitudes profondes héritées du « moment traditionnel ». L'élite, depuis la Renaissance acadienne, s'est toujours présentée comme étant « providentielle », c'est-à-dire choisie par Dieu pour mener le peuple vers des lendemains chantants. L'idée de la Providence est ainsi devenue la justification même du pouvoir de l'élite définitrice et de son droit de parler au nom de la

71. Bernard Poirier, « La jeunesse acadienne réclame de nouveaux symboles d'identité acadienne », *L'Évangéline*, 4 avril 1966, p. 1.

72. Bernard Poirier, « Liberté des cours de religion recommandée », *L'Évangéline*, 4 avril 1966, p. 1.

73. AUL, Fonds Pierre Perrault, P319/D/8,5, dossier 2, section 128 (verbatim d'enregistrement audiovisuel, été 1968).

population. En déconstruisant cette logique, les étudiants s'en émancipent encore davantage.

La mise au ban des traditions et des symboles nationaux

Une fois proclamée la séparation entre religion et nationalisme, les étudiants réaffirment leurs critiques à l'endroit de l'élite définitrice. Grâce à leurs alliances avec leurs professeurs, ils bénéficient d'une tribune bien plus visible que leur journal – une tribune d'ailleurs sanctionnée par la SNA elle-même. Au Ralliement de la jeunesse acadienne, non seulement ne se repentent-ils pas des attaques dirigées contre l'élite au cours des deux ou trois dernières années, mais ils en rajoutent et réussissent même à entraîner d'autres jeunes avec eux.

Le ton du congrès est donné dès la conférence d'ouverture, quand le père Jacques Lazure, sociologue à l'Université d'Ottawa[74], lance quelques flèches à l'endroit de l'élite acadienne, la jugeant trop liée au « pouvoir religieux » et trop « axée sur le passé[75] ». Puis, les participants à l'une des deux tables rondes qui suivront – Camille-Antoine Richard et Pierre Savoie, accompagnés d'un étudiant, Ronald Cormier[76] – enfoncent le clou un peu plus en critiquant l'idéologie et la culture politique élitaires. Les Acadiens sont « économiquement faibles, soumis à l'autorité cléricale et souffrent de complexes » ; leur nationalisme n'est pas défini par la masse, mais par une « bourgeoisie intellectuelle », qui est trop distante des masses et des étudiants. Ce nationalisme est constitué de « sentimentalisme religieux » qui « ne représente plus la réalité », et ce, au moment où des changements sociaux rapides exigent un leadership fort et des résultats concrets[77]. Bref, on serait au milieu d'une « crise de croissance

74. Sur le choix des conférenciers, un ancien journaliste dit : « *[Richard and Savoie] sent out invitations to such Québécois luminaries as Jacques-Ivan [sic] Morin, René Lévesque, Léon Dion and Claude Ryan. None of these accepted, so they settled for two left-wing intellectuals who presented papers on worker's political leadership and French Canadian minorities* » (Wilbur, *The Rise of French New Brunswick*, p. 229).
75. Bernard Poirier, « À moins d'un réseau d'écoles complètement français : la culture acadienne n'a pas d'avenir », *L'Évangéline*, 2 avril 1966, p. 1.
76. Celui-ci jouera un rôle dans les importantes mobilisations de 1968 et 1969.
77. « La jeunesse acadienne en quête de réponses », *L'Évangéline*, 2 avril 1966, p. 3.

nationale ». La mise en contexte du Ralliement permet de constater qu'il n'a rien d'autre à offrir que les thèses développées au cours des années antérieures par Pierre Savoie et ses collègues, puis approfondies par Camille-Antoine Richard.

Avec un tel début, il n'est peut-être pas surprenant que l'assemblée plénière se soit montrée iconoclaste. La majorité des 58 résolutions votées au Ralliement visent avant tout les organisations et les symboles « nationaux » acadiens. Les étudiants – quoique minoritaires – réussissent à prendre l'ascendance sur l'assemblée ; dès lors, ce sont tous les délégués qui répudient l'idéologie et les méthodes de l'élite. Les résolutions ayant eu le plus de retentissement concernent les symboles nationaux :

> Attendu que les signes extérieurs de notre nationalisme n'ont plus de valeur d'identité et d'épanouissement, [...]
>
> Attendu que nous voulons que notre nationalisme soit ouvert à tous les francophones quel que soit leur credo, [...]
>
> Attendu que nous voulons respecter la nature [séparée] de la foi et la nature du nationalisme,
>
> L'Assemblée recommande que les signes patriotiques tels que le drapeau, la patronne et la fête nationale soient conservés dans la richesse folklorique de l'Acadie, mais ne soient pas invoqués comme signes d'identité nationale[78].

Les exigences d'une société pluraliste viennent justifier cette distanciation à l'égard des symboles nationaux. La nécessité de dissocier la foi et le nationalisme est aussi apportée comme argument : ces symboles, affirme-t-on, sont désormais trop teintés de religiosité pour servir d'emblèmes nationaux modernes[79].

L'utilisation constante du terme « francophones » est elle aussi symptomatique du rejet de la tradition acadienne. Pour les délégués, l'identité acadienne avait tellement été imprégnée de « sentimentalisme religieux », de misérabilisme et d'« à-plat-ventrisme » qu'il était désormais impossible d'entrer dans la modernité en tant qu'« Acadiens ». Ce mot semblait être bon pour le musée, tout comme le drapeau. C'est pourquoi, dans les

78. Bernard Poirier, « La jeunesse acadienne réclame de nouveaux symboles d'identité acadienne », *L'Évangéline*, 4 avril 1966, p. 1.

79. Léon Thériault, « Le ralliement des jeunes francophones des Maritimes », *L'Évangéline*, 3 décembre 1966, p. 4. Sous la rubrique « Opinion du lecteur ».

cercles étudiants, on parlera de plus en plus de soi en termes de « francophones » ou même de « Canadiens français », qui semblaient plus universalistes et plus ouverts sur le monde[80]. C'est aussi la raison pour laquelle l'organisation chargée de préparer le deuxième ralliement prendra le nom de « Conseil du ralliement de la jeunesse *francophone* des Maritimes[81] ». Cette prise de position est analogue à celle qui, au même moment, pousse les « parlants français » du Québec à rejeter l'appellation de « Canadiens français » et à adopter celle de « Québécois ».

De toute façon, en adoptant ces résolutions, les étudiants sont convaincus d'exprimer le point de vue de toute la population. Jean Cormier, l'un des participants, dira quelques années plus tard :

> C'était déjà le folklore [en 1966], le drapeau. [...] Connais-tu beaucoup d'individus qui ont le drapeau acadien, soit-disant acadien, sur leur maison ? [...] Moi à Cap-Pelé, je crois qu'il n'y avait aucune personne que je connaissais[82].

La lutte contre « la Patente »

Ces résolutions, à caractère iconoclaste, ont une grande importance symbolique. Toutefois, les jeunes réunis à Memramcook n'en restent pas là ; ils critiquent eux aussi – et à nouveau – la culture organisationnelle de la SNA et, pour y remédier, adoptent nombre de résolutions visant à favoriser une plus grande participation des jeunes, des « ouvriers » et des femmes aux

80. L'écrivain québécois Jacques Ferron avait lui aussi remarqué cette tendance lors de son passage à Moncton en 1972. En réponse à une question qui lui était adressée à la suite d'une conférence donnée à Moncton, il répondit : « Quand je suis venu à Moncton en 66, je suis venu sur le campus. J'ai rencontré un nommé Belliveau et je lui ai dit : "Vous êtes Acadien ?" Il a dit : "Non, monsieur, je suis Canadien français." C'était au moment où, par une sorte de mutation très importante, nous avions cessé, nous, d'être Canadiens français pour devenir Québécois. Vous avez perdu un peu de temps à faire les Canadiens français, à vous priver de vos racines » (*Le contentieux de l'Acadie*, p. 178). Ferron a d'ailleurs inséré cette anecdote dans un roman, paru quelques années plus tard, intitulé *Les roses sauvages*, dans lequel un second étudiant ajoute : « L'Acadie, Monsieur, c'était pour nos pères » (Montréal, Éditions du Jour, 1971, p. 57).
81. Voir « Un second Ralliement ? », *L'Évangéline*, 4 février 1967, p. 1.
82. AUL, Fonds Pierre Perrault, P319/D/8,5, dossier 2, section 128 (verbatim d'enregistrement audiovisuel, été 1968).

institutions « nationales ». L'idée est de s'assurer qu'on ne laissera jamais plus l'idéologie nationale s'éloigner autant des intérêts du « groupe francophone des Maritimes[83] ». L'élite est disqualifiée par les étudiants pour la deuxième fois depuis 1964, sa légitimité de parler au nom de l'Acadie, refusée.

Cette opposition à l'élite définitrice est donc une caractéristique fondamentale du premier mouvement étudiant. Après le Ralliement de la jeunesse acadienne, elle est maintes fois réaffirmée. À partir de 1967, les étudiants adoptent d'ailleurs un terme, péjoratif, pour désigner les membres des institutions élitaires, « la Patente ».

« La Patente », c'était le nom familier de l'Ordre de Jacques-Cartier, cette société secrète francophone disparue en 1965 en raison de divisions grandissantes entre les commanderies québécoises et ontariennes, querelle qui s'est ébruitée et qui a permis à quelques journaux d'exposer les grandes lignes des méthodes et de la philosophie de l'Ordre[84]. En pleine Révolution tranquille, celles-ci ont été jugés illégitimes et antidémocratiques par une population éprise de modernité et ayant soif de démocratie. Michel Blanchard relate, en 1968, les effets que cette révélation a eus sur lui ainsi que sur son village :

> (Michel Blanchard) : L'affaire de la « Patente », moi je trouve que ça été la grosse crise. [...] Ça a sorti [... dans] *La Patrie*. Trois articles sur la Patente, trois semaines de file. Puis ils nommaient des gens de Caraquet qui étaient dans l'organisation. Martin Légère, c'était un gars qui allait à la messe tous les dimanches et qui sauvait l'Acadie. Quand ils ont lu dans *La Patrie* que tous ces gens-là faisaient partie d'une même associations secrètes [...] les gens se sont aperçus que c'était pas si honnête qu'avant[85].

Au cours de l'année 1967, lors d'un débat provoqué par le processus de laïcisation de l'Université de Moncton, l'élite définitrice est accusée de former une « Nouvelle Patente[86] ». La laïcisation est, en elle-même, bien

83. Bernard Poirier, « Comité de jeunes Acadiens au sein de la nationale », *L'Évangéline*, 4 avril 1966, p. 7.

84. Robillard, *L'Ordre de Jacques Cartier; G.-Raymond Laliberté, Une société secrète : l'Ordre de Jacques Cartier*, Montréal, Hurtubise HMH, 1983.

85. AUL, Fonds Pierre Perrault, P319/D/8,5, dossier 2, section 128 (verbatim d'enregistrement audiovisuel, été 1968).

86. Ronald Cormier, « Une nouvelle patente à l'U. de M. », *L'Insecte*, 28 avril 1967, p. 1. Des documents révélés au public récemment montrent que les étudiants de

vue par les étudiants, toujours avides de ruptures avec le passé. Toutefois, la manière dont celle-ci est exécutée laisse croire aux étudiants que l'Université demeurera sous la houlette d'un leadership acadien qu'ils estiment peu moderne.

Constatant qu'un jeune membre ambitieux de l'élite définitrice avait une longueur d'avance dans la course pour devenir le premier recteur laïc de l'institution[87] et craignant que les pères de Sainte-Croix se contentent de lui confier la direction de l'institution[88], Ronald Cormier lance un cri d'alarme : quoi qu'on en dise, « la Patente » existerait toujours en Acadie. Cet ancien participant au Ralliement de la jeunesse acadienne et collaborateur assidu du journal étudiant exhorte ses condisciples à se méfier d'une « petite dictature bourgeoise » qui veut gérer les choses à sa façon et qui écrase toute opposition :

> Le nouveau Recteur sera-t-il nommé pendant les vacances d'été [...] au moment où les professeurs et les étudiants seront [...] incapables de se prononcer ? [...] La nomination [...] semble revêt[ir] un caractère secret puisque l'administration de l'Université n'a même pas dévoilé les critères qu'elle établissait [...] Certains croient que le recteur est déjà choisi[89].

Rapidement, un consensus se dégage sur la nécessité non seulement de *laïciser* l'Université, mais aussi sur l'importance de le faire avec transparence et selon les critères propres au monde universitaire, quitte à accepter que la direction de l'établissement échappe au leadership national. D'ailleurs, ce dernier est accusé d'empêcher l'institution de s'intégrer correctement à la sphère universitaire canadienne.

---

l'époque avaient raison d'affirmer que l'Ordre de Jacques-Cartier des Maritimes essayait de se perpétuer après la crise. L'organisation a tenu des réunions jusqu'en 1966 – des procès-verbaux en témoignent – et a tenté, en vain paraît-il, de créer une association pour la remplacer : les « Militants français des Maritimes » (CEAAC, Fonds Ordre-de-Jacques-Cartier, 212.10 et 212.32).

87. « Le Recteur sera-t-il remplacé ? », *Liaisons*, 2 décembre 1966, p. 1.

88. Le « Communiqué de presse (sur le retrait de la congrégation Sainte-Croix) » du 29 décembre 1966 apprenait aux étudiants que le docteur Léon Richard et Me Adélard Savoie, respectivement président et avocat de la SNA, avaient déjà été admis au conseil d'administration de l'institution de haut savoir (CEAAC, Fonds Clément Cormier, 177.2606).

89. Ronald Cormier, « Une nouvelle patente à l'U. de M. », *L'Insecte*, 28 avril 1967, p. 1.

Pour pallier les lacunes du processus mis en branle par l'administration universitaire, « l'association des étudiants et l'association des professeurs se sont [...] prononcées en établissant certains critères pour le choix d'un nouveau recteur », qu'ils ont diffusés dans des mémoires[90]. Malgré tout, le recteur est bel et bien nommé au courant de l'été sans que les critères d'embauche n'aient été rendus publics ; tel que prévu, Adélard Savoie est choisi[91], ce qui ne manque pas d'attirer des accusations de favoritisme et des moqueries de la part des étudiants[92].

Des « membres [anonymes] du milieu intellectuel acadien » réussissent même à transformer le thème de « la Patente du Nouveau-Brunswick » en objet médiatique national en convainquant *Le Soleil* de Québec d'y consacrer un long article. On y décrit « un cercle fermé où n'entre pas qui veut[, ... qui] parle au nom des Acadiens sans mandat, parce qu'il a l'argent[, ... ce] qui présente des dangers [...] en ce qui concerne l'exercice de la démocratie[93].

Ces attaques répétées contre la « Nouvelle Patente » présentent des similarités avec la confrontation de 1964 : l'élite demeure le repoussoir identitaire des étudiants. Le vocabulaire change un peu, « la Patente » remplaçant « l'élite », un terme désormais jugé trop peu péjoratif. Après tout, on ne souhaite plus seulement condamner l'inefficacité et le côté un peu vieillot de l'élite, mais quelque chose de beaucoup plus sombre, soit

90. Roger Savoie, « Un peuple improvisé », discours donné en janvier 1968, CEAAC, Fonds Roger Savoie, 1024. Pour des extraits sonores : Société Radio-Canada, *Les Archives de Radio-Canada*, section « Politique et économie », [En ligne], [http://archives.radio-canada.ca/IDC-0-17-414-2411/politique_economie/acadie/clip7] (18 juillet 2007).

91. Louise Cadieux, « France, Acadie – Université », *L'Insecte*, 26 janvier 1968, p. 2.

92. Savoie a été, entre autres, organisateur des célébrations du bicentenaire de la Déportation, en 1955, et premier maire de la municipalité de Dieppe, voisine de Moncton. Il est aussi le beau-frère du premier ministre Robichaud. « Photos couverture », *L'Insecte*, avril 1967, p. 4. La photo en question en est une de Charlie Chaplin – qui porte une moustache semblable à celle de Savoie. En dessous, on peut lire : « dans sa jeunesse, il aurait voulu devenir recteur. Malheureusement, il n'avait pas réussi à s'introduire dans la SMA – Société Malade des Acajax – ; en plus, et ceci est très malheureux, son beau-frère ne devint pas premier ministre de sa province. Il devint donc acteur. »

93. Benoît Routhier, « Le N.-Brunswick possède sa Patente », *L'Insecte*, 26 janvier 1968, p. 7 (réimpression d'un article paru le 6 janvier 1968 dans *Le Soleil* de Québec).

son autoritarisme, son antidémocratisme et sa méconnaissance des « vrais besoins » de la population :

> Cette élite a-t-elle jamais appuyé les revendications des syndicats demandant une augmentation de salaire ? Pourquoi la SNA a-t-elle fait la sourde oreille lors des révoltes dans le Nord-Est au cours de l'année dernière [pendant lesquelles on a brûlé le quai de Caraquet] ? *L'Évangéline* [...] demeure le miroir de cette élite aux idéaux cloîtrés [...], une œuvre de charité plus qu'une entreprise journalistique. [...] le peuple [...] souffre [...] de son élite [...] qui constitue un blocage à l'émancipation populaire[94].

Comme cela avait été le cas en 1964, cette nouvelle s'accompagne d'une poussée de l'affirmation des étudiants. Cette fois, la rupture avec l'élite est consommée symboliquement quand le rédacteur en chef de *Liaisons*, Michel Blanchard, rebaptise le journal du nom de *L'Insecte* :

> Tout journal, affirme-t-il, périclite lorsque sa politique est révolue. Il en est ainsi de « Liaisons » [...]. Au début, il visait à établir une relation plus étroite entre les étudiants et les anciens du Collège St-Joseph de Memramcook. [...] La « liaison » est rompue. Une métamorphose s'accomplit : « Liaisons » expire, « L'insecte » prend forme. [...] Il va sans dire que cette métamorphose implique un changement d'idéologie[95].

Les tendances iconoclastes et antiélitaires du premier mouvement étudiant de Moncton, qui se manifestent à partir de 1964, se confirment donc jusqu'en 1967. Les professeurs Savoie et Richard ont joué un rôle important dans le développement de ces tendances, puisqu'ils les ont encouragées. Si la tradition (déjà écorchée en 1964 et en 1965) est rejetée en 1966 et en 1967, c'est en partie à cause d'eux. Leur influence est triple. Premièrement, ils rendent la « crise de l'autorité[96] » dans la société

94. La rédaction, « Sous le nez de la pitié », *L'Insecte*, 26 janvier 1968, p. 1.

95. Michel Blanchard, « Édito : la métamorphose », *L'Insecte*, 15 décembre 1967, p. 2.

96. Rappelons que de telles crises de l'autorité ont été reconnues par Jean-Marc Piotte comme l'une des principales causes de l'émergence des mouvements étudiants.

acadienne plus manifeste et plus réelle : des adultes occupant la position respectable de professeur qui critiquent ouvertement l'élite définitrice, voilà qui ne manque pas de créer des possibilités de prendre la parole et de donner aux étudiants le sentiment qu'ils peuvent influencer le cours des choses. Leur brouille avec l'élite définitrice donne aux jeunes qui le souhaitent la *permission* de douter de l'idéologie nationale et même – plus profondément – de la doctrine catholique, et, par ricochet, de toute vérité absolue, incluant celle de la Providence, qui est au fondement même du récit national traditionnel. L'appui de ces professeurs signifie que les étudiants ne sont plus complètement isolés et renforce la position du mouvement étudiant émergent dans le champ politique acadien.

Deuxièmement, Richard et Savoie renforcent les idées du mouvement étudiant. En les incorporant dans leurs écrits, ils leur donnent en quelque sorte des lettres de noblesse ainsi qu'un accès à de nouvelles tribunes autrement plus influentes que *Liaisons*. Richard en particulier peaufine le discours étudiant, lui donne une profondeur et une plus grande complexité. Il arrive à des conclusions semblables à celles des étudiants, mais en se livrant à une analyse plus rigoureuse, usant des stratagèmes de l'objectivation et de la distanciation sociologique, ce qui est une nouveauté dans la société acadienne. Finalement, le Ralliement, dont les deux hommes ont développé le programme, s'est révélé un moment d'expression privilégié pour le premier mouvement étudiant.

Toutefois, aussi influents furent-ils, on ne peut affirmer, comme le fait Jean-Paul Hautecoeur, que ces deux professeurs ont été l'étincelle même qui alluma les feux de la contestation à Moncton. Le feu était déjà allumé, le mouvement, déjà lancé. Savoie et Richard sont davantage une source de soutien que les instigateurs du premier mouvement étudiant, qui possède une idéologie bien à lui.

L'affirmation de l'idéologie politique participationniste

Le fait qu'une forte opposition à l'élite se soit manifestée à la fois au Ralliement de la jeunesse acadienne de 1966 et au sein du mouvement étudiant de 1968-1969 a pu faire croire à plusieurs qu'il n'avait existé qu'un seul et unique mouvement au sein de la jeunesse étudiante des années 1960. Cette interprétation, faisant du Ralliement la source de l'idéologie néonationaliste, a d'abord été formulée par Hautecoeur et, par la suite, a été reprise par de nombreux chercheurs[97].

Certes, Hautecoeur reconnaît que le projet néonationaliste n'a pu être exprimé clairement lors du Ralliement. Il admet aussi que « la liberté est la valeur centrale du Ralliement », que les délégués recherchent avant tout une « libération du dogme pour retrouver la parole et le geste créateur » et sont, naturellement, en partie attirés par « un autre modèle de société [...] celui d'une société libérale [...] affranchie de son passé[98] ». Mais, en fin de compte, Hautecoeur demeure convaincu que cet important moment de « critique » est forcément *orienté* vers la création d'un nouveau « projet concret de construction nationale[99] » et qu'il est le précurseur du néonationalisme. Selon lui, seules « l'ambiguïté de l'identification » des délégués et « l'anarchie des recommandations votées en assemblée[100] » empêchent de saisir clairement cette volonté de renouveler le nationalisme acadien.

Joseph Yvon Thériault est le seul chercheur qui propose une autre interprétation du Ralliement. Toutefois, il le fait brièvement et sur le mode de l'hypothèse, dans le cadre de survols très vastes englobant l'évolution de l'idéologie nationale en Acadie du XIXe et du XXe siècle[101]. Il y fait remarquer que les discours entourant le Ralliement, discours qui fustigent le caractère dit « traditionnel » et « clérical » de la culture acadienne, ont probablement un lien de parenté avec la vague libérale participationniste qui a déferlé sur l'élite définitrice au début de l'ère Robichaud (1960-1966).

---

97. Hautecoeur, *L'Acadie du discours*, p. 204-205; Cimino, *Ethnic Nationalism Among the Acadians*, p. 124-126; Marc Johnson, *Les stratégies de l'acadianité: analyse socio-historique du rôle de la presse dans la formation de l'identité acadienne*, thèse de doctorat, Bordeaux, Université de Bordeaux II, 1991, p. 206; Ricky Richard, *Les formes de l'acadianité au Nouveau-Brunswick: action collective et production de l'identité (1960-1993)*, thèse de maîtrise (science politique), Québec, Université Laval, 1994, p. 59.

98. Hautecoeur, *L'Acadie du discours*, p. 235-237.

99. *Ibid.*, p. 242. Deux pages plus loin, il parle d'un « projet cohérent pour la société globale [acadienne] ».

100. *Ibid.*, p. 209, 220.

101. Joseph Yvon Thériault, « Naissance, déploiement et crise de l'idéologie nationale », *L'identité à l'épreuve de la modernité: écrits politiques sur l'Acadie et les francophonies canadiennes minoritaires*, Moncton, Éditions d'Acadie, 1995, p. 237, et « Domination et protestation », p. 56-57.

Là où Hautecoeur voyait une version embryonnaire du néonationalisme, Thériault devine l'existence d'une tout autre idéologie, foncièrement libérale en ce qui a trait à la conception de la justice et de la citoyenneté. Malheureusement, Thériault n'a jamais développé cette idée ou montré empiriquement sa justesse. Se peut-il que le Ralliement n'ait pas exprimé un « protonéonationalisme » ? Que son discours ait eu plus d'affinités avec l'idéologie participationniste de l'élite définitrice acadienne qu'avec celle, néonationaliste, de ses successeurs ?

À la lumière des actions des étudiants qui ont été présentées ici, il semblerait que le point de vue de Thériault, bien que minoritaire, soit juste. D'autant plus que les arguments de Hautecoeur ne convainquent pas. « L'ambiguïté de l'identification » des délégués qu'il évoque n'est pas un phénomène anodin. Il faut aussi noter que le caractère prétendument « anarchique » du processus du vote n'a pas empêché les jeunes d'être très clairs en ce qui concerne le rejet de la tradition. C'est pourquoi je soutiens qu'il faut aller au-delà de cette interprétation dominante. L'idéologie du Ralliement et celle du mouvement étudiant de 1968-1969 sont en fait très différentes l'une de l'autre. La première n'est pas basée sur le sentiment national (soit-il « nouveau » ou non), mais dominée par l'impératif de la modernisation et par la philosophie politique libérale, mentionnés par Hautecoeur au passage. Les autres actions étudiantes des années 1964-1967 corroborent d'ailleurs cette hypothèse : les étudiants d'alors se montrent peu préoccupés par la perpétuation d'une vie « nationale » et visent avant tout à se libérer d'une morale et d'une tradition considérées comme contraignantes.

Une volonté de redéfinir le nationalisme… mais pas de la part des jeunes

Il faut reconnaître, toutefois, qu'il y a bien une volonté d'affirmation nationale au Ralliement. Cependant, cette volonté n'est pas celle des étudiants, mais celle des organisateurs. En effet, sur ce point, la pensée de Camille-Antoine Richard se démarque du discours étudiant. Pour Richard, le déclin des structures traditionnelles et la décrépitude des institutions ne doivent absolument pas signifier l'abandon de tout projet national proprement acadien ou francophone. Il partage avec les nationalistes des générations antérieures un intérêt véritable pour la perpétuation des Acadiens comme *groupe* social. Conséquemment, il souhaite ouvertement qu'un nouveau type d'action collective provoque un « relèvement culturel français » dans les Maritimes. C'est pourquoi il convie les Acadiens – au premier chef les étudiants – à imaginer un « néonationalisme », c'est-à-dire à renouveler et à moderniser l'idéologie nationaliste, dans laquelle « les diverses classes de notre société participeront réellement » et qui « embrigadera les éléments les plus dynamiques et les plus révolutionnaires de toute société, [... soit] les jeunesses étudiantes[102] ». La création d'un tel néonationalisme, c'est-à-dire d'un nouveau type de solidarité acadienne, figure parmi les principaux objectifs que souhaitent réaliser Richard, Savoie et quelques autres organisateurs du Ralliement.

Malgré le grand respect et l'admiration qu'ils vouent à Richard, les délégués ne se laissent pas convaincre de l'urgence de définir ce « néonationalisme ». Les discours prononcés au Ralliement de 1966 en témoignent : les étudiants rejettent le « vieux » nationalisme, mais semblent ne rien vouloir lui substituer.

> Il est temps qu'on se le dise : nous sommes chez-nous ici, au Nouveau-Brunswick ! Notre devise ne pourrait pas être « maître chez nous », comme diraient nos voisins, mais bien « partenaires chez nous ». [...] chez nous [...] c'est le Nouveau-Brunswick tout entier. [...] Nous avons jusqu'ici fermé les yeux sur notre patrie. Il est temps d'opter résolument pour le Nouveau-Brunswick. [...] Notre nationalisme doit être provincial[103].

> Ils [les jeunes] réalisent que nous ne pouvons plus faire de régionalisme, de séparatisme, voire même d'isolationnisme. Ils réalisent qu'ils font partie d'une nation et celle-ci est canadienne et non acadienne[104].

Les résolutions du Ralliement rejetant les symboles nationaux, citées et analysées plus haut, vont dans le même sens : elles se contentent de rejeter le nationalisme « ancien » sans le remplacer. Il me semble que les

102. Camille Richard (« L'idéologie nationale face à la nouvelle société acadienne », Rapport annuel, SNA, 1966) cité dans *Hautecoeur, L'Acadie du discours*, p. 207.

103. Pierre Savoie, conférence donnée le 1er avril 1966 au Ralliement, cité dans *ibid.*, p. 240.

104. Ronald Cormier, conférence donnée le 1er avril 1966 au Ralliement, cité dans *Ibid.* Hautecoeur cite ces passages pour illustrer « l'indécision identitaire » des jeunes. J'y lis, pour ma part, une forte allergie à tout enfermement dans le cadre acadien, à toute pensée nationaliste.

étudiants ont, en réalité, récusé l'idée même d'une « nation » acadienne. En fin de compte, le mouvement paraît poursuivre sa propre logique. Il accepte l'appui des jeunes professeurs lorsque cela amplifie son élan naturel, mais se montre méfiant envers les idées qu'il n'a pas conçues et exprimées lui-même.

On pourrait prétendre, comme le fait Hautecoeur, que cette retenue peut être attribuée au fait que les délégués appréhendent les confits que pourrait engendrer la quête de l'autonomie et qu'ils cherchent « dramatiquement un nouveau lieu [d'identification] non problématique ». En d'autres termes, ils auraient voulu être nationalistes, mais ils n'ont pas osé[105].

Il est difficile de savoir ce que ces délégués ont voulu dire mais n'ont pas dit. Cependant, ce qu'ils ont affirmé est clair. J'ai donc analysé leur discours afin de trouver ce qui y est *valorisé*, car il m'a semblé peu probable que le Ralliement ne soit que récusation et négation de la tradition et de l'élite acadiennes. Il a dû constituer aussi un moment de *production idéologique*. Un reniement si total doit bien se faire au nom de quelque chose. Une lecture fine et non sélective des textes issus de l'événement – et d'autres productions étudiantes de la période – a permis de reconstituer le « versant positif » de l'idéologie du moment. Le résultat : les étudiants de la période 1964-1967 n'avaient aucunement l'intention de remplacer le « vieux nationalisme » par un nouveau ; ils cherchaient plutôt à s'intégrer à toutes les sphères de la société en tant que citoyens à part entière, en tant qu'êtres humains primordiaux, dénués de particularités culturelles.

L'État réformateur : la voie du progrès

Comme premier élément de preuve, prenons à témoin la confiance quasi absolue qu'expriment les étudiants envers l'État. S'il est un acteur dont parlent positivement les jeunes du Ralliement, c'est bien lui. Les délégués le considèrent comme un outil de modernisation. Conséquemment, l'essentiel du message qu'ils adressent à l'État provincial prend la forme d'un soutien au programme Chances égales pour tous[106], au nom du principe de l'égalité sociale.

105. Hautecoeur, dont l'analyse est très éclairante sur plusieurs points, a peut-être été influencé ici par ses liens d'amitié avec Richard et Savoie.

106. Il s'agit de la réforme monstre de la taxation et des services sociaux de la province que le gouvernement de Louis Robichaud n'a pas encore réussi à faire

Pour autant, les délégués ne se montrent pas complaisants envers « p'tit Louis » et son gouvernement : ils déclarent tout de même que le syndicalisme étudiant a « un rôle dans la coordination de l'éducation avec l'État[107] » et réclament le doit de vote à 18 ans. Aussi, ils demandent que le français soit reconnu comme langue officielle au Nouveau-Brunswick[108] – un sujet que le gouvernement n'ose même pas encore aborder. Mais ce qui est remarquable, c'est que chacune de ces recommandations est faite au nom d'une plus grande participation citoyenne aux affaires publiques et de l'égalité entre citoyens. Même la demande concernant le bilinguisme n'est pas présentée comme une revendication collective d'un groupe particulier, mais comme un instrument permettant un meilleur accès à l'État pour de nombreux *individus*.

En tout et partout, l'État est l'institution qui reçoit les critiques les moins nombreuses et les moins acerbes lors du Ralliement. Somme toute, le message envoyé au gouvernement réformateur en est un d'appui. Alors que les étudiants s'attaquent impitoyablement aux institutions « acadiennes », ils reconnaissent l'État provincial comme un allié incontournable dans le combat pour le progrès. Cette prise de position n'est pas nouvelle ; c'est exactement celle qui est le plus souvent exprimée à l'endroit du gouvernement provincial depuis le tout début du mouvement étudiant. Ainsi, les auteurs de l'article phare « Acadie '64, une impasse ? », après avoir dressé un bilan désastreux de la situation socioculturelle et économique des Acadiens, concluaient :

> C'est le gouvernement de notre province qui peut tout pour les Acadiens. Nous devons en effet nous tourner vers lui : [...] il peut tout nous donner. [...] Le gouvernement peut accepter le rapport Byrne[109], il peut emprunter du capital, favoriser l'établissement de nouvelles industries [...] et surtout permettre aux Acadiens d'avoir un système d'éducation française.

---

accepter à certains puissants acteurs de la province (voir Stanley, *Louis Robichaud*, p. 137-163).

107. « Engagement social : il pourrait se manifester de diverses façons », *L'Évangéline*, 2 avril 1966, p. 3.

108. Bernard Poirier, « La jeunesse acadienne réclame de nouveaux symboles d'identité acadienne », *L'Évangéline*, 4 avril 1966, p. 1.

109. Le rapport Byrne est à la base du programme de réforme des impôts et des services connu sous le nom « Chances égales pour tous ».

De même, l'éditorialiste couvrant la manifestation de Fredericton de mars 1965 concluait que « l'éducation d'État [... est] la voie la plus rationnelle [...] pour améliorer [...] le pays[110] ». Visiblement, entre 1963 et 1966, les étudiants voyaient l'État beaucoup plus comme une solution que comme un obstacle au progrès.

Pour pallier d'autres *problèmes* sociaux et culturels, les délégués du Ralliement se tournent aussi vers l'État et ses institutions publiques. Ils exigent que la Société Radio-Canada assure un service en français dans toutes les régions, établisse des studios de production locaux et augmente le nombre d'émissions locales. Puis, afin d'aider les masses ouvrières à s'organiser et à améliorer leur sort, on demande à l'Université de Moncton d'offrir, avec l'aide financière du gouvernement provincial, des cours sur le syndicalisme[111].

En ce qui concerne l'élite définitrice, on l'exhorte de ne pas bloquer le chemin du progrès, comme en témoigne ce passage, dans lequel on recommande à *L'Évangéline* (après l'avoir décrite comme étant « imbue d'une attitude défensive, traditionaliste, conservatrice, pessimiste, même ») « [d']adopte[r] une politique d'avant-garde, plus large d'esprit ».

Cette foi sans limites dans l'État et dans la participation aux affaires communes de la société montre que le premier mouvement étudiant adhère, dans le fond, à une variante de l'idéologie de la participation modernisatrice. Comme les réformateurs frustrés – cette frange progressiste de l'élite maintenant bien placée dans les coulisses du pouvoir –, les étudiants affirment que l'État représente le chemin de la modernité. C'est par cette voie que les Acadiens – devenus simplement des citoyens « francophones » – arriveront à améliorer leur sort, et ce, dans tous les domaines : politique, économique, social et éducatif. Les étudiants croient fermement que le progrès passe par l'investissement des institutions politiques existantes, et que le bilinguisme est la clé de voûte de cette plus grande participation. Bref, leur préoccupation centrale est l'instauration d'un ordre politique et social « moderne », efficace et rationnel, quitte à devoir partager cet ordre nouveau avec les anglophones[112]. Le « salut »,

110. Winston Wells, « Nos gouvernements s'en foutent ! », *Liaisons*, avril 1965, p. 2.

111. Bernard Poirier, « Radio-Canada doit s'adapter à la masse », *L'Évangéline*, 4 avril 1966, p. 7.

112. Certes, l'éducation est un cas un peu spécial, comme nous l'avons vu au début du présent chapitre dans la section intitulée « Des frictions émanant de la sphère de l'éducation, 1959-1967 » (p. 136-140).

pour eux, passe par la science, la communication, la transparence et la gestion rationnelle et démocratique des affaires publiques.

Peu d'intérêt pour la question linguistique

La façon dont les étudiants traitent les questions linguistiques témoigne aussi du fait qu'ils adhèrent à une philosophie politique essentiellement libérale, c'est-à-dire participationniste. Voilà une posture qui étonne de la part de membres d'un groupe linguistique minoritaire.

Les résultats d'un sondage mené sur le campus en 1964-1965 par Camille-Antoine Richard et le rédacteur de *Liaisons*, Winston Wells[113], attestent cette foi sans bornes dans l'idéal de la participation. À cette occasion, 68 % des étudiants interrogés se sont prononcés en faveur du projet d'union des provinces maritimes et seulement 12 % contre, et ce, même si une telle union aurait eu pour effet de rendre les Acadiens du Nouveau-Brunswick encore plus minoritaires (ils seraient passés d'environ 35 % de la population à quelque 15 %), et même si 34 % des individus interrogés croyaient « qu'une [telle] union accroîtrait considérablement le danger d'assimilation des Acadiens ». Il semblerait que cette peur ait été contrebalancée par les avantages économiques (74 %) et politiques (31 %) relevés par les étudiants. En ce qui concerne la langue, elle compte bien peu : seulement 27 % des répondants se sont dits en faveur d'une union avec le Québec (19 % en ce qui concerne ceux du comté de Westmorland, où est située l'Université) malgré la parenté linguistique entre les Acadiens et la majorité francophone du Québec.

Ce que cherchent avant tout les étudiants de cette cohorte, c'est le « progrès », la prospérité, la participation aux affaires publiques et l'intégration au monde plus large. Sur cette question, les étudiants se rangent encore du côté des réformateurs frustrés : Louis Robichaud lui-même est l'un des principaux promoteurs du projet.

Un débat sur la langue officielle de l'Université de Moncton, déclenché à la fin de février 1966 lors d'une journée « portes ouvertes » permettant à la population de visiter le campus en expansion, confirme l'inclination

113. Camille-Antoine Richard, « L'Opinion des étudiants », *Revue économique*, janvier 1965, p. 28-30. Le sondage a rejoint 77 des 455 étudiants fréquentant le campus.

radicalement moderniste des étudiants ainsi que leur faible préoccupation pour les questions linguistique et nationale. Comme dans le dossier de l'Union générale des étudiants acadiens, une différence marquée distingue les étudiants de Moncton et ceux des collèges affiliés. Le recteur Clément Cormier avait affirmé que l'Université de Moncton serait «une université de culture française mais bilingue pour toutes fins pratiques [*sic*][114]». La nouvelle avait été chaudement applaudie dans un éditorial du *Times* de Moncton. Tout le monde n'a toutefois pas réagi aussi positivement:

> Les étudiants au RJA ont recommandé que l'Université de Moncton prenne position et se prononce carrément et de façon non équivoque pour se dire université française et non bilingue [...] On a ajouté qu'une certaine ambiguïté plane sur le caractère linguistique de l'Université de Moncton[115].

Une résolution semblable avait aussi été adoptée au congrès provincial des étudiants du Nouveau-Brunswick[116], organisé à Moncton quelques semaines plus tôt.

Or le plus singulier dans toute cette affaire, c'est qu'à ces deux reprises, ce sont des étudiants d'institutions autres que le campus de Moncton – soit ceux du Collège de Bathurst et de la Fédération des associations générales étudiantes des collèges acadiens – qui proposent la résolution. Ce sont les étudiants des collèges du nord de la province qui émettent une mise en garde contre les dangers que présente une intégration linguistique trop poussée. Pourtant, ce n'est pas de «leur» institution qu'il s'agit. Pourquoi cette mobilisation?

La culture confessionnelle et régionale des étudiants du nord explique sans doute partiellement leur réaction à la déclaration du recteur Cormier[117]. Rappelons qu'en 1966, les étudiants du nord fréquentent

114. D. L., «L'Université de Moncton: "Une université de culture française mais bilingue pour toutes fins pratiques" (R. P. Clément Cormier)», *L'Évangéline*, 28 février 1966, p. 1.

115. Bernard Poirier, «Radio-Canada doit s'adapter à la masse», *L'Évangéline*, 4 avril 1966, p. 7.

116. «On s'interroge sur le statut du bilinguisme à l'U. de M.», *L'Évangéline*, 21 mars 1966, p. 1.

117. Alors que les collèges masculins du nord étaient gérés par les Eudistes, l'Université Saint-Joseph, devenue le cœur du nouveau campus dans le sud-est, l'était

toujours des institutions ressemblant beaucoup à des collèges classiques, dans lesquelles ils sont fortement encadrés par des adultes. Dans ces conditions, ils n'ont pas encore affirmé leur différence et leur autonomie comme groupe social, pas plus que rejeté le leadership de la SNA ou d'autres institutions nationalistes. Ils sont donc plus enclins à endosser des positions qui leur semblent conséquentes avec les préoccupations nationalistes traditionnelles, dont l'idée d'une sphère sociopolitique acadienne autonome, idée qui, on le rappelle, a toujours été particulièrement chérie dans le domaine de l'éducation[118]. Tous ces facteurs peuvent expliquer pourquoi les étudiants du nord s'opposent à la déclaration de Cormier et s'affichent en tant que partisans d'institutions linguistiquement homogènes.

En proposant un statut linguistique plutôt ambigu pour la nouvelle université, le recteur Cormier fait ce qu'il y a de plus normal pour un père de Sainte-Croix originaire du sud-est de la province et – surtout – pour un membre de la génération des réformateurs frustrés. Il envisage simplement d'intégrer la nouvelle université à la sphère provinciale, qui est, après tout, sa nouvelle bienfaitrice. Devant l'attitude récalcitrante des protagonistes du nord, il se présente comme le représentant du « nouveau » et du « moderne ». Après tout, c'est la carte que joue Cormier depuis les années 1950, celle-là même qui lui a permis de positionner son collège au

---

par les pères de Sainte-Croix. Les Eudistes, congrégation à vocation éducative venue de France, avaient toujours insisté sur l'importance de la culture française et n'avaient jamais fait de concessions en ce qui concerne le bilinguisme, contrairement aux pères de Sainte-Croix, qui avaient pour priorité le relèvement social et économique de leur clientèle. Cette différence de philosophie provient aussi en partie des environnements dans lesquels baignent les trois collèges masculins : alors que les deux campus eudistes sont situés dans le Nord néo-brunswickois majoritairement francophone, Saint-Joseph et le nouveau campus sont situés dans le Sud-Est, zone de grande mixité linguistique. Sur les différences culturelles régionales en Acadie, voir Patrick D. Clarke, « Régions et régionalismes en Acadie : culture, espace, appartenance », *Recherches sociographiques*, vol. 41, n° 2 (2000), p. 299-365. Je tiens compte seulement des collèges masculins parce que la modernisation du réseau éducatif postsecondaire acadien a été faite selon des termes négociés par les congrégations masculines. Voir Isabelle McKee, *Rapports ethniques et rapports de sexes en Acadie : les communautés religieuses de femmes et leurs collèges classiques*, thèse de doctorat (sociologie), Montréal, Université de Montréal, 1995.

118. *Ibid.* ; Basque, *De Marc Lescarbot à l'AEFNB*, p. 59-80.

cœur de la nouvelle université. C'est la même carte, d'ailleurs, que joue le reste de ses collègues de la génération des réformateurs frustrés, et grâce à laquelle ils sont parvenus à dominer le paysage idéologique acadien.

Jean Cadieux, proche collaborateur de Cormier et doyen de l'École de Commerce de l'Université de Moncton, répond aux résolutions des étudiants du nord dans un éditorial de *L'Évangéline* :

> L'Université bénéficie de subventions de l'État provincial dont la population est majoritairement anglophone. Ainsi [...] la situation très particulière de l'Université de Moncton l'a amenée à chercher des solutions originales aux problèmes découlant de la réalité socioculturelle dans laquelle elle s'inscrit. [...] On peut estimer toutefois que, à long terme, les avantages découlant pour l'université et pour la communauté de cette solution [voulant que les cours du soir soient souvent donnés en anglais] l'emporteront sur les inconvénients. [...] La toute jeune Université de Moncton [... devient ainsi] un instrument de compréhension entre les deux principaux groupes ethniques de la province [...] et contribue ainsi au rapprochement des esprits et des cœurs[119].

Les représentants et les journaux étudiants de Moncton ne se lanceront certes pas dans une défense aussi fleurie de la politique linguistique de leur université, mais ils ne la dénonceront pas non plus. Ils ne relèveront pas la contradiction principale de la réponse de Cadieux, soit le fait que les impôts des francophones subventionnent *aussi* les universités anglophones. Leur position découle du fait qu'ils adhèrent à une philosophie politique résolument libérale, allergique aux statuts particuliers, rébarbative au communautarisme, une philosophie voulant que le bilinguisme soit le seul genre de revendication linguistique légitime. Ils estiment donc que les problèmes linguistiques se résorberont d'eux-mêmes si les Acadiens arrivent à prendre leur juste place dans les affaires provinciales. On ne trouve pas pertinent, à ce moment-là, de réclamer l'unilinguisme français d'une institution. Dans la logique libérale de l'heure, cela équivaudrait à demander le beurre et l'argent du beurre.

---

119. Jean Cadieux, « Éditorial : le bilinguisme à l'Université de Moncton », *L'Évangéline*, 21 mars 1966, p. 4. (Notons que cette « réplique » de l'Université paraît le même jour que l'article qui rend compte de la résolution votée au congrès provincial des étudiants.)

Pendant que ses condisciples du nord remettent en question le bien-fondé du bilinguisme de leur institution d'enseignement, la délégation de l'Université de Moncton passe une bonne partie de son temps, lors de ce même congrès provincial des étudiants, à faire adopter une résolution pour demander à la Commission du service civil provinciale « de s'efforcer à ce que tous les employés embauchés à l'avenir soient bilingues et qu'un cours de langue parlée soit établi par le Service civil en vue d'aider les employés actuels du gouvernement à devenir bilingues[120] ». Le bilinguisme, pour la délégation de Moncton, est devenu un leitmotiv – jamais un problème ; toujours une solution. Il représente la clé de la participation, qui ouvrira la porte d'un monde meilleur, où tous trouveront leur compte.

Ces deux importants dossiers linguistiques – soit l'Union des provinces maritimes et le statut linguistique de l'Université de Moncton – montrent que les étudiants conservent leur indépendance vis-à-vis leurs alliés du monde professoral, Camille-Antoine Richard et Roger Savoie. Richard, on l'a vu, est convaincu de la nécessité de développer un « projet social francophone » dans les Maritimes. Or les actions, les paroles et les écrits du premier mouvement étudiant témoignent d'un désintérêt quasi complet pour la question nationale. Le mouvement étudiant, né avant l'arrivée de Richard et Savoie, possède son propre programme. De la vision de cette génération de professeurs, il prend et laisse ce qu'il veut.

Un engagement sans équivoque dans les luttes étudiantes nord-américaines

L'engagement des étudiants de Moncton dans les luttes étudiantes nord-américaines vient confirmer l'impression que leur priorité, au cours des années 1964-1967, se trouve ailleurs que dans le (néo)nationalisme. On a déjà établi que les symboles nationaux acadiens n'intéressent aucunement les étudiants de Moncton. La nation et la langue ne sont pas, à leurs yeux, des raisons suffisantes pour se mobiliser. Cependant, les principaux sujets de revendication des mouvements étudiants nord-américains les interpellent et ils s'y investissent corps et âme. Nombreuses, les mobilisations des étudiants de Moncton en faveur de causes « typiques » de leur

120. « On s'interroge sur le statut du bilinguisme à l'Université de Moncton », *L'Évangéline*, 21 mars 1966, p. 1.

génération, marquées par les sceaux de la « libération » et de la « gauche », ont pourtant été ignorées dans l'ouvrage de Jean-Paul Hautecoeur.

En juillet 1967, par exemple, se sentant sans doute inspirés par le *summer of love* dont on parle tant aux États-Unis, les étudiants de Moncton organisent un *love-in* sur la rue Main[121]. À peu près au même moment, le journal étudiant publie ses premiers articles prônant la libération de la femme en Acadie. Ici, encore une fois, la culture acadienne semble être un frein au progrès :

> Il a été établi [...] et accepté que la femme a enfin accédé à un statut égal sur le plan humain. [...] Mais comme d'habitude, la mentalité acadienne traîne du pied ; non seulement la femme acadienne n'a pas d'identité propre, mais elle rejette l'idée de son émancipation[122].

Cette complicité générationnelle se manifeste aussi dans des dossiers plus proprement politiques. C'est le cas de la « déclaration des droits des étudiants » adoptée lors de la première assemblée annuelle d'ACTIONS, ce groupe qui, on le rappelle, réunit tous les étudiants du Nouveau-Brunswick. Proposée par les délégués de l'University of New Brunswick et de l'Université de Moncton, la déclaration formalise en quelque sorte un message diffusé dans de nombreux articles parus dans les journaux étudiants depuis 1964. Faisant écho à des initiatives similaires apparues ailleurs, elle affirme le « droit [des étudiants] de participer à la vie de la nation [... comme] les autres citoyens ». Fiers de cette résolution – considérée comme « un projet révolutionnaire » – et d'autres décisions prises au cours de cette assemblée, les journalistes de *Liaisons* n'hésitent pas à présenter à nouveau l'association de Moncton comme le fer de lance du mouvement étudiant maritimien : « L'AEUM est une des rares associations avec l'University of New Brunswick qui ne craignait pas de faire des propositions audacieuses[123]. »

La participation de quelques centaines d'étudiants de l'Université à une marche dans les rues de Moncton, manifestation organisée dans le cadre

121. *L'Évangéline*, 21 juillet 1967.

122. Margaret Helen Gauvin, « Le troisième sexe », *L'Insecte*, 15 décembre 1967, p. 7.

123. Donald Poirier, « L'AEUM tient le haut du pavé à l'assemblée générale de l'Action », *Liaisons*, 15 novembre 1967, p. 3. Notons aussi que le président élu à cette occasion est un étudiant du Collège de Bathurst nommé Pierre Tremblay. La bonne volonté en vue d'établir d'une meilleure compréhension entre groupes linguistiques semble avoir été réciproque.

de la Journée internationale de la paix, le 4 octobre 1967, témoigne aussi de leur engagement dans les luttes politiques internationales[124]. L'AEUM, organisatrice de l'événement[125], affirme vouloir promouvoir la paix entre les États-Unis et le Vietnam (deux anciens combattants prendront la parole), entre les étudiants et les adultes ainsi qu'entre « francophones et anglophones ». L'événement prend la forme d'un happening, tout ce qu'il y a de plus typique de cette génération, avec conférences, chants, lecture de poèmes et danse. De même, la publication à la une de *Liaisons*, le 5 novembre 1967, d'un article intitulé « Comment le Canada participe au génocide du peuple vietnamien » confirme encore une fois l'intérêt soutenu des étudiants pour la politique internationale. Cependant, l'épisode provoque l'ire d'un chroniqueur de *L'Évangéline* :

> [...] un journal étudiant [...] doit donner des étudiants [...] une image flatteuse. « Liaisons » ne doit certainement pas continuer sur ce ton, parce que ce ton est celui de gens qui n'ont qu'un but : [...] la prise de pouvoir par les forces de gauche, avec toutes les suites que cela comporte. [... L]es gens qui fabriquent ce journal devraient savoir qu'il y a des choses plus importantes que le Viet Cong, plus immédiates, qui les touchent de plus près [...] leur journal ferait mieux de consacrer ces [*sic*] pages au combat pour la culture[126].

L'article provoque une réaction de la part du nouveau rédacteur en chef de l'hebdomadaire étudiant, Michel Blanchard. Un débat vigoureux s'ensuit, débat d'ailleurs publié intégralement dans les deux journaux. Blanchard reproche notamment au chroniqueur Alain Gheerbrant le caractère « bourgeois » de ses propos, et précise que, « en tant que membre de l'équipe protestante, dite de gauche, qui publie le "Liaisons" », il doit s'y objecter « afin de produire une réaction chez les étudiants[127] ».

---

124. « Une marche de la paix, à Moncton, ce soir... », *L'Évangéline*, 4 octobre 1967, p. 2.

125. Les responsables de l'organisation sont Samuel Arseneault, Omer Doiron et Michel Blanchard. Autre témoignage de l'engagement des étudiants dans les luttes nord-américaines, Samuel Arseneault assume le poste de « directeur des affaires internationales de l'A.E.U.M. » (*Ibid.*).

126. Alain Gheerbrant, « La colonne de gauche », *L'Évangéline*, 28 novembre 1967, p. 1.

127. Michel Blanchard, « *Liaisons* versus la colonne de gauche », *Liaisons*, 15 décembre 1967, p. 6.

Car à ce moment-là, le journal étudiant s'associe ouvertement et explicitement à « la gauche ». Cette position idéologique avait été officiellement présentée dans un numéro d'avril 1967 :

> Les mots tels que avant-gardiste, gauchiste, révolutionnaire, revendicateur, socialiste et communiste provoquent une panique folle chez plusieurs gens de la région. [...] Nous croyons que cette peur des mots est un des signes les plus évidents d'une société qui n'a pas encore connu le pluralisme de la société technologique du xxe siècle [... Ceci est] digne d'une société traditionnelle [...] qui refuse de considérer que les mouvements qui se rattachent à la gauche comportent des éléments valables et pratiques. Cet élément de peur fait que la populace est facilement trompée par les forces politiques et économiques[128].

En se joignant symboliquement au mouvement de « la gauche », les étudiants espèrent apporter de nouvelles idées dans la région et dans la province, ce qu'ils conçoivent comme une contribution substantielle à la modernisation de celles-ci, contribution que l'élite n'est pas en mesure de faire[129]. Jean-Paul Hautecoeur a donc raison quand il affirme, en commentant cette période : « S'identifier à la gauche, [... c'est] rejoindre dans l'espace imaginaire une communauté internationale "révolutionnaire". [...] C'est aussi se donner la possibilité d'emprunter à une tradition toute prête un langage, une symbolique [...] une cohérence[130]. » Il est à noter, toutefois, que ce basculement graduel du mouvement étudiant de Moncton vers « la gauche » ne le rend pas, pour l'instant, plus nationaliste. Socialement parlant, on se déplace vers la gauche ; philosophiquement, on demeure résolument libéral, c'est-à-dire « participationniste ».

Un dernier exemple servira à illustrer l'engagement des militants de Moncton dans la dynamique continentale de la « nouvelle gauche » étudiante. Il s'agit du combat pour la représentation étudiante au sein de l'appareil administratif des universités. Depuis le début des années 1960,

---

128. Ronald Cormier, « La Gauche à l'Action... Pourquoi ? », et « La peur des mots », *Liaisons*, 28 avril 1967, p. 1-2, 4.

129. Ronald Cormier, « La colonne de gauche », *Liaisons*, 26 janvier 1968, p. 5.

130. Hautecoeur, *L'Acadie du discours*, p. 258-260. Toutefois, Hautecoeur exagère l'importance de cet épisode en l'érigeant, en fait, en moment fondateur du mouvement étudiant de Moncton.

de plus en plus d'associations étudiantes partout en Amérique du Nord pressent les administrateurs des établissements universitaires de faire une plus grande place aux étudiants, notamment en reconnaissant officiellement le rôle représentatif de l'association étudiante et en octroyant des sièges à des étudiants au sein des instances décisionnelles[131]. En 1966, cette tendance reçoit l'aide d'une commission d'enquête conjointe instituée par l'Association des universités et collèges du Canada (AUCC) et l'Association canadienne des professeurs d'université (ACPU), qui recommande des innovations prudentes allant dans ce sens[132].

La question du rôle de l'étudiant dans la gestion de l'Université est donc dans l'air à la rentrée de 1966 et elle ne tarde pas à provoquer des conflits. L'Association des étudiants de l'Université de Moncton, maintenant incorporée, décide que l'émission de deux cartes étudiantes – l'une par l'Université, l'autre par l'Association – est inutile. Elle « informe » donc l'institution que, désormais, seule la carte de l'Association devrait être utilisée. Le refus des administrateurs provoque le mécontentement du nouveau directeur du journal étudiant, Réjean Poirier, qui déplore le « geste enfantin » de l'administration, par lequel elle « refuse [...] de reconnaître » l'AEUM. La direction de l'association aurait donc raison d'être « insultée ». Poirier conclut que « la direction de LIAISONS ne peut que condamner la conduite de l'administration » et « espère que les torts faits à l'AEUM et par conséquent à tous les étudiants [...] soient réparés le plus tôt possible[133] ».

Les étudiants gardent encore l'espoir qu'un certain niveau de « cogestion » sera atteint sous peu. Devant les changements rapides dans le monde de l'éducation postsecondaire, le gouvernement a mandaté John Deutsch afin qu'il assure le suivi de son rapport déposé en 1963, celui-là même qui avait inspiré les profondes réformes du système d'éducation postsecondaire néo-brunswickois. Les étudiants savent que Deutsch doit

131. Rappelons que des demandes en ce sens avaient été formulées par la FNEUC aussi tôt qu'en 1958. Voir Paul Doyon, « Congrès de la FNEUC », *Liaisons*, octobre 1958, p. 3.

132. Robert Berdahl et James Duff, *Structure administrative des universités au Canada : rapport de la Commission d'enquête établie par l'Association canadienne des professeurs d'université et l'Association des universités et collèges du Canada*, Sainte-Foy, Les Presses de l'Université Laval, 1966.

133. Réjean Poirier, « Boycottage de la carte étudiante de l'AEUM » et « Toute l'histoire sur la carte étudiante », *Liaisons*, octobre 1966, p. 1, 3.

proposer des modifications à la charte de l'Université de Moncton, et ils retiennent leur souffle, en espérant qu'il recommande que les étudiants soient représentés convenablement au sein des diverses instances décisionnelles de l'Université.

Le « deuxième rapport Deutsch[134] », rendu public en mars 1967, fait bien des recommandations majeures – rien de moins que la laïcisation de l'institution et une refonte du Bureau des gouverneurs. Toutefois, en ce qui concerne la représentation étudiante, il propose que parmi les 21 membres dudit bureau, on en *nomme* un qui soit « familier avec les affaires étudiantes et capable de représenter le point de vue étudiant », « après consultation avec les représentants du corps étudiant ». Il indique que ce représentant pourrait être un diplômé récent[135].

Jugeant la mesure timide, les organisations étudiantes répliquent aussitôt. Dans le numéro d'avril 1967, *Liaisons* publie un vibrant plaidoyer « pour une démocratie à l'Université de Moncton[136] ». Y est réaffirmé le droit des étudiants « de former des associations représentatives et indépendantes » et déploré le fait que celle existant à Moncton, l'AEUM, ne soit « pas reconnue par l'autorité », puisqu'il n'est pas permis au corps étudiant ainsi constitué d'élire ses propres représentants. La conclusion : « [l]'autorité a [...] adopté une attitude négative vis-à-vis notre association étudiante » dans une tentative de conserver un « système d'éducation vertical et autoritaire ». Comme solution partielle, l'auteur propose l'ajout de *deux* étudiants *élus* au Conseil des gouverneurs, ce qui devrait être « tout à fait normal dans un milieu universitaire ».

À partir de ce moment, *Liaisons* rapporte tous les progrès enregistrés par les étudiants d'autres universités dans l'obtention de sièges au Conseil des gouverneurs ou du Sénat académique[137]. Un journaliste avance même, non sans ironie, que le Collège Humphrey, une petite

134. *Rapport du Comité sur le financement de l'enseignement supérieur au Nouveau-Brunswick*, Fredericton, [s. n.], 1967.

135. « La Commission Deutsch fait son rapport », *Liaisons*, 28 avril 1967, p. 4. Voir aussi Cormier, *L'Université de Moncton*, p. 144, 262.

136. Cyrille LeBlanc, « Pour une démocratie à l'Université de Moncton », *Liaisons*, avril 1967, p. 2.

137. Quelques exemples : « Cinq étudiants au sénat académique » (Collège Glendon, Université York, Toronto), « Étudiant au sénat » (Université de Windsor), *Liaisons*, 15 novembre 1967.

institution secondaire de Moncton dirigée par les pères rédemptoristes, « surclasse » l'Université puisque son nouveau programme aurait été élaboré conjointement par les prêtres-enseignants et les élèves, ce qui est considéré comme un exemple de « co-gestion[138] ».

Dans cette lutte, devenue centrale, l'AEUM ne tarde pas à mettre à profit le nouveau réseau que constitue ACTIONS. À l'assemblée annuelle de l'organisme provincial, en novembre 1967, les délégués reconnaissent unanimement que leur principal problème réside dans le fait que « l'étudiant se voit toujours en butte à une administration à laquelle il n'a pas de représentation ». La question leur semble si importante qu'ils décident d'y consacrer un séminaire, dont la tenue est prévue pour le premier décembre à Fredericton. Ils conviennent aussi que « [l]'Association entrera en pourparler [*sic*] avec le gouvernement pour qu'une représentation étudiante soit admise au sein de la commission de l'Éducation post-secondaire, commission créée tout récemment à la suite du deuxième rapport Deutch [*sic*][139] ».

Le séminaire d'ACTIONS sur la participation étudiante à la gestion de l'université a finalement lieu du 12 au 15 janvier 1968. Le tout commence par la conférence d'un professeur de sciences sociales d'Ottawa visiblement engagé dans la vague de la nouvelle gauche. Après avoir déploré le fait que les universités deviendraient de plus en plus comme des entreprises et prôné la résistance aux autorités universitaires – qui font, selon lui, preuve de « violence » –, il loue « le mouvement syndicaliste étudiant », affirmant qu'il finira bien par prouver que l'étudiant est un membre de la société, lui aussi[140].

Une table de discussion comprenant étudiants et administrateurs suit cette introduction vigoureuse. Il semblerait que les étudiants qui y ont participé aient adopté le ton agressif du conférencier, car « les membres de l'administration ne semblaient pas tous très rassurés devant la prise de position actuelle des étudiants ». Visiblement, les opinions sur la question deviennent de plus en plus tranchées ; le débat se polarise. La discussion n'accouche d'aucune formule de compromis.

---

138. Donald Poirier, « Le séminaire de Humphrey surclasse le Collège de Moncton », *Liaisons*, 15 décembre 1967, p. 2.

139. Donald Poirier, « L'AEUM tient le haut du pavé à l'assemblée générale de l'Action », *Liaisons*, 15 novembre 1967, p. 3.

140. L'équipe d'ACTIONS, « ACTIONS à Fredericton », *Liaisons*, 26 janvier 1968, p. 6.

Les étudiants, dont les attentes sont élevées, en sortent déçus, et les propos relatés par ACTIONS dans les journaux étudiants sont intransigeants. On assiste à une radicalisation de leur position. Les administrateurs ne seraient pas prêts à faire de concessions parce que « ce sont eux qui ont le plus à perdre », ce qui témoignerait de « leur attitude [...] incontestablement conservatrice » et d'une pensée d'« extrême droite ». On en vient à se demander « jusqu'à quel point ce dialogue est possible » et si « la participation [pourra être...] obtenue pacifiquement ». Le communiqué se termine par un appel à l'action : « Il ne faut pas en rester au niveau de la critique, car ainsi nous n'obtiendrons rien de positif[141]. »

Les étudiants sont fiers de leur unité, du pouvoir que cette dernière leur donnerait, de la peur qu'ils s'imaginent provoquer chez les adultes. Cette solidarité générationnelle, affirmée d'abord à l'échelle de l'Acadie, transcende maintenant la sphère « nationale ». Elle conforte les étudiants de Moncton dans leur impression de faire partie d'un seul combat, d'un seul mouvement, c'est-à-dire celui luttant contre les forces des générations passées, toutes cultures et langues confondues. À la veille de 1968, qui verra la question nationale redevenir d'actualité, les étudiants de Moncton sont solidaires de leur génération, telle qu'elle se manifeste dans tout le monde occidental.

La radicalisation de l'AEUM et d'ACTIONS au sujet de la représentation étudiante est semblable à celle qui a eu lieu contre l'élite acadienne. L'administration de toutes les universités est renvoyée à son tour dans le rôle de l'Autre, de l'adversaire, des forces « réactionnaires » contre lesquelles une jeunesse supposément unie doit lutter. D'ailleurs, la lenteur du progrès à l'Université de Moncton est fréquemment attribuée à l'ingérence de « la Patente ». En 1968, par exemple, après que l'Université eut annoncé qu'elle créerait finalement un « comité conjoint tripartite » sur les affaires universitaires composé de quatre administrateurs, trois professeurs et deux étudiants[142], les rédacteurs du journal estudiantin affirment :

> Cette année, [...] l'administration a inventé un beau petit comité triparti [*sic*] conjoint [...] dans l'unique but de calmer les étudiants qui veulent réellement participer [...] Deux maigres votes pour 1300 étudiants [... dans un] comité marginal [... purement]

141. *Ibid.*

142. Cormier, *L'Université de Moncton*, p. 144 ; *L'Insecte*, décembre 1968, p. 14.

> consultatif. [...] Quant au Sénat académique, il [...] a récemment refusé les propositions du Père Chamard (c.s.c.), doyen de la faculté des arts, visant à transformer les cours magistraux et ex cathedra en cours de recherches et de discussion, deux heures sur trois par semaine. Finies les dictées magistrales! [Mais à ça...] les « sénateurs » n'y comprennent rien. [...] Le Sénat, il ne faut pas le réformer mais lui faire subir une mutation. Une quinzaine d'étudiants devraient y participer, la responsabilité du groupe s'étendrait à tous les niveaux de décision. [...] Il faut dénigrer avant tout la « patente » qui se dissimule à l'arrière de structures hostiles qui ne répondent pas aux principes de cogestion ou d'autogestion énoncés par les étudiants[143].

Pendant que les représentants des collèges ont encore le réflexe de se regrouper entre Acadiens, les membres du mouvement étudiant de l'Université de Moncton veulent participer à la sphère étudiante plus large, voire devenir les chefs de file du mouvement étudiant du Canada atlantique. Ces mobilisations sont riches en enseignements : elles nous apprennent que les étudiants de Moncton, pendant qu'ils négligent les questions linguistiques, se lancent à corps perdu dans les combats les plus typiques des mouvements étudiants de l'Amérique du Nord. Ils se montrent enthousiastes à discuter de toutes choses avec les étudiants anglophones – incluant la langue –, confiants de pouvoir régler ces questions « entre jeunes », et ils ont la certitude qu'ils réussiront là où l'élite adulte a failli. Jusqu'à la toute fin de 1967, ils laissent entendre que la solution à tous les problèmes réside dans la participation et la discussion rationnelle. Ils ont la certitude qu'ils arriveront à influencer leurs établissements d'enseignement – et le monde! – par la discussion transparente, franche et démocratique.

À la suite de cette analyse du premier mouvement étudiant durant les années 1964-1967, que peut-on conclure? Les étudiants ont revendiqué une voix – et même une position de leader – dans la société acadienne en s'appuyant sur les notions de libéralisation et de démocratisation de cette société. Revenaient comme un leitmotiv la rupture avec le passé

143. *L'Insecte*, décembre 1968, p. 14.

et, surtout, la libération d'une certaine « tradition nationale », incarnée par l'élite définitrice. À cette époque, toutefois, les thèmes nationalistes occupaient peu de place dans les débats entre les générations en Acadie. À vrai dire, ils occupaient presque aussi peu de place dans le discours de l'élite définitrice que dans celui des étudiants.

Par ailleurs, il est clair que la rupture avec l'élite définitrice est consommée. La tension demeure toujours vive entre le nouveau groupe social que forment les étudiants et les institutions nationales, et les prises de parole fréquentes des contestataires constituent une menace importante pour les définiteurs de situation que sont la SNA et ses alliés. Par ailleurs, cette rupture amène les étudiants de Moncton à refuser de participer à la sphère associative acadienne.

Ce double rejet s'accompagne de la répudiation vigoureuse de tous les symboles nationaux, considérés comme inutiles dans le monde moderne, comme des obstacles au progrès et à l'ouverture, des entraves à la démocratie. Ces rejets ne traduisent pas des caprices ou des réactions épidermiques ; ils expriment, au contraire, des convictions profondes : les étudiants de l'heure sont allergiques à tout nationalisme, soit-il « vieux » ou « nouveau ». C'est ce qui explique leur refus de se mobiliser pour des questions linguistiques, qu'il s'agisse de la langue de leur université ou de l'union des provinces maritimes.

Ce qui est *valorisé* par ce premier mouvement étudiant, ce sont les idées de modernisation, d'ouverture sur le monde, d'émancipation des particularismes, de participation citoyenne et de progressisme social. C'est pourquoi le mouvement appuie sans réserve l'État providence – véritable sauveur et outil de modernisation incontournable – et épouse les causes du mouvement étudiant nord-américain.

Les étudiants de Moncton sont le produit de leur époque en ce qui concerne non seulement leurs thèmes de prédilection, mais aussi leur manière de concevoir le monde et leur place dans celui-ci. Éloignés des grands centres, ils se perçoivent comme une espèce d'entonnoir apportant des idées fraîches dans un milieu jugé stérile et statique, mettant en évidence l'hypocrisie et les contradictions qui résultent d'une situation où cohabitent, dans le discours dominant, l'ancienne idéologie nationale et le nouveau consensus participationniste. Rangés résolument du côté de cette deuxième optique, les contestataires deviennent les alliés objectifs – mais non désirés – des élites réformatrices, dont l'idéologie s'apparente à la leur.

Si la version néo-brunswickoise de l'idéologie étudiante libérale-réformiste n'a pas été mise au jour par l'historiographie, c'est parce qu'elle ne se démarque pas suffisamment du discours dominant en ce qui a trait à l'identité collective, thème principal de la plupart des recherches portant sur les Acadiens. Sur ce plan, elle ressemble même au discours triomphant partagé par le gouvernement Robichaud, la Société mutuelle l'Assomption et l'administration universitaire, pour ne nommer que ceux-là. Cependant, dans les annales de l'histoire, on a retenu seulement que les étudiants sont allés un peu loin du côté de l'iconoclasme.

Néanmoins, en suivant leur philosophie libérale dans toutes ses conséquences logiques, les étudiants ont dépassé les réformateurs. En effet, les critiques de l'Université, de la SNA, de *L'Évangéline*, de Radio-Canada Atlantique, du clergé et de tous les symboles nationaux – critiques qui composent l'essentiel du message du Ralliement de la jeunesse acadienne – révèlent clairement que c'est avant tout l'*Acadie* qui est responsable de son sous-développement. L'Acadie et son attachement servile à la tradition. L'Acadie et ses institutions nationales considérées comme incapables de se réformer. Par ailleurs, tout en demeurant fermement participationnistes, les étudiants n'hésitent pas à proposer des mesures politiques inspirées de la nouvelle gauche.

Jusqu'alors, les réformateurs avaient maintenu l'unité de la communauté (et de son leadership) en faisant des compromis dans le but de préserver un lien symbolique entre leur idéologie et celle, plus traditionnelle et cléricale, des définiteurs de situation d'antan. Tout en devenant de plus en plus influents (notamment après la victoire électorale de Louis Robichaud), ils ont évité de rompre avec la tradition discursive acadienne. Ainsi, l'unité de la famille et de l'histoire acadiennes n'a pas été entamée, du moins en apparence.

La version radicale de l'idéologie de la participation défendue par les étudiants fait voler en éclats ce simulacre d'unité. Elle révèle les failles et les contradictions qui existent au sein du leadership acadien. Elle expose au grand jour cette division fondamentale et ouvre ainsi une brèche dans la façade de la « direction » nationale. Ce faisant, elle affaiblit le monopole idéologique qu'exerçait jusqu'alors l'élite définitrice comme rien ne l'avait fait auparavant.

Chapitre 4

« L'esprit de 1968 » et la naissance du deuxième mouvement étudiant de Moncton

Les événements qui se sont produits au cours des années 1968-1970 replacent la thématique linguistique au cœur des débats et donnent lieu à des revendications d'un type nouveau, fondées sur la notion de droits collectifs : on assiste à la naissance d'une nouvelle mouture du nationalisme acadien, comme l'ont bien montré de nombreux commentateurs et chercheurs[1]. Mais quel a été le rôle des étudiants dans le développement de ce nouveau nationalisme ? En quoi leur discours a-t-il changé et comment ce changement idéologique et discursif s'est-il produit ?

On a vu, dans le chapitre précédent, que la simple « migration » vers l'Acadie des idées néonationalistes développées au Québec ne peut expliquer la transformation du discours des étudiants. La thèse voulant que

---

1. Jean-Paul Hautecoeur, *L'Acadie du discours : pour une sociologie de la culture acadienne*, Québec, Les Presses de l'Université Laval, 1975, p. 295-309 ; Roger Ouellette, *Le Parti acadien : de la fondation à la disparition, 1972-1982*, Moncton, Chaire d'études acadiennes, Université de Moncton, 1992, p. 22-24 ; Louis F. Cimino, *Ethnic Nationalism Among the Acadians of New Brunswick: An Analysis of Ethnic Political Development*, thèse de doctorat (anthropologie), Durham, Duke University, 1977, p. 134-140, 144-147, 156-170 ; Michel Cormier, *Louis J. Robichaud : une révolution si peu tranquille*, Moncton, Éditions de la francophonie, 2004, p. 282-285 ; Richard Wilbur, *The Rise of French New Brunswick*, Halifax, Formac, 1989, p. 227-242 ; Michel Roy, *L'Acadie des origines à nos jours : essai de synthèse historique*, Montréal, Québec Amérique, 1981, p. 258-259 ; Joseph Yvon Thériault, « Naissance, déploiement et crise de l'idéologie nationale », *L'identité à l'épreuve de la modernité : écrits politiques sur l'Acadie et les francophonies canadiennes minoritaires*, Moncton, Éditions d'Acadie, 1995, p. 237, et « Domination et protestation : le sens de l'acadianité », *Anthropologica*, vol. 23, n° 1 (1981), p. 58-60.

la redéfinition du nationalisme ait été provoquée par le besoin de lutter pour les ressources de l'État provincial nouvellement consolidé, défendue par Louis Cimino[2] et par Robert Young[3], est pertinente, mais elle ne suffit pas à expliquer la mutation idéologique de 1968-1969. Après tout, le lobbying auprès de l'État providence aurait pu se faire sur une base individuelle. C'est d'ailleurs ce que comptaient faire les étudiants de 1964-1967, comme nous l'avons vu dans le chapitre précédent. La thèse de Joseph Yvon Thériault, selon laquelle le néonationalisme est une réaction à l'intégration toujours plus grande de l'Acadie au marché capitaliste continental et à la culture de masse nord-américaine[4], quoique instructive, est elle aussi incomplète. Après tout, les étudiants auraient pu choisir de s'intégrer aux réalités culturelles plus vastes comme moyen de sortir de leur « aliénation », attribuable à la situation de l'Acadie. Avant 1968, ils semblaient d'ailleurs s'aligner sur cette voie : la « crise de l'idéologie nationale acadienne » diagnostiquée par leur professeur Camille-Antoine Richard ne leur a pas semblé poser problème. Loin de penser aux revendications collectives, ils étaient persuadés que la participation à toutes les sphères de la société était la meilleure façon de surmonter le « retard » des Acadiens. Sous la gouvernance rationnelle de l'État technocratique, on imaginait ne plus avoir besoin d'organisations ou d'idéologie nationalistes, et on se réjouissait de l'agonie de la vieille tradition patriotique.

L'avènement de l'État providence et l'extension du capitalisme n'expliquent donc pas, à eux seuls, le développement du néonationalisme. Ce sont de bonnes pistes, une partie du casse-tête, mais il manque des morceaux pour en livrer tout le paysage. Des influences extérieures ou des événements perturbateurs locaux – ou les deux – ont pu provoquer un réalignement idéologique de la part des étudiants qui, jusqu'alors si entichés de liberté individuelle, auraient dirigé leur attention vers le collectif, jetant ainsi les bases d'un nouveau nationalisme. Ce sont ces éléments de rupture qui seront explorés dans ce chapitre-ci.

2. Cimino, *Ethnic Nationalism Among the Acadians of New Brunswick*, p. 123, 126-127, 144-145.

3. Robert Young, « L'édification de l'État provincial et le développement régional au Nouveau-Brunswick », *Égalité*, n°s 13-14 (1984-1985), p. 137.

4. Thériault, « Naissance, déploiement et crise de l'idéologie nationale », p. 233-237, et « Domination et protestation », p. 58-59.

Finalement, le revirement néonationaliste doit aussi beaucoup au contexte du monde occidental, à ce qu'on pourrait appeler l'« esprit de 1968 ». Ce dernier est caractérisé par le rejet du libéralisme politique de la part d'une tranche significative de la jeunesse. L'esprit de 1968 déferle sur Moncton dès janvier de cette année-là à cause du contexte liant le local à l'international. Comme on le verra, ces étudiants du moment 68 sont bien de leur temps, à l'image de leurs prédécesseurs libéraux et iconoclastes du milieu de la décennie.

Les mutations de la nouvelle gauche nord-américaine, 1964-1968

Partout en Occident, et au-delà, de 1968 à 1972 l'idéologie du mouvement étudiant se radicalise et devient plus rigide[5]. En Amérique du Nord, plusieurs phénomènes et événements nourrissent cette tendance, dont, parmi les principaux, la guerre du Vietnam et la situation des Noirs aux États-Unis. Comment croire que les gouvernements œuvrent pour le progrès, se demandent les étudiants, quand le mouvement des droits civiques – pourtant irréprochable dans ses méthodes – n'arrive pas à changer la condition des Noirs ? Quand le chef non violent de ce mouvement, Martin Luther King, se fait froidement assassiner[6] ? Comment croire en la valeur et en l'intégrité du système démocratique, s'interrogent ces mêmes étudiants, quand l'armée de la plus grande démocratie libérale de la planète réprime à coups de bombardement un mouvement d'indépendance nationale dans un petit pays lointain ? Quand l'homme politique ayant démontré le plus de volonté d'en finir avec cette guerre, le démocrate Robert Kennedy, se fait lui aussi abattre[7] ? Les étudiants canadiens se demandent, pour leur part, comment faire confiance à un

5. Jean-Philippe Warren, François Ricard, Doug Owram, Cyrill Levitt, Éric Bédard et Gilles Pronovost considèrent tous 1967-1968 comme une année charnière (Jean-Philippe Warren, *Une douce anarchie: les années 1968 au Québec*, Montréal, Éditions du Boréal, 2008, p. 240 ; François Ricard, *La génération lyrique : essai sur la vie et l'œuvre des premiers-nés du baby-boom*, Montréal, Éditions du Boréal, 1994, coll. « Boréal compact », p. 146-147 ; Cyril Levitt, *Children of Privilege: Student Revolt in the Sixties: A Study of Student Movements in Canada, the United States, and West Germany*, Toronto, University of Toronto Press, 1984, p. 47.

6. King a été abattu le 4 avril 1968.

7. Bobby Kennedy a été assassiné le 5 juin 1968.

État qui entretient une collaboration militaire étroite avec les États-Unis. Au Québec, la timidité présumée de la *Loi pour promouvoir la langue française au Québec* (connue sous le nom de loi 63) inspire des désillusions similaires. Pour plusieurs, il semble alors certain que le système ne tourne pas rond, qu'il n'est pas à la hauteur des idéaux qu'il proclame, que des intérêts privés puissants corrompent son fonctionnement. Comment dès lors s'en remettre à lui ?

En France, les étudiants suivent un parcours similaire. Au cours des années 1960, une portion de plus en plus grande d'étudiants avait espéré voir la prospérité se traduire par un meilleur partage de la richesse. Elle avait aussi souhaité avoir une plus grande accessibilité à l'éducation supérieure et subir moins de censure des médias électroniques nationalisés de la part de l'État. Comme leurs confrères américains, les étudiants français sont las d'attendre et se sentent en rupture avec « le système ». Leur révolte explosera, comme on le sait, en mai 1968[8].

Jean-Philippe Warren et Myrna Kostash affirment, avec raison, que la plus grande conséquence de ce vent de désillusion sera la perte de la foi dans le potentiel réformateur de l'État[9]. Après 1967, note Warren, « dans les discours plus critiques, l'État, qui était perçu comme le levier principal de l'émancipation des Québécois, devient un rouage de leur exploitation[10] ». Ce rejet de l'étatisme peut être attribué au fait que l'État réformateur né après la guerre n'avait pas tenu toutes ses promesses. La rhétorique manichéenne qu'avait adoptée le gouvernement américain au début de la guerre froide avait fait naître des standards de justice très

8. Autant Mai 68 a été le mouvement étudiant le plus global et le plus révolutionnaire de la planète, autant il a été soudain. De 1964 à 1967, les étudiants des États-Unis sont beaucoup plus militants. Cela suscite de l'intérêt en France, mais pas d'émules… jusqu'en 1968 (voir Patrick Rotman, *Mai 68 raconté à ceux qui ne l'ont pas vécu*, Paris, Seuil, 2008). Sur le caractère transnational du « moment 68 », voir Jeremi Suri, *The Global Revolutions of 1968*, New York, W. W. Norton, 2006, et Ronald Fraser, *1968: Student Generation in Revolt*, New York, Pantheon, 1988.

9. Warren, *Une douce anarchie*, p. 242 ; Myrna Kostash, *Long Way from Home: The Story of the Sixties Generation in Canada*, Toronto, Lorimier, 1980, p. 38. L'ouvrage de Kostash a certes un ton engagé, voire nostalgique, mais contient néanmoins nombre d'observations très pertinentes. Sur ce sujet, voir aussi Levitt, *Children of Privilege*, p. 151.

10. Warren, *Une douce anarchie*, p. 242.

élevés. La glorification de l'État providence, durant toute la première moitié des Trente Glorieuses, avait aussi créé de très grandes attentes, tout comme le langage musclé de la Révolution tranquille au Québec. À en croire les gouvernements, durant les années 1950 et 1960, tous les problèmes économiques et sociaux auraient été en voie d'être résolus grâce à la « liberté » de l'Occident et à la gestion scientifique et rationnelle de la société. Or, quand vers 1967 les réformes de l'État s'essoufflent, que l'armée américaine s'enlise au Vietnam dans ce qui ressemble de plus en plus à une guerre d'indépendance anticoloniale, et que d'importantes poches de pauvreté subsistent en Amérique du Nord, les étudiants et autres idéalistes se demandent : « C'est tout ? » Il reste nombre de besoins à combler. La « justice » parfaite n'est pas atteinte. La désillusion s'ensuit.

Cette désillusion est accompagnée du rejet, par nombre d'étudiants de gauche, du réformisme libéral de l'État en faveur de l'idée plus radicale de la révolution. Au-delà de l'État providence, c'est toute la foi de l'après-guerre dans le progrès technocratique qui est remise en cause. « Le langage de la révolution change, passant d'un vocabulaire technocratique à un lexique gauchiste » – cette observation de Warren à propos du Québec vaut aussi pour l'Acadie du Nouveau-Brunswick. Elle correspond par ailleurs à une tendance plus répandue. Nombre de chercheurs ont montré, en effet, qu'un peu partout en Occident, les étudiants de la fin des années 1960 rejettent la culture ambiante, qui donne trop de place à la raison, à la science et à la technologie, ainsi qu'à l'ordre et au contrôle. C'est en ce sens qu'on peut parler d'un virage romantique de la part d'une grande partie de la jeunesse[11].

11. En ce qui concerne la France, le sociologue Henri Lefebvre, peu de temps après Mai 68, affirmait que la révolte avait quelque chose d'une réaction à la société bureaucratique-consumériste (*The Explosion: From Nanterre to the Summit*, Paris, Monthly Review Press, 1969). De façon semblable, son contemporain Alain Touraine dépeignait la révolte de mai comme une réaction au monde bureaucratique, à la technocratie et au « rationalisme autoritaire » (*Le mouvement de mai ou le communisme utopique*, Paris, Seuil, 1968 ; *La société post-industrielle: naissance d'une société*, Paris, Denoël, 1969). Sur ce plan, l'interprétation plus récente de Michael Seidman ne dévie pas sensiblement de ces premières lectures (*The Imaginary Revolution: Parisian Students and Workers in 1968*, New York, Berghahn Books, 2004). Reprenant des idées de Cornelius Castoriadis et de Bernard Lacroix, Seidman n'hésite pas à qualifier la pensée étudiante de romantique. En ce qui concerne les années 1968 aux États-Unis,

L'heure est donc à la désillusion… et à la révolte. Cette dernière se traduira par des centaines de manifestations, d'occupations et autres gestes contre « le système », qui auront cours tout au long des années 1968 et 1969. La réforme est un échec… Place à la « Révolution ». C'est cet état d'esprit qu'évoque le philosophe Marcel Gauchet quand il affirme : « Le point fondamental en matière de croyance, c'est ce que l'on peut croire possible. À l'époque de 68, l'histoire porte la possibilité d'une rupture[12]. »

Cette vague de fond idéologique suscite la multiplication des mobilisations au ton révolutionnaire partout en Occident et au-delà, mobilisations dans lesquelles les étudiants jouent généralement un rôle de premier plan. Des dizaines, voire des centaines de campus en Amérique du Nord et en France – avec Berkeley et Paris comme épicentres –, ainsi que dans les villes de Mexico, Tokyo, Berlin et Prague, entre autres, en seront le théâtre[13]. De plus en plus, la jeunesse engagée tente de formuler une critique globale de la société[14], souvent en s'inspirant du marxisme. Toutefois, les considérations matérialistes, marxistes et syndicales occuperont la plupart du temps une place moindre dans le discours émergent que la lutte contre le caractère impersonnel et « aliénant » de la bureaucratie technologique[15]. Les influences intellectuelles les plus importantes de la nouvelle gauche, outre Karl Marx, sont vraisemblablement les critiques du monde contemporain formulées par le philosophe juif américain d'origine allemande Herbert Marcuse dans *L'homme unidimentionnel*[16] et

---

Edward Morgan et Morris Dickstein avancent des idées similaires (voir Edward P. Morgan, *The Sixties Experience: Hard Lessons about Modern America*, Philadelphie, Temple University Press, 1991, p. 170-171 ; et Morris Dickstein, *Gates of Eden: American Culture in the Sixties*, New York, Basic Books, 1977, p. 61-62).

12. Entretien de Gérard Leclerc avec Marcel Gauchet, « Assumons notre Histoire », *France catholique*, n° 2937, 2 juillet 2004, p. 6-12, [En ligne], [http://www.france-catholique.fr/Assumons-notre-Histoire.html].

13. Jeremi Suri, *Power and Protest: Global Revolution and the Rise of Detente*, Cambridge, Harvard University Press, 2003, p. 164-212.

14. Norman Penner, *The Canadian Left: A Critical Analysis*, Scarborough, Prentice-Hall, 1977, ch. 5 ; Levitt, *Children of Privilege*, p. 45-47.

15. Neil Nevitte, Herman Bakvis et Roger Gibbins, « The Ideological Contours of the "New Politics" in Canada: Policy, Mobilization and Partisan Support », *Canadian Journal of Political Science*, vol. 22, n° 3 (1989), p. 475-503.

16. Dans la version originale : *One Dimensional Man: Studies in the Ideology of Advanced Industrial Society*, Boston, Beacon Press, 1964.

par le sociologue américain CharlesWright Mills dans *The Power Elite*[17], qui déconcent tous deux le caractère inégalitaire du capitalisme technocratique des Trente Glorieuses. Freud, Gandhi, les existentialistes français Albert Camus et Jean-Paul Sartre ainsi que les théoriciens de la technocratie tels que Jacques Ellul exercent également une certaine influence sur la nouvelle gauche. Au Québec, les penseurs de la décolonisation Albert Memmi et Franz Fanon sont aussi fréquemment mis à contribution[18]. Plus près des étudiants, il y a les professeurs, dont les plus jeunes encouragent les mobilisations étudiantes[19]. Toutefois, la pensée de la nouvelle gauche demeure éclectique, changeante, ouverte et, somme toute, peu encline à théoriser en profondeur. Quand les militants présentent leur cause, ils le font généralement dans des termes flous, comme « la libération de l'aliénation » et la lutte contre « l'oppression », en vue d'arriver à *la* Révolution. Cette révolution carbure avant tout à la confiance, à l'optimisme, à l'impatience et à l'identité collective d'une génération massive et privilégiée, mais hostile au monde des adultes[20], qu'elle souhaite désormais réinventer à son image.

En ce qui concerne les étudiants québécois, à mesure que la décennie progresse, ils s'éloigneront toujours davantage du réformisme libéral et modernisateur à saveur fédérale pour adopter, de plus en plus fermement, la cause de l'indépendance du Québec, indissociable du socialisme[21]. Ils ne perdront pas pour autant tous leurs appuis parmi leurs confrères du Canada anglais. Au contraire, les milieux étudiants canadiens considèrent le mouvement québécois comme étant le plus « authentique[22] »,

17. Charles Wright Mills, *The Power Elite*, New York, Oxford University Press, 1956.
18. Sean Mills, *The Empire Within: Postcolonial Thought and Political Activism in Sixties Montreal*, Montréal, McGill-Queen's University Press, 2010.
19. Levitt, *Children of Privilege*, p. 90.
20. Doug Owram, *Born at the Right Time: A History of the Baby Boom Generation*, Toronto, University of Toronto Press, 1996, p. 230 ; Levitt, *Children of Privilege*, p. 145-149 ; Ricard, *La génération lyrique*, p. 130-147 ; Kostash, *Long Way from Home*, p. 7-8.
21. Warren, *Une douce anarchie*, p. 67-98 ; Gilles Pronovost, « Les idéologies étudiantes au Québec », dans Fernand Dumont, Jean Hamelin et Jean-Paul Montminy (dir.), *Idéologies au Canada français 1940-1976*, t. 2 : *Les mouvements sociaux ; Les syndicats*, Québec, Les Presses de l'Université Laval, 1981, p. 120.
22. Mills, *The Empire Within* ; Owram, *Born at the Right Time*, p. 168.

défendant les causes les plus « justes », puisqu'il est censé lutter contre une oppression plus réelle et plus manifeste : le colonialisme. Or l'authenticité est l'une des valeurs tenues en haute estime durant les années 1960, tant en ce qui a trait à l'habillement, aux relations personnelles, à la politique ou à la musique. Cette valeur d'authenticité aurait été acquise par le mouvement étudiant québécois de par les parallèles qu'il a été en mesure de tisser entre la situation des Canadiens français et celle des Noirs américains[23], ou encore celle des pays colonisés du tiers-monde. Les étudiants anglophones du pays appuient donc sans trop de réserve la plupart des demandes de leurs condisciples québécois, et ce, bien qu'ils aient déserté l'Union canadienne des étudiants. Cette organisation adopte d'ailleurs une résolution, en septembre 1968, à l'effet que les « citoyens de la nation souveraine du Québec » puissent décider eux-mêmes, s'ils le souhaitent, d'établir un « gouvernement bi-national » avec le Canada anglais[24]. Ce sentiment de solidarité envers les révolutionnaires de la nation québécoise atteint son paroxysme en mars 1969 quand des milliers d'étudiants de l'Université McGill, à Montréal, manifestent en faveur de la francisation de leur université en compagnie de milliers d'autres citoyens montréalais dans le cadre d'une manifestation organisée conjointement avec des associations étudiantes francophones et des syndicats[25]. Consciemment ou non, ils font écho aux manifestations tenues par des étudiants blancs aux côtés de leurs confrères noirs à l'Université Columbia, à New York, l'année précédente[26].

L'esprit de 1968 à Moncton

L'année 1968 marque donc un moment charnière, au cours duquel de ville en ville, de pays en pays, de nombreux mouvements étudiants et

23. Pierre Vallières rend le parallèle plutôt explicite avec le titre d'un essai autobiographique au succès retentissant paru en 1968 : *Nègres blancs d'Amérique : autobiographie précoce d'un « terroriste » québécois*, Montréal, Éditions Parti pris, 1968.
24. Kostash, *A Long Way from Home*, p. 90.
25. À ce sujet, voir Mills, *The Empire Within*, et Jean-Philippe Warren, « L'opération McGill français : une page méconnue de l'histoire de la gauche nationaliste », *Bulletin d'histoire politique*, vol. 16, n° 2 (hiver 2008), p. 97-116.
26. Stewart Burns, *Social Movements of the 1960s: Searching for Democrary*, Boston, Twayne, 1990, p. 85-87.

de la jeunesse en général basculent dans la désillusion et la révolte. En Acadie, le virage du mouvement étudiant vers le néonationalisme est lié à cette vague de fond, elle-même facilitée par « un alignement particulier des planètes, c'est-à-dire à une conjoncture historique plus favorable à ce genre d'engagement des jeunes[27] ».

Les étudiants appliquent l'humeur du moment à des causes locales, transformant la nature de leur mouvement en cours de route. Cela est caractéristique du « moment 68 ». Sean Mills a montré, par exemple, comment les radicaux de Montréal – francophones, anglophones, Blancs, Noirs, hommes et femmes – ont adopté et adapté les théories de la décolonisation aux contextes montréalais et québécois. Il en déduit « *that theory can travel and be interpreted in a completely different location than its home of origin* [*and*] *cross linguistic and ethnic boundaries*[28] ». Et il arrive à la conclusion que « *Montreal's political upheavals of the 1960s* [*must be placed*] *within a framework of global dissent* [...] *they cannot be adequately understood outside of this larger context*[29] ». La même chose peut être constatée à propos du mouvement étudiant de Moncton.

On verra *comment*, lors de la grève de février 1968, la fusion de deux sphères jusqu'alors considérées séparément – celle de la langue et celle du développement économique – a transformé le rapport qu'entretenaient les étudiants acadiens avec le monde et avec leur identité. Convaincus qu'il fallait établir de nouvelles conditions sociales afin de permettre aux Acadiens de s'épanouir, ils s'éloigneront de la pensée participationniste et jetteront les bases d'une nouvelle idéologie à caractère résolument communautariste. C'est la naissance du néonationalisme acadien.

Il peut paraître audacieux de soutenir que le mouvement étudiant de Moncton de 1968-1969 a été grandement influencé par un courant d'idées d'une ampleur mondiale. Toute l'historiographie existante relate et met en lumière des causes et des influences plus directes, plus immédiates, plus locales : conflits linguistiques, sorties chauvines de la part d'élus anglophones, enseignement de professeurs progressistes, etc. Je ne tiens pas ces phénomènes pour insignifiants. Toutefois, je soutiens que tous ces éléments n'auraient pas provoqué la même explosion de

27. Warren, *Une douce anarchie*, p. 240.
28. Mills, *The Empire Within*, p. 7, 9.
29. *Ibid.*, p. 9.

colère dans d'autres conditions, sans l'« esprit de 1968 », ce ras-le-bol qui a fait sortir de leurs gonds les étudiants de tous les coins de la planète, et ce, presque simultanément. Après tout, la situation linguistique du Nouveau-Brunswick n'était pas nouvelle.

Cette idée est audacieuse, dans le fond, uniquement parce qu'elle est difficile à documenter. Mais qui pourrait affirmer qu'il n'y a aucun lien entre toutes les manifestations de 1968 ? Que leur simultanéité n'est que le fruit du hasard ? Cette thèse serait encore plus difficile à *prouver* que son contraire.

Il me semble nécessaire de remettre les pendules à l'heure, en corrigeant une historiographie qui traite le mouvement de 1968-1969 de Moncton comme un phénomène presque purement linguistique, dont les moteurs sont essentiellement néo-brunswickois et québécois. L'Acadie d'alors ne vit pas hors du monde ; elle en fait partie et agit en synchronie avec les tendances sociales et culturelles qui balaient tous les continents. Bien sûr, les enjeux et les termes des débats sociaux diffèrent d'un endroit à l'autre. Mais le mouvement de fond est le même.

Le fait que le second mouvement étudiant de Moncton prenne forme dès février 1968 – c'est-à-dire avant mai 1968 et avant la plupart des manifestations étudiantes nord-américaines – n'invalide aucunement la thèse selon laquelle tous ces événements sont liés, qu'ils font partie de la même vague et s'inspirent du même esprit. Cette réalité, toutefois, prouve que les étudiants acadiens, aussi éloignés soient-ils des grands centres, ne sont pas simplement en train d'*imiter* leurs condisciples d'ailleurs. Le passage à l'action des Monctoniens prouve qu'il y a bel et bien eu un changement de perspective et de ton au sein de la jeunesse occidentale en 1968. Le fait que l'explosion se produise assez tôt à Moncton doit être lu comme un effet de la conjoncture. De fait, dans chaque pays, dans chaque ville, dans chaque université où des « troubles » ont éclaté, la crise a été déclenchée par des événements particuliers, parfois nationaux, souvent locaux. De tels événements perturbateurs ont secoué Moncton dès le début du mois de janvier 1968, provoquant l'apparition précoce du « moment 68 » en Acadie. Bref, cette crise locale s'inscrit dans un contexte mondial et connaît une évolution comparable à celle des autres mouvements étudiants partout en Occident.

Une incarnation locale d'un phénomène global

Au Nouveau-Brunswick, les étudiants acadiens ont leurs propres raisons d'être désillusionnés. Cet état de fait peut être expliqué en partie par le succès même de l'idéologie de la participation, dont le programme est arrivé à terme. En 1967, le gouvernement Robichaud a rempli la plupart de ses engagements. Certains résultats sont visibles : les francophones jouent un rôle important au sein du gouvernement, la refonte du système universitaire provincial a été réalisée et, de façon plus importante, le gigantesque programme Chances égales pour tous a été adopté. Bref, le défi de la participation semble avoir été relevé. Or, à partir de ce moment même, l'idéologie qui lui correspond perd de la valeur, puisqu'elle ne promet plus rien de nouveau.

La déception est d'autant plus grande qu'aux yeux de plusieurs, il existe encore des problèmes importants, au premier plan desquels figurent l'accès à l'éducation secondaire en français, la gestion scolaire et le « rattrapage » de la formation postsecondaire en français. Pis, les réformes Robichaud sont à la source de nouveaux problèmes. Dans son effort pour rationaliser l'administration scolaire, le gouvernement a créé des districts linguistiques mixtes sans pour autant établir de règlements afin que la gestion commune se fasse dans le respect des locuteurs, francophones et anglophones. La question linguistique, que le gouvernement a pris tant de peine à évacuer des débats publics depuis 1960, se trouve à nouveau au cœur de l'actualité en raison de problèmes concrets engendrés par l'État technocratique.

Toutefois, les questions linguistiques liées à l'éducation ne sont pas les seules qui poussent certains à douter du « progrès par l'État ». Le développement économique promis en grande pompe par le jeune Louis Robichaud en 1960 ne s'est jamais matérialisé. Huit ans plus tard, la population du Nouveau-Brunswick n'est pas significativement plus prospère. En particulier, le développement des régions rurales, promis par le nouveau ministère fédéral de l'Expansion économique régionale (MEER) et par une entente fédérale-provinciale sur l'aménagement régional, ne semble pas près de poindre[30]. En 1968, cette stagnation économique est confirmée par de vastes enquêtes menées auprès de dizaines de milliers de

30. Donald Savoie et Maurice Beaudin, *La lutte pour le développement : le cas du Nord-Est*, Sillery, Presses de l'Université du Québec ; Moncton, Institut canadien de recherche sur le développement régional, 1988, p. 45-59.

personnes par les Conseils régionaux d'aménagement du Nord (CRAN), du Nord-Ouest (CRANO) et du Sud-Est (CRASE)[31]. En l'absence de résultats probants, les stratégies technocratiques de développement sont remises en question par certaines parties de la population. La désignation de « zones de croissance » et l'adoption de mesures visant à inciter les gens à y déménager paraissent, pour plusieurs, découler d'une logique froide, peu humaine. Au cours des premiers mois de 1968, ces deux thèmes, soit la langue et le développement économique, finissent par provoquer un désillusionnement à peu près complet envers l'État réformateur chez une grande partie de la jeunesse étudiante.

L'étincelle

Le sentiment de révolte sera alimenté et orienté, durant les trois derniers mois de l'année 1967, par les tensions linguistiques importantes qui apparaissent dans le débat canado-québécois. En octobre, René Lévesque, l'un des piliers de l'« équipe du tonnerre » de Lesage, quitte le Parti libéral du Québec pour fonder le Mouvement Souveraineté-Association. Le mois suivant, la conférence interprovinciale *Le Canada de demain*, organisée par le gouvernement ontarien dans le but de favoriser un rapprochement entre le Canada anglais et le Québec, ne réussit qu'à étaler au grand jour l'incompréhension – ou l'intransigeance – des premiers ministres provinciaux au sujet des demandes linguistiques et constitutionnelles du Québec[32]. Le même mois a lieu une nouvelle édition des États généraux du Canada français, pendant laquelle s'illustra l'option indépendantiste de nombreux délégués québécois. Ces assises confirment, aux yeux de plusieurs, l'éclatement de l'identité canadienne-française au profit du néonationalisme québécois[33], laissant aux « Canadiens français

31. Greg Allain et Serge Côté, « Le développement régional, l'État et la participation de la population : la vie courte et mouvementée des conseils régionaux d'aménagement du Nouveau-Brunswick (1964-1980) », *Égalité*, n°s 13-14 (1984-1985), p. 187-215.
32. Della Stanley, *Louis Robichaud: A Decade of Power*, Halifax Nimbus, 1984, p. 176-178.
33. Le phénomène avait déjà commencé aux États généraux de l'année précédente, après lesquels l'éditorialiste de *L'Évangéline*, Bernard Poirier, s'en était pris aux souverainistes qui auraient « perturbé » le déroulement « normal » des États

d'outre-frontière » soit un sentiment de perte, soit la nécessité d'imiter les Québécois dans la mesure du possible. Finalement, en décembre, la Commission royale d'enquête sur le bilinguisme et le biculturalisme dépose son rapport. Sa description détaillée et empirique de l'infériorité socioéconomique des Canadiens français – à la grandeur du pays – provoque l'indignation et la colère des francophones du pays[34].

Jusqu'au dernier trimestre de 1967, les étudiants demeurent fidèles à leurs préoccupations habituelles, et ils se mobilisent seulement autour de thèmes communs à leur génération. La seule manifestation qui eut lieu au cours de cette période dénonce la guerre du Vietnam. En janvier 1968, toutefois, trois événements successifs enflamment le climat déjà tendu du campus de Moncton, suscitant des actions et des réflexions qui viendront à bout de l'idéologie de la participation et ouvriront la voie à l'idéologie néonationaliste.

Premier élément perturbateur : le recteur de l'Université de Moncton confirme que les droits de scolarité augmenteront à nouveau à l'automne. L'annonce suscite une réaction négative et immédiate de la part de l'AEUM et de l'équipe de *L'Insecte*[35]. Les coûts croissants de l'éducation postsecondaire, qui surviennent à la fin d'une décennie où il a beaucoup été question de gratuité scolaire, ne font rien pour réconcilier les étudiants désabusés par le régime libéral de Robichaud ou l'État technocratique en général.

Deuxième élément perturbateur : la déclaration du maire de Moncton, Leonard Jones, au sujet de la « mission diplomatique » menée par la SNA auprès du gouvernement français. Quatre notables acadiens choisis parmi les dirigeants des institutions nationales les plus en vue se rendent à Paris,

---

généraux et fait preuve de peu de maturité. Il faudrait, selon lui, être « plus pratiques » (« En éditorial : les minorités dans le contexte des E. généraux », *L'Évangéline*, 3 décembre 1966, p. 4). Voir aussi Marcel Martel, *Le deuil d'un pays imaginé : rêves, luttes et déroute du Canada français*, Ottawa, Les Presses de l'Université d'Ottawa et le Centre de recherche en civilisation canadienne-française, 1997, p. 148-171.

34. Léon Dion, *La révolution déroutée, 1960-1976*, Montréal, Éditions du Boréal, 1998, p. 194-220.

35. L'augmentation sera de 60 $ à 110 $, selon le programme d'études, ce qui haussera les frais semestriels de la plupart des programmes au-delà des 500 $ (Michel Blanchard, « Déclaration de l'AEUM concernant l'augmentation des frais de scolarité à l'Université de Moncton » et « Éditorial : scolarité », *L'Insecte*, 26 janvier 1968, p. 2).

où ils sont accueillis par le président Charles de Gaulle, dans le but de signer un accord de coopération culturelle. La visite suscite une grande fierté chez de nombreux Acadiens – y compris les étudiants[36] –, mais le maire Jones ne tarde pas à jeter un pavé dans la mare: « Un vrai sens de fraternité a jusqu'à maintenant existé dans notre communauté où les divers groupes raciaux, linguistiques et ethniques ont continué de vivre en paix, amour et harmonie avec un vrai esprit de solidarité et de fraternité, avec respect, honneur et tolérance mutuels l'un pour l'autre », dit-il avant d'affirmer que la visite des quatre émissaires risquait de « mettre en péril » cette harmonie. « Les Canadiens, poursuit Jones, peuvent régler leurs problèmes entre eux. Ils n'ont pas besoin d'aide des séparatistes ou des gaullistes. Nous faisons toujours partie du Commonwealth des nations britanniques. S'ils veulent importer le mode de vie des Français ici, ils commettent une grave erreur. Il y a bien des choses en France qui sont en deçà de nos standards d'ici[37]. »

Il en rajoute en affirmant que son téléphone ne dérougit pas tant les appels de gens qui s'opposent à ce voyage sont nombreux. Plusieurs lettres d'opinion dans les journaux anglophones de Moncton semblent corroborer ses dires[38]. Cette grogne n'est pas étrangère au fait que le voyage des quatre chargés de mission a lieu six mois à peine après le fameux « Vive le Québec libre! » prononcé par de Gaulle sur le balcon de l'hôtel de ville de Montréal en juillet 1967[39], et que de nombreux

36. Une des jeunes protagonistes de *L'Acadie, l'Acadie!?!*, normalement très critique vis-à-vis la SNA, va dire: « Je sais pas, on dirait que depuis le voyage des quatre, l'Acadie existe un p'tit peu plus. »

37. *L'Évangéline*, 22 janvier 1968; Cormier, *Louis J. Robichaud*, p. 258; Alain Even *et al.* (pour l'APUM), « Mémoire de l'Association des professeurs », *Revue de l'Université de Moncton*, vol. 1, nº 1 (mai 1968), p. 48-50. (Il s'agit d'une reproduction du document soumis au gouvernement en février 1968.)

38. AUL, Fonds Pierre Perrault, P319/D/8,5, dossier 1, section 389 (verbatim d'enregistrement audiovisuel, février 1968).

39. À cette occasion, le premier ministre du Nouveau-Brunswick s'était joint au concert de dénonciations pour conforter le premier ministre Lester B. Pearson dans sa décision de demander le départ immédiat du général. Robichaud envoyait ainsi un message clair: son gouvernement et les francophones de la province n'approuvaient pas les desseins gaullistes « anti-canadiens » (voir Cormier, *Louis J. Robichaud*, p. 255-158). Dans la perspective du gouvernement provincial, il fallait défendre le mode de vivre-ensemble canadien; il en allait de la protection de l'idéal de la participation. Dans la société civile et chez les étudiants,

anglophones y voient le signe d'un complot gaulliste visant à déstabiliser le Canada[40].

Néanmoins, sur le campus, la réaction du maire agace. Immédiatement, le président de l'AEUM, Ronald LeBreton, publie une lettre ouverte au maire l'informant que l'association étudiante « s'oppose catégoriquement » à sa déclaration et qu'elle ne partage pas sa « vision » de ce que constituent de « bonnes relations[41] ». Qu'y a-t-il « d'anti-canadien » dans quelques bourses d'études et des livres pour la bibliothèque, se demandent les étudiants, en évoquant les bourses Rhodes et autres ententes du Commonwealth comme contre-exemples ? Serait-on en présence d'une politique de « deux poids, deux mesures » ? Comme nous le verrons, les propos agressifs du maire provoquent une réflexion qui aboutira à la redéfinition des relations entre les étudiants et la majorité anglophone.

Finalement, choisissant fort mal leur moment, des administrateurs anglophones du district scolaire 15 ramènent à l'ordre du jour la question de la langue à l'école, en proposant la construction d'un nouveau « High School » pouvant accommoder à la fois les anglophones et les francophones. Il s'agit de créer un complexe scolaire unique comprenant deux écoles secondaires et partageant des « facilités communes » : cafétéria, gymnases, bibliothèque, laboratoires, etc.[42]. Hector Cormier, un enseignant de l'école Vanier, exprime bien la réaction d'une grande partie du milieu éducatif acadien à cette proposition :

> [Pourquoi pensent-ils que] les Acadiens [...] se résoudront [...] à envoyer leurs jeunes dans un établissement qui aura autant de

toutefois, l'opinion générale à l'égard du président de Gaulle n'était pas unanimement négative. L'AEUM avait même adopté une résolution selon laquelle le premier ministre Robichaud aurait mieux servi les intérêts de ses concitoyens de langue française en faisant comme le premier ministre du Québec, Daniel Johnson, c'est-à-dire en gardant un silence neutre (« Critiques formulées à l'endroit de M. Robichaud et de la commission scolaire », *L'Évangéline*, 2 décembre 1967, p. 2).

40. Ces idées continuent de circuler, et ce, dans tous les cercles, comme en témoigne le livre de J. F. Bosher, *The Gaullist Attack on Canada: 1967-1997*, Montréal, McGill-Queen's University Press, 2000.

41. Ronald LeBreton, « Lettre ouverte au Maire Jones », *L'Évangéline*, 25 janvier 1968.

42. « Le district scolaire numéro 15 aura-t-il un ou deux complexes ? », *L'Évangéline*, 25 janvier 1968.

> possibilités d'être un foyer d'anglicisation, eux qui se sont donné [pendant de nombreuses années], à coups de grands sacrifices, un système d'écoles payées à même les paroisses religieuses ; eux qui ont mené une lutte déterminante pour l'obtention d'une école secondaire [de langue française] payée à même les deniers publics, soit l'école secondaire Vanier de Moncton[43] [?]

En effet, à peine cinq ans plus tôt, la communauté francophone a vu se construire une école secondaire et une université de langue française dans la ville de Moncton. Bien des éducateurs, des militants nationalistes et des parents pensaient que c'était là des précédents importants, le début d'une tendance vers l'acceptation du principe d'institutions publiques d'enseignement secondaire et postsecondaire de langue française dans la province. Ces gains, même s'ils étaient enregistrés au compte-goutte, rendaient tolérable l'imprécision de la politique provinciale en matière de langue d'enseignement. La proposition de janvier 1968, par contre, semble représenter un dangereux pas en arrière pour les francophones. Les associations Foyer-école, *L'Évangéline* et les étudiants manifestent donc promptement leur mécontentement[44].

La tension sur le campus atteint alors des sommets historiques. Puis Roger Savoie, ce jeune théologien très admiré par la jeunesse engagée, revenu le temps d'une brève visite de son « exil » auto-imposé à Montréal, met le feu aux poudres en acceptant de commenter la mission en France des délégués de la SNA à une émission d'information diffusée à la télévision de Radio-Canada. Fidèle à la philosophie iconoclaste du Ralliement de la jeunesse acadienne, il jette une douche froide sur le retour triomphal des quatre chargés de mission de l'élite acadienne. Voici la description qu'en a faite un journaliste étudiant :

> Lors d'une émission télédiffusée jeudi sur le réseau national de Radio-Canada, nous avons écouté la supposée crème de notre élite, [...] chez lequel [*sic*] on sentait un certain malaise [...] interrogée par un public en studio. Les questions en général furent [pourtant]

43. Hector Cormier, *La scission du district scolaire N° 15 : l'histoire d'une lutte, mais surtout d'une victoire*, Moncton, Éditions du Sorbier, 2000, p. 88.
44. Claude Bourque, « Éditorial : un ou deux complexes scolaires ? », *L'Évangéline*, 22 janvier 1968, p. 4 ; Louise Cadieux, « France, Acadie – Université », *L'Insecte*, 26 janvier 1968, p. 2.

> assez généreuses et quelques-unes même montraient un réel effort de narcissisme [...]. La tension devait atteindre son point culminant lorsqu'on fit entendre un enregistrement d'une interview avec M. Roger Savoie. [... Après son intervention], le sourire des panélistes avaient [*sic*] changé de couleur. Et combien jaune il était. M. Roger Savoie, prêtre laïcisé, était une des figures les plus progressives à l'Université de Moncton. À la suite de son départ, les jeunes intellectuels ont ressenti dans leur entourage un manque d'appui. Mais son intervention de jeudi [...] a suscité dans le même milieu un regain de vie[45].

Le 5 février, à l'invitation de *L'Insecte*, Savoie prend la parole à la toute nouvelle boîte à chansons Chez Lérontin afin d'« éclairer les étudiants vis-à-vis ses propos tenus à l'émission de Radio-Canada ». Devant 350 personnes, il prononce une conférence intitulée « Un peuple improvisé[46] ». Après avoir assuré l'auditoire qu'il n'avait pas voulu « juger des bonnes intentions des messieurs en question » et précisé qu'il ne s'« attaque pas tant à des personnes » qu'il « s'insurge contre une mentalité », il se lance dans une véritable conférence-manifeste. Comme Camille-Antoine Richard et lui-même l'avaient fait lors du Ralliement de la jeunesse acadienne, Savoie développe une pensée à deux volets : l'un iconoclaste, l'autre néonationaliste.

D'une part, il appelle encore une fois à la rupture avec la tradition et avec les institutions nationales existantes :

> La Société nationale [des Acadiens] est-elle représentative de nos aspirations ? Je me permets d'en douter. Car ce qui caractérise la Nationale [la SNA] depuis trop longtemps, c'est l'opportunisme et la prudence. C'est aussi la peur. [...] Tout le monde pense à peu près de la même façon [dans...] les laboratoires poussiéreux de la clique, « pensez comme nous ou ne pensez pas du tout ». [À *L'Évangéline*], les idées sont filtrées, celles qu'on considère comme nocives. Comment pouvons-nous espérer bâtir une culture, quand les jeunes artistes, les jeunes intellectuels partent du pays, parce qu'ils n'y trouvent pas un endroit où respirer un peu confortablement ? On les considère comme des libres-penseurs, des têtes folles, des révoltés, bref, des originaux. Or, y'a pas de place en Acadie pour

45. La Rédaction, « Sous le nez de la pitié », *L'Insecte*, 26 janvier 1968, p. 1.

46. « Conférences », *L'insecte*, avril 1968, p. 7 ; « Own Attitudes have Burdened Acadian People », *The Times* (Moncton), 6 février 1968.

> l'originalité. (Rires) Y'a que d'la place pour les platitudes sucrées de la Société nationale, de *L'Évangéline* et de tous ses lieutenants trop bien léchés. (Applaudissements)[47].

Toutefois, encouragé par les réactions immédiates et combatives des étudiants aux événements de janvier, Savoie se permet de développer le volet néonationaliste de sa pensée, mais, cette fois, avec plus d'insistance qu'il ne l'avait fait au Ralliement de 1966 :

> Le gouvernement provincial est-il notre vrai représentant ? Il n'est pas exagéré de dire un gros « NON ». Car s'il était le porte-parole de nos intérêts les plus profonds, il ne serait pas si timide à promouvoir la réhabilitation des Acadiens dans ce qu'ils ont de spécifique et de différent. Il ferait la même chose pour la population anglaise au lieu de tout fourrer dans la même casserole pour nous servir un fricot sans nom. [...] Une politique de demi-mesure, ménager la chèvre et le chou, d'un côté et de l'autre... ne pas se compromettre. [...] Ça mène tout droit à la médiocrité culturelle.
>
> [... Par exemple] La population française du Nouveau-Brunswick a enfin son université, après une politique de retardement de la part d'un gouvernement qui a toujours été à domination anglaise. [...] Cette université aurait dû être un projet prioritaire. Bâtir une jeune université, quel défi à notre imagination ! La vérité c'est que cette université crève de faim et qu'on a du mal à tenir le coup, c'est que les étudiants – qui ne viennent pas des familles les plus riches du Canada – doivent payer une scolarité de plus en plus galopante. Et le gouvernement ne donne à peu près que les mêmes octrois qu'aux autres universités anglaises sous prétexte qu'il s'agit de justice et d'égalité. Mais l'injustice et l'inégalité c'est qu'une université anglaise est florissante depuis longtemps, a desservi la population anglophone depuis longtemps, alors qu'on nous a toujours boudé sur ce point. Et pour reprendre le temps perdu, [...] nous sommes obligés d'aller demander à la France des béquilles pour qu'on ne voie pas que nous boitons.
>
> [...] Avons-nous réfléchi à ce qui nous adviendrait si le Québec faisait sécession ? Ce n'est pas là une question oiseuse, comme

47. Pour la version intégrale de la conférence (17 pages), voir CEAAC, Fonds Roger Savoie (1024). De longs extraits peuvent aussi être entendus à l'émission *D'un océan à l'autre* de la radio de Radio-Canada, 17 février 1968 (Société Radio-Canada, *Les Archives de Radio-Canada*, section « Politique et économie », *L'éveil de l'Acadie*, [En ligne], [http://archives.radio-canada.ca/IDC-0-17-414-2411/politique_economie/acadie/clip7] [18 juillet 2007]).

> celle de savoir si les anges ont des ailes, car nous savons tous l'immense popularité de René Levesque et la fascination que sa thèse souveraineté-association exerce sur un nombre croissant de gens au Québec. [... Pour] les comtés [francophones] du nord et de l'est [...] cette dernière solution [l'annexion au Québec] me semble la seule plausible [...] Nous avons infiniment plus de chance à vivre pleinement notre vie à côté du Québec qu'à côté de Fredericton. [...] Pour sauver ce peuple, il faut une radicale transformation des structures.

Le conférencier reçoit de « chaleureux applaudissements ». Un peu plus tard, l'étudiante Irène Doiron confie à la caméra de Michel Brault : « On était en groupe après que Roger Savoie a fait sa conférence. C'est là qu'on a décidé de faire la grève[48]. » La deuxième phase du mouvement étudiant était lancée.

Langue et inégalités sociales : deux thèmes, un combat ?

Plusieurs facteurs peuvent expliquer la radicalisation des positions des étudiants : l'inspiration suscitée par le discours de Roger Savoie, la solidarité du piquet de grève, le conflit concernant le district 15, les discussions libres propres aux *teach-ins*, la nécessité de justifier les demandes du gel des droits de scolarité, la fébrilité entourant les manifestations contre l'autorité et la solidarité avec d'autres luttes ayant cours au même moment (luttes étudiantes, raciales, anticolonialistes et autres). Ces nombreux facteurs se réduisent, en fin de compte, à un seul : on assiste à un fort brassage d'idées, à un décloisonnement de la pensée, caractéristique de « l'esprit de 1968 », qui engendre nombre de nouveaux discours – soit « révolutionnaires », soit « contre-culturels » – partout en Occident. À Moncton, l'innovation sur le plan de la pensée a été favorisée par la proximité et la simultanéité de deux débats chez les étudiants, soit celui sur la place du français dans l'espace public et celui sur les besoins socio-économiques des Acadiens. D'abord distinctes, ces deux batailles finiront par n'en faire qu'une seule.

48. AUL, Fonds Pierre Perrault, P319/D/8,5, dossier 2, section 131 (verbatim d'enregistrement audiovisuel, Irène Doiron, été 1968).

Un moment de réflexion sur la langue

Les étudiants politiquement engagés se méfient de l'élite définitrice depuis 1964. Cette opposition est constante et se trouve à la base de l'identité des étudiants de Moncton. Non seulement cet antagonisme demeure-t-il intact au début de 1968[49], mais la mission des quatre « notables » auprès du président de Gaulle n'y change rien, malgré la relative popularité de l'initiative. Nonobstant les déclarations abusives de Gilbert Finn à l'effet que « l'anglicisation de l'Acadie est terminée[50] », le voyage des délégués de la SNA n'est pas à l'abri des critiques des étudiants, comme en témoignent ces extraits de *L'Insecte* :

> L'aide de la France est bienvenue si elle sert à la masse et non seulement à la « clique »[51].
>
> Certaines questions relatives au voyage en France de nos quatre « quêteurs ». Il est nécessaire de nous demander ce que les « Miettes de pain » récoltées [...] peuvent valoir pour une population qui est dans une condition de véritable sous-prolétarisation. [...] La maison de la culture [...] servira à la mystification et à « l'éternelisation » de la bourgeoisie acadienne, c'est-à-dire que les avocats, les médecins, les présidents et gérants de compagnies d'assurance [*sic*], les administrateurs d'université pour ne pas oublier les juges [...] se feront un devoir de s'afficher dans leur tenue de pingouin sur la première page de leur journal, *L'Évangéline*. [...] Que valent de nouvelles presses pour un journal qui nous livre une information poussiéreuse ? [...] Il serait plus profitable pour *L'Évangéline* d'embaucher certains journalistes de *L'Insecte* afin que ceux-ci lui injectent l'énergie nouvelle nécessaire à son amélioration[52].

Cette opposition à l'élite, amplifiée par le discours de Roger Savoie, joue un rôle dans le déclenchement des événements de 1968.

49. Par exemple, dans *L'Insecte* du 26 janvier 1968, on peut lire : « Il était une fois en Acadie un peuple paisible qui passait [*sic*] à l'ombre des évêques en fleurs, le foin tendre et délectable de la parole divine. [...] La duperie cesse aujourd'hui ! Les Acadiens ne veulent plus reconnaître leur élite qui depuis longtemps trompe son peuple, avec l'aide de différents organismes – dont la SNA, *l'Évangéline*, etc. Une frontière très nette sépare la masse et l'élite. »
50. *The Times* (Moncton), 11 janvier 1968.
51. La Rédaction, « Sous le nez de la pitié », *L'Insecte*, 26 janvier 1968, p. 1.
52. Ronald Cormier, « Lettre du marais », *L'Insecte*, avril 1968, p. 12.

Encore une fois, l'inaptitude de l'élite justifierait l'entrée en scène des étudiants :

> Les organisations comme la SNA ou l'AEE ou l'AIE qu'est-ce qu'ils ont fait toujours c'est de protester pour les droits français. Je pense qu'il a manqué un peu d'efficacité parce que [...] ce qui est arrivé, c'est qu'à la fin il s'est formé une certaine oligarchie une certaine élite qui revendiquait non pas pour la masse mais qui revendiquaient pour eux autres[53].
>
> Les statistiques démontrent un exode alarmant de la jeunesse vers l'extérieur de l'Acadie. Si l'oligarchie actuelle ne disparaît pas, elle se retrouvera seule, s'oubliant dans son amour d'elle-même. Donc, les étudiants, les professeurs, les foyers-école, les corps intermédiaires, les villages, les syndicats, enfin, toute la masse doivent [*sic*] exercer des pressions sur les organismes déjà existants pour obliger ceux-ci à se rendre aux désirs et aux besoins du peuple. Lui seul peut se sauver... lui seul[54] !!!

Parallèlement à leurs dénonciations de « la Patente », les étudiants font appel au peuple, au peuple simple qui, lui, connaît ses vrais besoins. Toutefois, cela n'empêche pas le groupe de prétendre parler en son nom, d'agir comme son « vrai » représentant, ou du moins, comme l'un de ses vrais représentants. Les étudiants consentent à partager ce statut avec d'autres groupes : « les professeurs, les foyers-école, les corps intermédiaires, les villages, les syndicats... ». Ces derniers ont tous en commun d'être plutôt nouveaux dans le paysage idéologique acadien, de représenter des causes estimées populaires et concrètes[55]. La référence aux comités Foyer-école nous montre par ailleurs que la gestion scolaire est reconnue comme une cause légitime de première importance.

Bien que l'opposition à l'élite demeure une constante, le mouvement de 1968 ne s'inscrit pas pour autant dans la continuation du mouvement antérieur. Les événements de janvier, en plus de susciter de nouvelles critiques envers l'élite, en provoquent *aussi* de plus fortes envers les concitoyens de langue anglaise du Nouveau-Brunswick.

53. AUL, Fonds Pierre Perrault, P319/D/8,5, dossier 1, sections 45-46 (verbatim d'enregistrement audiovisuel, Carmelle Benoît, février 1968).

54. La Rédaction, « Sous le nez de la pitié », *L'Insecte*, 26 janvier 1968, p. 1.

55. Louise Cadieux, « France, Acadie – Université », *L'Insecte*, 26 janvier 1968, p. 2.

Ce revirement fait suite à la prise de position du maire Jones sur le voyage des « quatre » en France. En effet, malgré leur méfiance quasi instinctive envers l'élite définitrice, les étudiants réagissent très mal aux propos tenus par le maire Jones à l'occasion de la percée de la SNA en matière de coopération internationale. Il faut dire qu'ils considèrent Jones comme un homme rigide et antipathique à la cause francophone depuis un certain nombre d'années déjà[56]. Mais alors que jusque-là ils voyaient en lui une exception – l'un des derniers bigots d'une génération presque disparue –, ils croient maintenant y reconnaître le porte-parole d'un groupe discret mais toujours influent, voire de la majorité silencieuse. Leur irritation monte encore d'un cran quand un conseiller municipal allié de Jones, Al Galbraith, propose que tous les conseillers municipaux soient tenus de renouveler leur serment d'allégeance à la reine « pour dissiper la tension qui existe actuellement en ville entre les divers groupes ethniques[57] ».

Encore une fois, des anglophones influents étalent au grand jour le code régissant l'usage de l'espace public : un conseil municipal travaillant seulement en anglais présente la reine comme symbole d'« unité ». À vrai dire, cette provocation n'est pas objectivement plus outrageuse que celles de 1964 et de 1965. Toutefois, en raison de l'esprit de 1968, ses conséquences seront beaucoup plus lourdes.

L'annonce concernant le serment d'allégeance à la reine, dévoilée dans le contexte surchauffé que l'on connaît, convainc les étudiants engagés qu'il existe bel et bien un problème linguistique non seulement au Canada, mais aussi au Nouveau-Brunswick. Leur foi dans les forces rédemptrices du « progrès », dans la gestion « impartiale » et « rationnelle » de l'État ainsi que dans l'idéal d'une participation commune et biculturelle aux affaires publiques a laissé place à un constat inquiétant : de forts préjugés antifrançais existent toujours au Nouveau-Brunswick[58]. En

56. Lire, par exemple, « Poursuites vs Bertrand Johnson en vertu de la loi du dimanche », *Liaisons*, avril 1964, p. 1. Johnson est alors l'ex-président de l'AEUM. Lui et neuf autres étudiants reçoivent des amendes alors qu'ils lavaient des voitures afin d'amasser des fonds pour des activités étudiantes.

57. « Nouveau serment d'allégeance », *L'Évangéline*, 31 janvier 1968, p. 1.

58. « Lettre ouverte au Maire Jones », *L'Évangéline*, 25 janvier 1968 ; Irène Doiron, Yolande Arsenault, Bernard Gauvin et Claude Savoie, « La délégation est dégoûtée », *L'Évangéline*, 17 février 1968, p. 4.

réaction aux discours optimistes des réformateurs, on estime désormais qu'un travail de sensibilisation culturelle doit être fait auprès de la population anglophone avant qu'une intégration harmonieuse et respectueuse des groupes linguistiques soit possible. Les cohortes étudiantes de 1964-1967 n'ont guère mis l'accent là-dessus. Celle de 1968 ne peut s'offrir ce luxe.

À l'orée de la vague de manifestations de 1968, la priorité n'est pas de rompre avec la tradition ou de participer davantage au monde moderne, mais bien de combattre l'intolérance d'une partie importante de la majorité anglophone et – de façon plus générale – l'iniquité du « système » politique et économique. Sur ce deuxième « front » – mené en parallèle avec celui dirigé contre l'élite –, la principale cible des étudiants est Leonard Jones. Car ce dernier, plus que tout autre, est un « fidèle héritier d'une époque où les Acadiens de Moncton acceptaient sans contester leur appartenance à une caste de porteurs d'eau[59] ».

Une guerre de relations publiques avec le conseil municipal

Un groupe d'étudiants décide d'organiser une manifestation à l'hôtel de ville le soir où les conseillers municipaux doivent renouveler leur serment d'allégeance à la reine. On prévoit aussi qu'une délégation étudiante s'adressera au conseil municipal afin de lui remettre un exemplaire du rapport de la Commission royale d'enquête sur le bilinguisme et le biculturalisme. Au symbolique, on répond par du symbolique. Bernard Gauvin, organisateur de la marche[60], présente ainsi les motivations du groupe :

> Disons qu'on a fait la marche parce que d'abord il y avait tout un tas d'événements qui se déroulaient. D'une part il y avait la conférence constitutionnelle qui se déroulait à Ottawa où M. Robichaud avait déclaré que le Nouveau-Brunswick était une province bilingue modèle et tout le Canada devait regarder sur le Nouveau-Brunswick pour un exemple ; [...] il y avait aussi le voyage des quatre Acadiens

59. Cormier, *Louis J. Robichaud*, p. 275.

60. Le comité organisateur de la marche comprend aussi Robert Arsenault, Jean Cormier, Réjean Losier, Oscar Brideau, André Courtemanche, Donald Robichaud, Claude Beaucage et Paul-Eugène LeBlanc (AUL, Fonds Pierre Perrault, P319/D/8,5, dossier 1, section 97).

> en France [...] vous vous en rappelez ça avait suscité pas mal de controverses. C'est à ce moment-là que Jones avait déclaré qu'il y avait des [...] « dark clouds » sur les relations français-anglais et que la bonne harmonie avait été brisée. Fallait donc prêter le serment d'allégeance à la Reine pour « rétablir les bonnes relations ». [...] Puis il y avait aussi la présentation du rapport Laurendeau-Dunton [...]. C'était vraiment brûlant d'actualité [... mais il n'y avait] personne des Acadiens qui [en] parlait [...] on a décidé que pour appuyer les recommandations du rapport [on le présenterait au maire le même soir...] étant donné que c'était le même soir du serment d'allégeance [...] puis c'était aussi le 14 février [la Saint-Valentin...] ça nous donnait l'occasion de prouver comment il y avait de bonnes relations entre les Français puis les Anglais à Moncton [...] alors ça faisait trois oiseaux avec une même pierre. C'est pour ça qu'on a fait la marche[61].

Les organisateurs de la manifestation évoquent aussi le fait que 1968 est l'Année internationale des droits de l'homme[62]. Ils greffent ainsi leur mouvement à un mouvement plus vaste, internationalement connu.

À vrai dire, les étudiants amorcent une guerre de relations publiques avec le maire Jones et le conseiller Galbraith. Au cours des semaines suivantes, ils tentent de changer la perception populaire – tant chez les francophones que chez les anglophones – de ce qui constitue une cohabitation linguistique « harmonieuse » ou juste. D'expérience, ils savent que le changement des mentalités ne peut se faire sans heurter des sensibilités et déranger de vieilles habitudes.

> D'ailleurs c'est bien évident, je crois que ça va créer une certaine controverse toute l'histoire. Après une controverse, des fois ça engendre un certain dialogue. Peut-être qu'il y aura une certaine prise de conscience chez certains anglophones de Moncton puis peut-être davantage chez certains francophones qui ne sont quelquefois pas assez ouverts au problème[63].

61. AUL, Fonds Pierre Perrault, P319/D/8,5, dossier 2, section 166 (verbatim d'enregistrement audiovisuel, novembre 1968).
62. AUL, Fonds Pierre Perrault, P319 D8.5, dossier 1, section 200 (verbatim d'enregistrement audiovisuel, Ronald LeBreton, février 1968).
63. AUL, Fonds Pierre Perrault, P319/D/8,5, dossier 1, sections 12-13 (verbatim d'enregistrement audiovisuel, Bernard Gauvin, février 1968).

Les organisateurs veulent à tout prix se présenter comme étant plus raisonnables que le maire et ses alliés. Bernard Gauvin et Claude Savoie, lors d'assemblées préparatoires à la marche, rappelleront à plusieurs reprises aux manifestants la nécessité de « se comporter en adultes ». De même, lors d'une réunion du comité organisateur, le soir même de la manifestation, Jean Cormier déclare ce qui suit :

> Disons que l'opinion publique forcera peut-être l'administration municipale d'accorder ce que nous voulons. Si que l'opinion publique peut demeurer solidaire si tu veux [...] du moment que nous ne faisons pas une guerre [...] entre français et anglais, je crois que la plupart des anglophones sont avec nous autres. [...] En ville [...] moi j'ai parlé à plusieurs anglophones de la masse comme telle [...] les simples conducteurs de taxi, mais ils sont avec nous autres. [...] À présent ce qu'on veut faire, c'est diviser les forces des adversaires. Ceux qui sont avec nous autres qui sont sympathiques à notre cause alors ils viendront avec nous autres. D'abord je crois que la plupart viendront[64].

Cette guerre de relations publiques n'est donc pas exempte d'une certaine peur, celle de provoquer un ressac de la part des anglophones. Cette peur cause d'ailleurs quelques difficultés aux organisateurs de la marche. En effet, le président de l'AEUM, Ronald LeBreton, qui avait donné son appui à la manifestation lors de l'assemblée générale tenue le matin même, le retire devant les médias quelques heures plus tard sans en avoir avisé le comité organisateur. Furieux et pris de court, le comité se voit forcé de réagir très rapidement en distribuant des tracts et en parcourant le campus avec un mégaphone pour confirmer la tenue de la manifestation telle que prévue et annoncer que le comité d'organisation en assumait la responsabilité[65]. Pendant ce temps, à l'école secondaire Vanier, grâce à laquelle le comité compte augmenter les effectifs de la manifestation, le directeur fait le tour des classes afin d'informer les élèves qu'il ne voit pas l'utilité de la marche, étant donné que le rapport Laurendeau-Dunton

64. AUL, Fonds Pierre Perrault, P319/D/8,5, dossier 1, sections 12-13 et 214 (verbatim d'enregistrement audiovisuel, février 1968).

65. AUL, Fonds Pierre Perrault, P319/D/8,5, dossier 1, section 117 (verbatim d'enregistrement audiovisuel, Conférence de presse le lendemain de la marche et entrevue avec Bernard Gauvin, 14 juin 2006).

vient tout juste d'être déposé et qu'il est trop tôt pour s'attendre à ce qu'il soit mis en pratique[66]. Ces difficultés qui entravent l'organisation de la marche illustrent bien le malaise que crée, au sein de la société acadienne, cette manifestation contre un représentant élu par la majorité anglophone. La « peur encore physique » perçue par Laurendeau en 1964 est loin d'avoir complètement disparu[67].

Néanmoins, les étudiants engagés réussissent en grande partie à exorciser leur crainte : entre 1000 et 2000 personnes participent à la manifestation[68]. Une mobilisation d'une telle ampleur n'avait jamais été vue à Moncton. La délégation des quatre leaders étudiants sera reçue froidement et irrespectueusement par le conseil de ville : le maire refuse catégoriquement qu'ils s'adressent à l'assemblée en français, puis nombre de conseillers et d'employés toussent bruyamment pendant que les représentants font laborieusement leur présentation en anglais. Finalement, le magistrat affirme – d'un ton qui ne supporte pas la contradiction – que le bilinguisme coûterait simplement trop cher et il conseille aux étudiants, sur un ton paternaliste, de se concentrer sur leurs études et de laisser la politique aux adultes[69].

Les délégués repartent humiliés, mais les images de la rencontre, diffusées par une chaîne de télévision locale affiliée à la CBC, jettent la consternation dans le public, et procurent ainsi une certaine victoire morale aux étudiants. La nouvelle fait le tour du pays, suscitant de longs articles non seulement dans des journaux nationaux tels que le *Globe and Mail* et *Le Devoir*, mais aussi dans des quotidiens de quelques villes comme Victoria, Vancouver, London, Trois-Rivières, Summerside et

66. *Ibid.*

67. Il est intéressant de noter que Ronald LeBreton, le président de l'AEUM qui a tenté de saborder la marche, a vécu cette peur littéralement l'été précédent : un groupe de jeunes gens l'a battu et projeté à travers une vitrine du centre-ville après l'avoir entendu parler français un peu trop fort (AUL, Fonds Pierre Perrault, P319/D/8,5, dossier 1, sections 200-202 (verbatim d'enregistrement audiovisuel, février 1968)).

68. *L'Évangéline*, 15 janvier 1968, et *The Times* (Moncton), 15 janvier 1968.

69. Les multiples rebondissements de cette période (février et mars 1968) sont amplement détaillés par d'autres sources, à commencer par le documentaire *L'Acadie, l'Acadie!?!* Voir aussi Cormier, *Louis J. Robichaud*, p. 275-277, et Sacha Richard, « Fighting for Rights in "The City with a Heart": The Struggle for Bilingualism in Moncton, 1968-1972 », polycopie, Congrès annuel de la Société historique du Canada, Université Dalhousie, Halifax, 29 mai 2003.

Halifax[70]. Ce retentissement dans les médias et la diffusion des images attisent la flamme de la contestation étudiante, confirmant l'impression que les relations entre francophones et anglophones ne sont pas égalitaires. Dans une lettre ouverte rédigée le lendemain de la manifestation, les quatre délégués étudiants déclarent : « Cela fait mal au cœur de le dire, mais il faut accepter le fait que, ici à Moncton, l'élément francophone est à peine toléré, pour ne pas dire ignoré[71]. »

Les jours suivants, on cherche à confronter directement le maire. Cet épisode culmine avec la livraison d'une tête de cochon sur le perron de sa résidence, incident qui aura aussi un grand retentissement médiatique et qui vaudra à deux étudiants d'origine québécoise des accusations en vertu du Code criminel. Bien que l'opinion publique se range plutôt du côté de Jones, l'événement galvanise les jeunes manifestants. L'ethnologue Barbara LeBlanc a qualifié ce geste, de façon fort juste selon moi, de « charivari moderne », dans la mesure où, à l'instar de ce rite populaire d'antan, il « exécute une sentence prononcée après délibérations » et revêt une « fonction de dénonciation publique ». Par ce geste, les étudiants « aboli[ssent] symboliquement tous les rapports hiérarchiques d'inégalité que la délégation avait vécu [*sic*] lors de leur rencontre avec le maire[72] ». L'épisode deviendra un mythe à l'échelle du Canada.

Dès les événements de février, les étudiants se mettent à chercher les causes de l'infériorité symbolique du français, situation ignorée jusqu'alors, mais qu'ils ne peuvent plus nier.

Durant les années 1960, les Acadiens entretiennent – et cela n'est pas nouveau – un rapport ambivalent, quelque peu malaisé avec leur langue[73].

70. *L'Évangéline*, 13 février 1968. Les « événements » de février recevront, durant tout leur déroulement, une couverture assez grande de la part de la presse nationale.

71. Irène Doiron, Yolande Arsenault, Bernard Gauvin et Claude Savoie, « La délégation est dégoûtée », *L'Évangéline*, 17 février 1968, p. 4.

72. Barbara LeBlanc, « Tête à tête et charivari à Moncton : rencontre interculturelle entre les Acadiens et les anglophones de Moncton », *Les Cahiers de la Société historique acadienne*, vol. 27, n° 1 (1996), p. 12-13.

73. Annette Boudreau, « La nomination du français en Acadie : parcours et enjeux », dans Jean Morency, James De Finney et Hélène Destrempes (dir.), *L'Acadie des origines : mythes et figurations d'un parcours littéraire et historique*, Sudbury, Éditions Prise de parole, 2011, p. 71-94, et « La construction des représentations linguistiques : le cas de l'Acadie », *Revue canadienne de linguistique/The Canadian Journal of Linguistics*, vol. 54, n° 3 (novembre 2009), p. 439-459.

D'une part, celle-ci constitue depuis la fin du XIXe siècle une composante essentielle de leur identité « nationale », avec la religion catholique et le récit de la Déportation. D'autre part, il existe un certain malaise concernant la qualité du français parlé en Acadie, malaise nourri au quotidien par les différences importantes entre la langue parlée de la population en général et celle des prêtres et des membres des professions libérales issus des collèges classiques. Bien que le vernaculaire soit accepté et parlé sans complexe dans de nombreuses familles, dans plusieurs milieux s'est aussi développée et ancrée la conviction que les Acadiens seraient responsables du fait qu'ils ne parlent pas correctement le français. Cette idée, d'ailleurs, est l'une des sources de l'influence de l'élite sur la population, qui utilise le « bien parler » comme critère essentiel à la prise de parole publique, ce qui correspond, bien sûr, à de la violence symbolique.

Dès que les étudiants se mettent à réfléchir à la situation des Acadiens, ils sont régulièrement confrontés à cette idée du « mal parler » acadien. Par exemple, après le Ralliement de la jeunesse acadienne de 1966, le docteur Alfred Bastarache avait émis des commentaires désobligeants à l'endroit de ces étudiants qui prétendaient prendre position sur des questions linguistiques alors que « [q]uand ils parlent français, ils le parlent mal[74] ». Les étudiants sont susceptibles de trouver ce discours partout, y compris chez les adultes qui s'allient avec eux contre le maire Jones en février 1968. Ainsi, pendant que le conseiller municipal Léonide Cyr se rangeait *de facto* du côté des manifestants en tentant de résister à la motion sur le renouvellement du serment d'allégeance à la reine, son épouse déclarait aux médias :

> Notre problème acadien, c'est notre langue bâtarde, remplie d'anglicismes. [...] On est paresseux intellectuellement, on veut avoir nos droits, on critique les Anglais, mais on ne fait pas d'efforts pour parler correctement le français[75].

Les étudiants reprendront ce discours à leur compte, mais lui donneront une autre forme. Cette génération, en Acadie comme ailleurs en

74. « Les adultes impressionnés par le Ralliement des Jeunes », *L'Évangéline*, 6 avril 1966, p. 3.
75. Paul-Émile Richard, « "Notre problème acadien, c'est notre langue bâtarde, remplie d'anglicismes" – Mme Léonide Cyr », *L'Évangéline*, 12 février 1968, p. 3.

Amérique du Nord, est tout entière tournée vers les idéaux de liberté et de justice. Elle a conséquemment très peu d'affinité avec la culpabilité – surtout si elle devait s'appliquer à des groupes « faibles », voire dominés, comme les Acadiens ou les étudiants. Ces derniers admettent que les Acadiens et Acadiennes sont bel et bien des bâtards culturels, mais la faute – loin d'être la leur – réside dans le « système », qui ne leur a pas donné les conditions nécessaires à l'épanouissement de leur culture.

Cette vision des choses avait été développée par Robert Sévigny, professeur de psychologie sociale de l'Université de Montréal, au Ralliement de 1966 alors qu'il avait parlé de « l'aliénation potentielle du minoritaire[76] ». Sur le moment, le discours du Québécois n'a pas interpellé les étudiants. Mais en 1968, on le revisite et on trouve de l'intérêt pour les expressions « aliénation », « minoritaire » et « bâtards culturels ». En avril 1968, on déterre Sévigny pour le citer dans *L'Insecte* :

> [...] l'attitude de neutralité qui caractérise l'Acadien [...] s'explique par l'histoire, mais aussi par une situation qui le plonge dans une aliénation psychologique. Selon Robert Sévigny, les trois dimensions principales de l'aliénation [...] sont : le sentiment d'impuissance, l'absence de signification et le sentiment d'isolement. [... Quant à l'impuissance] l'Acadien ne participe pas aux décisions qui le concernent parce que, d'une part, il est contrôlé économiquement par l'Anglo-saxon et parce que, d'autre part, il subit encore la domination [...] du clergé. [... en ce qui a trait à] l'absence de signification on peut tenir le manque d'instruction ou d'information responsable [...] Ce manque [...] provient d'abord de la discrimination [...] du ministère de l'Éducation. D'autre part, l'Église a endoctriné l'Acadien à accepter un « paquet de vérités »[77].

Si les causes de la prétendue bâtardise culturelle des Acadiens sont désormais établies, elle n'est pas pour autant acceptée par les étudiants, qui vivent la situation comme une injustice et qui insistent sur la nécessité de s'en affranchir. Des segments de conversation captés par la caméra de Michel Brault en février et en novembre 1968 en témoignent :

76. « Un psychologue devant le ralliement : Toute minorité produit des complexes », *L'Évangéline*, 2 avril 1966, p. 1.
77. Bernard Gauvin, « Le portrait d'un vieillard ? », *L'Insecte*, avril 1968, p. 11.

(Blondine Maurice) : Je me demande souvent si les français qui vivent dans les provinces à minorité française qui veulent véritablement être et rester français – ceux qui doivent combattre pour garder leur langue, etc. – est-ce que ce ne sont pas eux qui sont les véritables français ? Parce qu'au Québec c'est facile d'être français tandis que nous c'est pas facile. [...] **C'est important d'être quelque chose.** [...]

(Carmelle Gaudet) : **Je serai moi-même en autant que je serai canadienne-française... acadienne.** C'est important certain... c'est tout mon être. [...] Faut choisir ! Tu choisis d'être toi-même ou quelque chose d'autre.

(Blondine Maurice) : Je m'en fous que les acadiens décident de devenir français ou anglos. **Mais d'abord qu'ils fassent le choix.** C'est pour ça je me demande s'il est important que l'Université de Moncton existe. Si les étudiants viennent à l'un puis ils font leurs cours à moitié anglais puis à moitié français... qu'ils aillent se spécialiser dans une université totalement anglaise ! Ça leur vaudra peut-être beaucoup plus[78].

(Carmelle Gaudet) : **C'est très injuste.** Surtout pour ceux qui vont rester et qui vont être médiocres, qui vont ni parler français, ni parler anglais. [...] Même nous, on [...] est dans une situation très angoissante. **On sait pas si on est acadien**, si on peut parler français. On essaye bien, mais on arrive jamais à traduire ce que l'on voudrait écrire ou dire : on peut pas le faire. Alors c'est quoi ? On est pas la personne qu'on aimerait [...] qu'on est en réalité. On peut pas la refléter. Comment on doit la refléter ? C'est en parlant et en écrivant. Puis on peut pas le faire. Alors je trouve que c'est une injustice à chaque individu[79].

Le constat que la culture et la langue acadiennes sont dans un état tristement « bâtard » mène très rapidement à penser que *d'autres conditions sociales sont nécessaires* pour qu'une « personnalité » ou une « identité » francophone forte et saine puisse se développer au Nouveau-Brunswick, et ce, sur une base tant individuelle que collective. Cette idée demeurera présente tout au long des manifestations de 1968 et de 1969, puis au-delà.

78. AUL, Fonds Pierre Perrault, P319/D/8,5, dossier 1, sections 43-44 (verbatim d'enregistrement audiovisuel, Discussion avant la marche sur l'hôtel de ville, 14 février 1968). C'est moi qui souligne.

79. AUL, Fonds Pierre Perrault, P319/D/8,5, dossier 2, section 144 (verbatim d'enregistrement audiovisuel, Discussion au local de *L'Insecte*, novembre 1968). C'est moi qui souligne.

C'est celle qu'exprime, par exemple, Émilien Robichaud lorsqu'il écrit qu'il se sent « pessimiste » quant à « la survie de la minorité francophone du Nouveau-Brunswick [...] **dans les cadres actuels** », reconnaissant que « l'heure des choix passe » et que « si on ne se grouille pas [c'est...] l'assimilation[80] ».

Cette volonté d'améliorer les conditions sociales provient du fait que les étudiants posent la question de l'identité à l'aune de l'*épanouissement* personnel, véritable leitmotiv de toute la génération de 1968. La première cohorte étudiante militante de Moncton (1964-1967) avait déjà troqué la « survivance » – mot d'ordre habituel des sociétés nationalistes acadiennes – pour le « progrès ». Elle s'était mobilisée essentiellement dans le but de contester la tradition, pour entrer dans le monde moderne et pour participer à la société canadienne. En 1968, voilà que les successeurs de ce mouvement de contestation proposent à leur tour un nouvel idéal : il ne s'agit plus de « progresser » à tout prix, mais d'en finir avec un malaise socioculturel et linguistique afin de permettre à leurs contemporains de mieux vivre leur rapport au monde.

Un moment de réflexion sur l'égalité socioéconomique

La manifestation en faveur du bilinguisme à l'hôtel de ville et la réflexion concernant la langue sont menées parallèlement à une autre lutte, soit celle contre l'augmentation des droits de scolarité. Ces deux combats sont théoriquement distincts – en fait, les organisateurs des deux séries de manifestations affirment cette distinction de façon insistante[81] –, mais, en réalité, ils en viennent à être conçus comme les deux faces d'une même pièce.

Après la prise de position initiale de l'AEUM puis de *L'Insecte*, et après le discours de Roger Savoie, les militants se mobilisent rapidement pour dénoncer la hausse des droits de scolarité. Ils savent que leurs déclarations dans les journaux ne peuvent faire plier l'administration de l'université ou le gouvernement. Conséquemment, ils songent à organiser une

80. Émilien Robichaud, « Les états généraux », *La Moustache*, 14 mars 1969, p. 10. C'est moi qui souligne.

81. Pierre Perrault et Michel Brault, *L'Acadie, l'Acadie!?!*, ONF, 1971 (film documentaire), 31e minute.

manifestation[82], comme en témoigne la pétition – à découper, à signer et à ramener à l'association étudiante – parue dans *L'Insecte* du 26 janvier.

Confiante de pouvoir gagner l'appui de la majorité de la population étudiante, l'AEUM tient une assemblée extraordinaire le mardi 6 février. Huit cent étudiants – soit 71 % de la population étudiante du campus – se réunissent et votent en faveur du boycottage des cours. Cette mesure est considérée comme temporaire, ne valant que jusqu'à ce qu'un vote anonyme puisse avoir lieu. C'est chose faite le mercredi, une journée très animée sur le campus. Un *teach-in* rassemble des centaines d'étudiants, dont les délibérations sont ponctuées par la lecture de télégrammes d'appui provenant d'au moins six autres associations étudiantes de partout au Canada. (Une dizaine d'autres arriveront dans les jours qui suivent.) Le vendredi, après un autre boycottage et un autre *teach-in*, le résultat du vote est dévoilé : plus de 90 % des étudiants ont voté, dont 84,5 % se sont prononcés en faveur du boycottage, lequel est dès lors rebaptisé « grève ». Celle-ci commencera officiellement le lundi.

Immédiatement, l'APUM déclare qu'elle appuie les étudiants. De même, un jeune chroniqueur français de *L'Évangéline*, Alain Gheerbrant, publie un article sur la justesse de la cause étudiante. L'AEUM sollicite la SNA afin d'obtenir son appui ; et quelques jours plus tard, soit le 12, la doyenne des institutions nationales se prononce en faveur de la gratuité scolaire. La Canadian Union of Students émet elle aussi un communiqué vantant la « résistance courageuse » des étudiants de Moncton à la menace de l'Université d'ériger de nouvelles barrières financières à l'éducation. Encouragée, l'AEUM barricade l'accès au campus lorsque l'administration annonce, par communiqué, que les droits de scolarité seront augmentés, peu importe les actions entreprises par les étudiants. La barricade est levée quelques jours plus tard, après que l'administration universitaire eut finalement pris position publiquement sur le niveau de financement reçu par la Province.

Sans surprise, les étudiants défient les appels au retour en classe de l'administration universitaire. Un vote a même lieu le mercredi 14 février afin de confirmer démocratiquement la continuation de la grève « jusqu'au moins mardi prochain ». Une autre extension sera votée le lundi suivant.

82. Les paragraphes suivants sont basés sur des dizaines d'articles parus tant dans *L'Évangéline* que dans *The Times* (Moncton) du 25 janvier au 25 février 1968.

Au cours des *teach-ins* et des réunions plus restreintes, l'AEUM et l'Association des professeurs rédigent des mémoires dans lesquels ils font part de leur opposition à l'augmentation des droits de scolarité. Toutefois, ces manifestes ne s'adressent pas à l'administration universitaire mais plutôt au gouvernement provincial, considéré comme le seul à être en mesure d'empêcher ladite hausse. Les deux associations sollicitent une rencontre avec le premier ministre et le ministre de l'Éducation. À leur surprise, ces derniers acceptent de les rencontrer : les professeurs sont attendus le lundi, et les étudiants, le mardi.

Les professeurs font savoir qu'ils seront une soixantaine à se rendre dans la capitale pour parler aux membres du Cabinet. L'AEUM, souhaitant elle aussi montrer sa force, appelle tous les étudiants de la province à manifester à Fredericton le mardi 20 février. ACTIONS, l'organisation étudiante biculturelle qui se veut le véhicule de la contestation au Nouveau-Brunswick, désirant être dans le coup, se joint à pied levé à la conférence de presse afin de convier les étudiants des autres universités à la manifestation. L'appel ne tombe pas dans l'oreille de sourds, puisque 1400 étudiants de partout dans la province manifestent devant l'édifice de la législature provinciale avec les 800 venus de Moncton.

En déclarant la grève et en se libérant ainsi des cours et de la routine, les étudiants ont créé un moment de réflexion privilégié, moment qui s'avérera déterminant pour l'avenir de la culture politique acadienne. Au cours de ces froides journées et nuits d'hiver, inspirés par le contexte qu'on connaît et désabusés par l'insolence du maire Jones, les étudiants et les professeurs de l'Université de Moncton élaborent une vision inédite du Nouveau-Brunswick.

Ces idées apparaissaient déjà en filigrane dans le texte produit par l'AEUM en réponse à l'annonce du recteur concernant la hausse des droits de scolarité. L'Association mettait d'abord l'accent sur les droits individuels : « L'étudiant est un membre intégral de la société [il a…] droit à une éducation supérieure […] accessible[83]. » Puis, elle avait,

83. « Déclaration de l'AEUM concernant l'augmentation des frais de scolarité à l'Université de Moncton », *L'Insecte*, 26 janvier 1968, p. 2. Ce raisonnement est semblable à ceux avancés par le mouvement étudiant de Moncton depuis quatre ans. L'Association répète que la société a des devoirs envers l'étudiant et évoque une panoplie de références non nationalistes pour appuyer ses revendications, telles que des mémoires rédigés par l'Union canadienne des étudiants, le

timidement, tenté de justifier le traitement particulier qu'elle demandait pour les francophones :

> Il est un fait établi que les Provinces Maritimes sont économiquement très pauvres par rapport aux autres provinces du Canada. Il s'ensuit que dans cette région, l'étudiant éprouve beaucoup de difficultés à financer ses études, particulièrement [...] l'étudiant d'expression française, qui provient très souvent d'une famille nombreuse et très pauvre. [...] L'AEUM considère qu'une telle augmentation des frais de scolarité à l'Université de Moncton contribuerait à la difficulté déjà très grande qu'éprouve l'étudiant francophone à accéder à une formation universitaire[84].

Roger Savoie, comme nous l'avons vu, avait déjà énoncé ces idées avec verve dans son discours prononcé à la boîte à chansons Chez Lérontin. Mais c'est au fil des *teach-ins* de février que ces réflexions ont été réellement approfondies et développées. Le résultat se retrouve dans des lettres d'opinion[85] et, de manière plus achevée, dans les mémoires destinés au gouvernement provincial. Celui des professeurs, signé par Jean-Paul Hautecoeur, Alain Even et René-Jean Ravault, tous professeurs de sociologie[86], est avalisé par l'APUM. Quant au mémoire des étudiants, il est signé simplement « AEUM ». Ces textes ont été rédigés en collaboration : les étudiants sont remerciés dans celui des professeurs et vice-versa.

Les universitaires y présentent la province non plus comme une *polis*[87] à laquelle tous les citoyens peuvent participer sans médiation, mais comme un État formé de deux « communautés » fondamentales. Ces communautés, arguent-ils, se distinguent avant tout par la langue, mais se différencient aussi économiquement et sociologiquement. Le biculturalisme est présenté comme la caractéristique fondamentale de la province. Mais il y

---

programme Chances égales pour tous de Louis Robichaud, et même une encyclique du pape Jean XXIII.

84. *Ibid.*

85. Association des professeurs de l'Université de Moncton, « The "Poor Cousin U." of New Brunswick », texte paru dans le *Times* de Moncton et republié dans *L'Évangéline* le 16 février 1968, p. 4.

86. Camille-Antoine Richard est absent, parti à l'Université Laval afin d'y commencer un doctorat.

87. Cité, république, corps politique.

a plus : les communautés ne sont pas égales dans les faits. Les mémoires ne sauraient être plus clairs sur ce point :

> [Notre] hypothèse [:] la constitution de la population globale du Nouveau-Brunswick en deux groupes linguistiquement et culturellement originaux [...] engendre des disparités [les] plus profondes. [... Nous avons affaire à] une situation d'inégalité de fait qui implique une exploitation et une aliénation économiques fondamentales[88].

Les mémoires n'émettent pas uniquement des hypothèses. Ils s'attellent aussi à la tâche de montrer empiriquement le statut inférieur des francophones. Bref, on s'affaire à *prouver* la justesse des réactions de l'AEUM à la hausse des droits de scolarité et, par ricochet, à appuyer le bien-fondé de ses revendications.

Contrairement à ce qui a souvent été suggéré[89], ces sociologues et sociologues en herbe n'utilisent pas une grille de lecture marxiste. Leur démonstration est beaucoup plus directe et empirique : ils se contentent de mettre en lumière, données statistiques à l'appui, certaines disparités importantes. S'appuyant sur les chiffres du recensement de 1966, les professeurs comparent sous de nombreux angles les comtés à majorité francophone aux comtés à majorité anglophone de la province. Le plus simplement du monde, ils montrent que les premiers ont une population active moins grande (50,7 % contre 56,6 %), une proportion significativement supérieure d'individus ayant travaillé moins de 40 semaines au cours de l'année (54 % contre 25 %), des salaires moyens largement inférieurs (2 408 $ contre 3 172 $), un revenu annuel moyen par famille inférieur et une plus forte proportion de travailleurs œuvrant dans le secteur primaire (16 % contre 8,7 %)[90].

Ayant documenté les importantes disparités socioéconomiques à partir d'indicateurs univoques, les auteurs avancent ensuite l'idée que celles-ci engendrent un autre ensemble de disparités, celles-là socioculturelles.

88. Alain Even *et al.* (pour l'APUM), « Mémoire de l'Association des professeurs ».
89. Stanley, *Louis Robichaud*, p. 188 ; Wilbur, *The Rise of French New Brunswick*, p. 228 ; Cormier, *Louis J. Robichaud*, p. 282-284.
90. Even *et al.* (pour l'APUM), « Mémoire de l'Association des professeurs ». Ils ont aussi créé une troisième catégorie, soit les comtés « mixtes », dont les valeurs se trouvent chaque fois entre celles des deux autres types de comtés.

Ils établissent, par exemple, que les comtés à majorité francophone se distinguent par une fréquentation scolaire inférieure, un nombre plus élevé d'échecs entre la 9e et la 12e année scolaire (22,5 % contre 15,8 %) et un « bas niveau d'héritage culturel » (dans Restigouche et Gloucester, par exemple, seulement 13 % des adultes possèdent une neuvième année ou plus). L'éducation a donc peu de chance d'y être valorisée à sa juste mesure, de sorte que la main-d'œuvre risque de demeurer sous-qualifiée de génération en génération. On conclut à l'existence d'un cercle vicieux : dans les régions francophones défavorisées, les inégalités socioéconomiques et les inégalités d'accès à la culture et à l'éducation se nourrissent mutuellement. Or, puisque 75 % des étudiants de l'Université de Moncton viennent des comtés francophones et mixtes, l'institution doit contribuer au renversement de ce cycle néfaste.

Le mémoire des étudiants expose des arguments et adopte une structure très semblables à celui des professeurs. Toutefois, les rédacteurs utilisent des données et des exemples inédits, et ils insistent davantage sur les difficultés financières des étudiants[91]. Mettant à profit des statistiques colligées par l'Union canadienne des étudiants, ils rappellent que seulement 28 % des étudiants universitaires canadiens sont issus de familles ayant un revenu annuel inférieur à 5 000 $. Or, constatent-ils, le revenu annuel familial moyen dans les comtés à majorité francophone du Nouveau-Brunswick est de seulement 3 513 $ (contre 4 027 $ dans les comtés majoritairement anglophones). En plus, le mémoire fait valoir que les salaires des étudiants durant l'été sont moins élevés au Nouveau-Brunswick que dans le centre ou l'ouest du pays. Dans ces conditions, il est tout à fait inacceptable de payer des droits de scolarité plus élevés que la moyenne nationale, comme c'est le cas au moment de la grève.

Le mémoire des professeurs montre aussi que les régions francophones connaissent un taux d'émigration plus élevé que celui des comtés anglophones (18 % contre 6,3 % entre 1961 et 1966)[92]. On rapporte là les trouvailles d'un jeune professeur de géographie d'origine française, Jean-Claude Vernex, grâce auxquelles les étudiants constatent que la « revanche des berceaux » acadienne est terminée et que le groupe linguistique est aux

91. AEUM, « Mémoire des étudiants », *Revue de l'Université de Moncton*, vol. 1, n° 1 (mai 1968), p. 60-61.

92. Even *et al.* (pour l'APUM), « Mémoire de l'Association des professeurs ».

prises avec des problèmes d'émigration et d'assimilation[93]. Contrairement à ce qu'on a pu croire au début des années 1960, les Acadiens ne formeront vraisemblablement jamais une majorité au Nouveau-Brunswick. Cette prise de conscience vient renforcer l'impression que la population francophone de la province se trouve dans une situation précaire et elle enterre les restes de l'optimisme qui caractérisait le début de la décennie.

Bref, les étudiants et les professeurs tentent d'établir objectivement l'existence d'inégalités socioéconomiques importantes entre les deux « communautés linguistiques » de la province. Ce qu'ils font à l'échelle du Nouveau-Brunswick s'apparente à ce que la commission Laurendeau-Dunton a fait pour le Canada : ils rendent objectives, irréfutables et tangibles des inégalités qui étaient jusqu'alors vaguement perçues et souvent niées.

Leurs conclusions s'éloignent résolument du discours dominant, tant provincial qu'acadien. Alors que les propos de l'élite participatrice et du gouvernement Robichaud avaient tendance à minimiser les différences entre les régions et les groupes linguistiques, voilà que des jeunes donnent une réalité à la communauté acadienne et affirment sa spécificité. Ironiquement, après la mise à l'écart des mythes collectifs acadiens durant l'épisode de la participation modernisatrice, c'est par la rationalité scientifique et l'empirisme qu'une nouvelle génération recrée une « communauté imaginée » acadienne[94]. Les conclusions des deux mémoires ressemblent fort à la leçon tirée par les étudiants après leur rencontre avec

93. Jean-Claude Vernex, « Le littoral septentrional et oriental du Nouveau-Brunswick : une société en crise démographique », *Revue de l'Université de Moncton*, vol. 2, n° 1 (janvier 1969), p. 16-22. Le thème du déclin démographique est aussi présent dans les conversations entre les étudiants, comme en témoigne l'échange suivant : « – Bernard Gauvin : "[...] on est 240 000 francophones au NB... disons officiellement selon les statistiques." – Régis : "Qui ont un nom français." – BG : "Oui, une bonne partie de ceux-là sont assimilés" » (AUL, Fonds Pierre Perrault, P319/D/8,5, dossier 2, section 127 [verbatim d'enregistrement audiovisuel, novembre 1968]).

94. Les étudiants sont d'ailleurs conscients du rôle majeur qu'a joué la sociologie dans la création de leur nouvelle perspective sur le monde. Après l'annonce de la fermeture du Département de sociologie, la FEUM sollicite l'appui des associations étudiantes des autres universités canadiennes en leur écrivant : « Le secteur de Sociologie est le centre de prise de conscience de toute communauté. Faisant parti d'un groupe ethnique défavorisé et habitant une région sous-développée, [...] nous attachons une importance primordiale à une telle prise de conscience.

le maire Jones : si l'on espère relever le niveau économique et culturel des francophones du Nouveau-Brunswick, d'*autres conditions* politiques et sociales sont nécessaires pour y arriver.

Avant d'analyser plus précisément les recommandations contenues dans les mémoires de février 1968, examinons quelques-unes des évolutions qu'a connues le discours étudiant en ce début de 1968, afin de mieux saisir les origines du renouvellement de l'idéologie et la manière dont il s'est effectué.

L'union des luttes linguistique et sociale

Les termes utilisés dans les deux débats de l'heure, soit celui portant sur la place de la langue française dans l'espace public et celui sur la situation socioéconomique et culturelle des Acadiens du Nouveau-Brunswick, se ressemblent singulièrement : « l'épanouissement » de « l'élément » ou de la « communauté » francophone, son « aliénation » attribuable à la « domination » exercée par la majorité anglophone sur la minorité francophone, ainsi que le besoin de « corriger » une situation « inégalitaire ».

Le cinéaste Pierre Perrault a capté de nombreux témoignages qui attestent le fait que plusieurs étudiants – sinon la majorité – adhèrent au message des mémoires, à savoir que la lutte linguistique et la lutte socio-économique sont identiques, voire qu'elles ne font qu'une :

> (Carmelle Benoît) : [On a écrit un mémoire sur la situation de l'Université de Moncton] parce qu'on croit au fait français. Il y a vraiment un fait français à défendre dans la région francophone du Nouveau-Brunswick. Parce qu'on croit au rapport Laurendeau-Dunton [...] parce qu'on croit qu'il y a des droits à revendiquer [...] des droits légitimes qui ont été bafoués. Puis [... c'est] simplement une question de justice[95].

> (Hélène Tremblay, s'adressant au président de l'AEUM, Ronald LeBreton, durant une réunion qui suit la marche à l'hôtel de ville) : Tu dis « La marche s'inscrit dans l'année des Droits de l'Homme :

Nous croyons que la mise en cause du secteur... est une atteinte grave à l'affirmation vitale de tout un groupe » (*L'Évangéline*, 3 avril 1969).

95. AUL, Fonds Pierre Perrault, P319/D/8,5, dossier 1, section 41 (verbatim d'enregistrement audiovisuel, février 1968).

> C'est un geste, en soi, qui est valable. » Par la suite tu dis que, inscrit dans le fait de la grève, il n'est plus valable. [... Mais pourtant] tu as dit avant que le problème était non seulement un problème d'augmentation des frais de scolarité mais un problème de gratuité scolaire et ensuite un problème culturel et linguistique. La marche c'était justement un problème culturel et linguistique [...] le problème de l'université c'est aussi un problème culturel et linguistique. [...] Donc il n'y a aucune contradiction[96].
>
> (Irène Doiron) : Je me suis rendu compte que c'était pas seulement un problème des frais de scolarité... [...] Je me suis rendu compte que c'était un problème de francophonie[97].
>
> La marche [... et] la grève [...] sont étroitement liés. Tous les deux se situent dans un problème de francophonie et de discrimination[98].

Pour la première fois, on fusionne les thèmes linguistique et socio-économique. Par le fait même, on ouvre la porte à des solutions qui ne concernent pas le Nouveau-Brunswick, mais l'Acadie[99], désormais vue comme un objet en soi. On veut créer un « habitat » adéquat qui favoriserait l'épanouissement d'une culture francophone contemporaine, comme en témoigne un « manifeste » rédigé en 1970 : « Désormais, la jeunesse devra se tenir debout et dénoncer publiquement toutes les entraves à l'épanouissement du groupe social [acadien] dont nous ne devons pas nous dissocier[100]. »

Sans en être tout à fait conscients, les étudiants engagés provoquent ainsi la réapparition du projet national acadien. Toutefois, étant donné leur allergie au « vieux » nationalisme, ils ne comptent pas développer ce projet

---

96. AUL, Fonds Pierre Perrault, P319/D/8,5, dossier 1, section 206 (verbatim d'enregistrement audiovisuel, février 1968).
97. AUL, Fonds Pierre Perrault, P319/D/8,5, dossier 2, section 189c (verbatim d'enregistrement audiovisuel, novembre 1968).
98. Discours étudiant, mars 1968, non signé, Archives personnelles de Bernard Gauvin.
99. Plus spécifiquement, l'Acadie du Nouveau-Brunswick.
100. Monique Arsenault, Jean A. Cormier, Bernard Gauvin, Adéline Hachey, Irénée St-Jean, Claude Aubin, Paul-Eugène LeBlanc (président sortant de la FEUM), Viola Morrison, « Manifeste », dans *Rappel 1969-70* (album des finissants produit par la FEUM), p. 76, CEAAC, Archives institutionnelles de l'Université de Monton.

sans le renouveler. Pour eux, l'Acadie constitue moins un héritage à préserver ou une mission à laquelle rester fidèle qu'un projet de société ou un pays à construire. Reste que le contexte de 1968 a réussi à transformer des individus philosophiquement libéraux – privilégieant les droits individuels – en nationalistes convaincus – priorisant les droits collectifs[101].

Cette équation entre la lutte sociale menée jusqu'alors par le mouvement étudiant et la lutte linguistique (voire nationaliste) ne se fait pas sans questionnement théorique et – peut-être – sans remord de conscience chez certains contestataires. Au moins deux d'entre eux, Raymond LeBlanc et Bernard Gauvin, rédigeront plus tard des mémoires de maîtrise dans lesquels ils exploreront les rapports entre socialisme et nationalisme[102]. On peut prendre ce microphénomène comme une preuve que la réconciliation de la gauche avec la lutte nationale préoccupe les militants de 1968-1969 au plus haut point. Les étudiants finiront toutefois par dépasser ces scrupules. Ce faisant, ils redessineront en profondeur leur rapport au monde et adapteront le nationalisme aux réalités contemporaines.

La transformation du rapport aux anglophones

À l'époque de la participation modernisatrice, les étudiants voyaient la majorité anglophone de la province comme bien intentionnée, mais mal informée des réalités et des défis vécus par la communauté acadienne, situation dont ils tenaient responsable l'élite définitrice acadienne,

101. Il y a eu énormément de réflexions sur cette question au Canada et ailleurs depuis les années 1950 : le libéralisme est-il compatible avec le nationalisme ? Pour l'école cité-libriste et trudeauiste, bien sûr, la réponse était non. Malgré tout, la majorité des intervenants admet aujourd'hui que oui. Cela dit, je soutiens que ce diagnostic s'applique avant tout aux groupes disposant d'un État (au moins provincial) qui lui soit propre (et même dans ces cas, les dérapages sont faciles). Pour les minorités « sans État », la réponse est loin d'être claire. Être nationaliste, dans ce contexte, c'est privilégier les droits collectifs aux droits individuels.

102. Les deux mèneront en partie cette réflexion en France grâce aux bourses France-Acadie : Raymond LeBlanc, *La question nationale chez Karl Marx*, thèse de maîtrise (philosophie), Moncton, Université de Moncton, 1973 ; Bernard Gauvin, *Le Parti communiste du Canada et la question canadienne-francaise : 1921-1938*, thèse de maîtrise (sociologie), Montréal, Université du Québec à Montréal, 1978.

considérée comme une piètre ambassadrice. Le contexte de 1968, l'« affaire Jones » ainsi que la preuve de l'existence de profondes inégalités socioéconomiques et culturelles dans la province viennent à bout de cette lecture de la réalité. Désormais, il semble évident aux yeux des étudiants que les anglophones sont en partie responsables de la situation économique « désastreuse » des Acadiens. Bref, les problèmes des Acadiens ne sont pas d'origine culturelle – endogène –, mais structurelle, extérieures à la collectivité. Aux dires des militants, « il y a une chose qui est importante [...], il y a quand même un dominant puis un dominé ici. [...] Il y a une injustice flagrante puis il faut que les gens le sachent[103] ».

Ce retournement se produit non sans hésitation. On cherche d'abord à expliquer le manque de solidarité des anglophones. Au début, on veut croire que le problème se limite à quelques arrière-gardes réactionnaires. Toutefois, les étudiants arrivent à la conclusion que la population anglophone au complet doit être considérée comme coupable, ne serait-ce que parce qu'elle refuse d'admettre qu'il y a un problème et qu'elle ne condamne pas les éléments francophobes de la province :

> (Blondine Maurice) : Je me demande si les Anglais sont conscients. Parce que si ça les intéresse pas d'être conscients hein ? [...] comme quand je suis allée à Bathurst faire ma recherche. J'allais voir les informateurs clés [comme les travailleurs sociaux] puis je leur demandais : « Est-ce que à Bathurst il existe réellement une classe pauvre ? » Puis il a dit « voyons es-tu folle. On a des problèmes par dessus la tête ». [... Mais] tu peux demander à n'importe quel riche s'il y a des pauvres dans la ville. Ben il va dire : « Ben il y en a comme ça ». Je sais pas ils peuvent pas. Il y a un mur qui les empêche de voir. C'est un peu le même problème pour les Anglais. Comme les Américains ne doivent pas penser qu'il y a une injustice vis-à-vis des noirs. Ils doivent avoir d'autres explications. Ils doivent dire « les français sont trop moches pour évoluer, c'est pas de notre faute »[104].

> (Blondine) : Je pense qu'il y a sûrement des anglais qui [ne] croient plus dans le serment d'allégeance aussi [...] même s'il y a des cons comme le maire Jones.

103. AUL, Fonds Pierre Perrault, P319/D/8,5, dossier 2, section 193d (verbatim d'enregistrement audiovisuel, Bernard Gauvin, octobre 1968).

104. AUL, Fonds Pierre Perrault, P319/D/8,5, dossier 1, section 37 (verbatim d'enregistrement audiovisuel, durant l'élaboration du mémoire, février 1968).

> (Jean Cormier) : Je crois qu'il y a beaucoup d'anglophones qui tendent favorablement vers nous...
>
> (Bernard Gauvin) : C'est bien beau c'est une minorité d'anglais qui pensent comme ça, c'est une bande de réactionnaires. Comment ça se fait si il y a des Canadiens-anglais qui pensent pas comme ça, qui désapprouvent vraiment ce geste-là, comment ça se fait qu'ils se lèvent pas puis se prononcent contre. Y'en a pas un maudit qui le fait. Nous autres on est obliger d'accepter justement [...] Je les trouve pas ben convaincus de leurs convictions [...] Un tas d'anglais sont pas d'accord et viennent nous le dire personnellement. Mais pour le dire en public je te dis que ça prendrait un maudit coup dans le cul...[105].

À partir de la grève de l'hiver 1968, on entend de plus en plus souvent formuler, dans les milieux étudiants, des accusations contre les anglophones, qui sont tenus responsables du statut inférieur des francophones et qui doivent payer pour une partie du redressement de la situation[106].

Cette tendance est renforcée par un discours de Pierre Bourgault, prononcé à Moncton le 29 février, dans lequel il unit l'Acadie et le Québec en utilisant le «nous». Parmi les «causes de notre infériorité économique», il mentionne «la conquête» et «la discrimination des gouvernements qui défendent les acquis de la conquête». Comme solution, il propose, bien sûr, l'indépendance[107]. Alors que les étudiants libéraux-réformistes de la période 1964-1967 n'avaient pas su s'inspirer du néonationalisme québécois, ceux de 1968 absorbent ce message goulûment.

Le durcissement envers les anglophones se fait aussi sentir dans les rapports qu'entretiennent les associations étudiantes avec les associations anglophones ; la coopération avec la majorité perd soudainement

105. AUL, Fonds Pierre Perrault, P319/D/8,5, dossier 2, section 167 (verbatim d'enregistrement audiovisuel, novembre 1968, lors d'une rencontre d'étudiants pendant laquelle on avait visionné, sur petit écran, la scène de la réunion de l'hôtel de ville).

106. Voir, par exemple, les propos d'Irène Doiron sur le coût de l'éducation (AUL, Fonds Pierre Perrault, P319/D/8,5, dossier 2, section 164 [verbatim d'enregistrement audiovisuel, septembre 1968]).

107. Cécyle Chevrier et Samuel Arseneault, «Conférences», *L'Insecte*, avril 1968, p. 9 ; «Quebec Separatists Would Welcome Acadian Support», *The Times* (Moncton), 1er mars 1968 ; Bourgault, invité par le club de sciences politiques de l'Université, a donné sa conférence au Collège Notre-Dame-d'Acadie, l'Université de Moncton ayant refusé de prêter un local à cette fin.

la cote. ACTIONS est partiellement discréditée lorsque le « *province-wide boycott*[108] » que planifiait son comité exécutif pour appuyer les étudiants de Moncton et pour demander le gel des droits de scolarité tombe à l'eau, en raison de l'opposition de deux associations étudiantes anglophones[109]. L'écart qui sépare l'AEUM et l'association provinciale se creuse le jour de la marche à Fredericton. Cette fois, ce sont les Monctonniens qui veulent montrer la particularité de leur cause : l'AEUM insiste pour présenter seule son mémoire aux membres du Cabinet. Pourtant, le mémoire d'ACTIONS fait preuve d'une certaine solidarité avec les étudiants de Moncton, puisqu'il appuie la demande concernant « l'octroi de subsides supplémentaires aux universités durant leurs premières années de fonctionnement ». Néanmoins, ce n'est plus suffisant pour les étudiants de 1968. Ce qu'ils veulent ? Que les anglophones reconnaissent leur part de responsabilité dans les inégalités socioéconomiques qui réduisent les Acadiens à l'état de « dominé ». À partir de l'hiver 1968, ACTIONS, présentée comme l'agent politique estudiantin par excellence jusqu'à l'automne 1967, sera considérée timorée et, conséquemment, délaissée, quelques fois même ridiculisée. En 1969, on n'en parle plus.

Cette transformation du discours des étudiants de Moncton était probablement essentielle au plein déploiement du mouvement de 1968 puisque, comme le fait remarquer Sean Mills, « *the project of "Othering" is essential to any political position*[110] ». À Moncton, ce nouvel « Autre » prend la forme de la majorité anglophone, désormais perçue comme hostile.

Un nouveau rapport à l'État

Ces nouveaux rapports qui se dessinent entre la minorité francophone et la majorité anglophone changent aussi les rapports à l'État. Car cet État, il est partagé. Si, au cours de la période participationniste, les militants étaient convaincus que ce partage pouvait se faire sans heurt et sans désavantager les francophones, ils se montrent désormais méfiants, parfois même cyniques, envers les institutions communes aux deux groupes

108. Une grève d'ampleur provinciale.
109. *The Times* (Moncton), 17 février 1968.
110. Mills, *The Empire Within*, p. 10.

linguistiques. Cette méfiance est exprimée souvent et clairement à partir de février 1968 :

> Nous reprochons à la Commission [d'éducation supérieure du Nouveau-Brunswick] de fermer les yeux face au problème spécial et spécifique de l'Université de Moncton. [...] Nous pouvons accuser les deux représentants de l'Université, le Dr Brian Newbolt et le Dr Léon Richard [... d'avoir] trahi [notre cause]. [... Pendant ce temps] le gouvernement provincial, ce **têtu bâtard** s'assoit, regarde et attend que des fonctionnaires anglophones disent qu'il faut accorder un budget de rattrapage à une université française. [...] Le gouvernement refuse [donc] de considérer qu'il y a des disparités économiques au Nouveau-Brunswick[111].

> La grève des étudiants n'a pas donné de résultats concrets. Pis encore, le gouvernement refuse de reconnaître la disparité économique – c'est-à-dire que les francophones sont plus pauvres que les anglophones – et l'inégalité sociale – ça veut dire que les francophones ont moins de chance dans la vie, parce qu'ils sont dominés par les anglophones – qui existent entre les deux groupes ethniques de la province. Est-ce que nous avons un gouvernement au service de seulement 60 % de la population[112] ?

> (Jean Cormier) : On a Louis Robichaud... Franchement, c'est plutôt les Anglais qui le contrôlent, pas les Français. [...] Alors qu'est-ce que tu veux qu'on fasse[113] ?

D'ailleurs, les écrits et les conversations des militants laissent deviner que leur « trop-plein » vis-à-vis l'État technocratique dépasse le Nouveau-Brunswick francophone, comme l'attestent ce témoignage de novembre 1968 et le « Manifeste » publié par un collectif étudiant dans l'album-souvenir de 1969-1970 :

> Avec les Esquimaux... le gouvernement va venir, va construire des écoles puis il va les moderniser, les développer. Ben c'est vraiment

111. Ronald Cormier, « La colonne de gauche : et c'est suspendu », *L'Insecte*, avril 1968, p. 2. C'est moi qui souligne.
112. Eusèbe L'Assimilé, « La grève n'a pas donné de résultat concret », *L'Insecte*, avril 1968, p. 4.
113. AUL, Fonds Pierre Perrault, P319/D/8,5, dossier 1, section 141 (verbatim d'enregistrement audiovisuel, novembre 1968).

> écœurant. C'est le progrès, c'est l'évolution, ben quelle évolution! [...] on pense vraiment au progrès, à la technique, puis à la machinisation, à la robotisation, [...] en tout cas, c'est pas l'humanisation[114]!

> Nous croyons que le système [...] a déjà trop d'emprise sur nos esprits. [...] Nous nous attaquons à l'appareil extérieur qui déshumanise et met en conserve nos âmes. [...] Nous sommes de ceux qui croient encore à l'homme, à celui qui n'est pas fondu au moule de sa machine et de son système[115].

Cette méfiance des étudiants à l'égard de l'État est un phénomène générationnel. *L'Évangéline*, par exemple, ne suit certainement pas les étudiants lorsqu'ils commencent à attaquer les gouvernements Robichaud et Trudeau pour leur prétendue « complicité » avec un pouvoir anglophone oppressant ou pour leur nature « bâtarde ». Par ailleurs, ce mouvement générationnel dépasse le cadre du Nouveau-Brunswick. On a affaire ici à un ressac antimoderniste lié à « l'esprit de 1968 ». Celui-ci est palpable dans la culture jeunesse de la fin de la décennie, et ce, partout en Occident. Simplement, à Moncton, des conflits locaux amplifient le ressac dès janvier. La résistance du conseil municipal de Moncton et d'autres figures publiques aux changements à apporter au régime linguistique néo-brunswickois, les conflits au sein des districts scolaires « bilingues », l'existence – avec preuve à l'appui – d'importantes inégalités socioéconomiques et culturelles entre les groupes linguistiques, la comparaison avec le cheminement du Québec[116], tous ces phénomènes, ayant lieu dans un laps de temps relativement court, mènent les étudiants à rejeter l'optimisme des années 1950 et 1960, en Acadie et ailleurs.

D'autres tensions locales attisent cette méfiance envers l'État tout au long des années 1968-1969. Au cœur même des manifestations de

114. AUL, Fonds Pierre Perrault, P319/D/8,5, dossier 2, section 194a (verbatim d'enregistrement audiovisuel, Blondine Maurice, novembre 1968).

115. Monique Arsenault, Jean A. Cormier, Bernard Gauvin, Adéline Hachey, Irénée St-Jean, Claude Aubin, Paul-Eugène LeBlanc (président sortant de la FEUM), Viola Morrison, « Manifeste », dans *Rappel 1969-70* (album des finissants produit par la FEUM), p. 76, CEAAC, Archives institutionnelles de l'Université de Moncton.

116. Émilien Robichaud, par exemple, écrit que les États généraux du Canada français lui ont « permis de saisir... [la] situation précaire des minorités en dehors du Québec » (« Les états généraux », *La Moustache*, 14 mars 1969, p. 10).

février 1968, une rumeur se répand à l'effet que la Gendarmerie royale du Canada aurait déjà infiltré le mouvement étudiant de Moncton, même s'il s'est montré non violent et démocratique[117]. Puis deux dossiers vont amplifier le malaise de nombreux étudiants par rapport aux efforts des gouvernements provincial et fédéral pour développer l'économie régionale. Le premier concerne le plan de développement régional du gouvernement fédéral (ARDA) du nord-est du Nouveau-Brunswick; le second, la création du parc national de Kouchibouguac, annoncée en 1967, parc qui doit occuper une région peu peuplée du comté de Kent, dans l'est du Nouveau-Brunswick. Quoique conçus avec de bonnes intentions, les deux plans comportent des éléments controversés qui provoquent une réaction populaire contre ce qui est perçu comme une gestion froide et insensible de vies humaines. Dans la Péninsule acadienne, la résistance populaire s'organise contre la désignation de certaines villes comme « pôles régionaux de développement » et contre les mesures mises en place afin d'inciter la population à y déménager. Quant à la controverse entourant la création du parc de Kouchibouguac, elle fait suite à la volonté du gouvernement fédéral d'exproprier les familles habitant dans le futur parc. Dans les deux cas, des opposants évoquent l'image d'une « deuxième déportation » pour formuler des critiques à forte charge émotive qui contrastent avec le langage bureaucratique et rationnel des fonctionnaires[118].

Décidément, les réformes de l'État perdent l'auréole qu'elles avaient au début des années 1960. La rancœur des étudiants envers la majorité anglophone et leur méfiance envers l'État sont en fait les deux faces d'une même médaille. Fondamentalement, c'est l'optimisme et la foi dans le progrès des années d'après-guerre qui disparaissent du campus de Moncton, comme c'est le cas dans de nombreuses autres universités.

---

117. *L'Insecte*, décembre 1968, p. 14. Des événements ultérieurs leur donneront raison. « Les nationalistes acadiens sous surveillance », radiodiffusé sur les ondes de Radio-Canada dans le cadre de l'émission *Tournée d'Amérique*, le 15 octobre 1994. On peut écouter le reportage à l'adresse suivante : Société Radio-Canada, *Les Archives de Radio-Canada*, [En ligne], [http://archives.radio-canada.ca/IDCC-0-9-1500-10150/guerres_conflits/espionnage_canada/] (8 avril 2010).

118. Marc Johnson, « *L'Évangéline* contestée, 1966-1982 », dans Gérard Beaulieu (dir.), *L'Évangéline, 1887-1982 : entre l'élite et le peuple*, Moncton, Éditions d'Acadie et Chaire d'études acadiennes, 1997, p. 359-362.

Au Nouveau-Brunswick francophone, cette répudiation donnera lieu à l'émergence d'une idéologie politique communautariste.

L'Acadie comme communauté primordiale

Le rejet de la bonne entente

La méfiance des étudiants à l'égard de la majorité anglophone et de l'État se répercute inévitablement sur toutes les facettes de leur discours politique. La première victime de cette suspicion est la bonne entente, entretenue par l'élite définitrice depuis les années 1950. Après les altercations avec le conseil municipal de Moncton[119] et la révélation d'importantes disparités socioéconomiques entre les régions anglophones et les régions francophones, les étudiants rejettent sans équivoque – et en masse – le discours de la bonne entente. Plusieurs le dénoncent comme étant complaisant et mensonger :

> [...] je trouve que le meilleur document qu'on pourrait avoir pour la prochaine conférence constitutionnelle [...] c'est le film de ce qui s'est passé : la marche ! Et surtout ce qui s'est passé dans l'hôtel de ville. [...] S'ils veulent avoir des faits, s'ils veulent voir la réalité telle qu'elle existe – l'assimilation puis l'injustice –, ben que l'on montre ce film-là, puis on verra. Puis qu'on arrête de se créer des illusions. Emplir la tête des gens... C'est ce qu'on fait aux conférences constitutionnelles actuellement. [...] J'aimerais profiter de l'occasion pour réfuter certaines déclarations du premier ministre Louis Robichaud disant que la bonne entente au Nouveau-Brunswick c'est quelque chose d'extraordinaire. Qu'il s'ouvre les yeux puis qu'il s'ouvre les oreilles. Puis s'il veut encore dire ça, ben c'est un fou[120].

Les étudiants engagés en arrivent à penser que pour parvenir à une *véritable* bonne entente, il est impératif de créer une situation d'égalité

---

119. ... et avoir subi les invectives de contre-manifestants à l'extérieur de l'hôtel de ville (voir le film *L'Acadie, l'Acadie ?!?* ou AUL, Fonds Pierre Perrault, P319/D/8,5, dossier 1, section 93 [verbatim d'enregistrement audiovisuel, février 1968]).

120. AUL, Fonds Pierre Perrault, P319/D/8,5, dossier 1, sections120-121 (verbatim d'enregistrement audiovisuel, Bernard Gauvin à la conférence de presse après la manifestation à l'hôtel de ville, février 1968).

réelle entre les groupes linguistiques. Pour atteindre ce but, il faudrait instaurer un nouveau régime de cohabitation linguistique et une nouvelle formule de partage des richesses dans la province. Dans cette perspective, le discours de la bonne entente pose problème en ce qu'il ne sert, selon eux, qu'à masquer et minimiser les problèmes existants : il faut se débarrasser d'une attitude considérée comme « à-plat-ventriste », attitude qui trahirait une mentalité de « colonisés ».

La position des étudiants dérange, et certains Acadiens se portent à la défense de la bonne entente, comme ce député qui déclare à *L'Évangéline* : « Il y a des gens dans cette province qui veulent détruire l'harmonie qui existe entre les deux groupes ethniques[121]. » De plus en plus, les étudiants se demandent ce que cache cette résistance. Pourquoi insiste-t-on tellement pour présenter le Nouveau-Brunswick comme un « modèle » pour le Canada ?

Dans son éditorial du 19 février, *L'Évangéline* reconnaît malgré tout que les questionnements des étudiants sont légitimes et se montre à la fois sympathique aux manifestations et critique à l'endroit de la philosophie de la bonne entente. L'éditorialiste affirme que si l'harmonie fait défaut à Moncton, c'est en grande partie en raison du manque de bienveillance de l'administration municipale : « L'harmonie vient du fait que les francophones ont longtemps passé des injustices sous silence[122]. » Piquée au vif par les sorties du maire Jones contre la mission diplomatique de la SNA, l'élite se montre, dans un premier temps, prête à suivre les étudiants dans leur remise en question d'une partie du discours dominant, à savoir que la véritable paix linguistique reste à construire.

Or la bonne entente fait partie d'un ensemble idéologique plus vaste. Sa « délégitimation » et son rejet créent une brèche importante dans le discours de la participation. Cette perte de légitimité du discours dominant explique les prises de position foncièrement nouvelles en matière de politiques linguistiques, scolaires et économiques – à partir de février 1968.

---

121. *L'Évangéline*, 8 mars 1968.

122. « Fraternité et Fraternité » (éditorial), *L'Évangéline*, 19 février 1968, p. 4.

La révélation du « code caché » des Acadiens et la réaffirmation de l'acadianité

Des recherches sociohistoriques et anthropologiques ont établi que les relations entre groupes dominants et groupes dominés sont habituellement chargées de dissimulation, voire de tromperie. L'anthropologue et politologue James Scott a notamment documenté comment les dominés feignent la déférence pendant que les puissants affirment le plus souvent leur domination de façon subtile. Toutefois, les groupes dominés créent aussi un « discours secret » ou un « code caché » plus critique – voire railleur – envers le groupe dominant, discours qui demeure normalement dans la sphère du privé. De même, le groupe dominant développe un « dialogue privé » portant sur la désirabilité du *statu quo* et sur les moyens à employer pour le conserver. Ce discours ne peut – lui non plus – être partagé publiquement[123].

Il arrive toutefois que les « codes cachés » des groupes dominés éclatent au grand jour, sur le ton de la défiance, durant des périodes de tension politique et culturelle. C'est ce qui arrive à Moncton en février 1968. En confrontant directement le maire Jones et en dénonçant publiquement les injustices subies par les Acadiens, les étudiants font éclater des conflits qui demeuraient latents au moment de la participation modernisatrice. C'est la première fois que des Acadiens descendent dans la rue – espace public par excellence – et dénoncent la situation dans laquelle ils vivent. Le « code caché » des francophones est ainsi exposé aux anglophones. Parmi les secrets révélés par les étudiants, il y a le fait que plusieurs francophones ne croient pas sincèrement au discours public de la bonne entente et voient le système d'éducation existant non comme une réponse adaptée et pragmatique à la situation du Nouveau-Brunswick, mais comme une iniquité. Cette prise de parole constitue une sérieuse remise en cause du *statu quo*. Cette première verbalisation publique du discours privé ne manque pas de provoquer une tension politique qui change à jamais la nature du

123. James C. Scott, *Domination and the Arts of Resistance: Hidden Transcripts*, New Haven, Yale University Press, 1990. Scott y analyse la nature des pratiques discursives des groupes culturellement dominants et dominés en puisant abondamment dans l'histoire et le folklore du monde, et en s'inspirant de Michel Foucault et de la sociolinguistique contemporaine.

rapport de forces entre les groupes en présence. Cela ne met pas fin à la domination des francophones par les anglophones, mais les relations qu'ils entretiennent se transforment, ne serait-ce que par l'ajustement du discours dominant.

Cette expression publique de l'indicible peut être attribuée à plusieurs facteurs. L'un d'entre eux est sans conteste la présence d'étudiants du nord de la province et du Québec, c'est-à-dire d'individus pour qui le *modus vivendi* linguistique de Moncton est nouveau et étranger. Par contre, il faut rappeler que l'Université de Moncton avait une proportion semblable d'étudiants venant d'ailleurs depuis les années 1950, et que cela n'avait pas provoqué de réactions publiques. Ces étudiants avaient jusqu'alors accepté la situation linguistique du sud-est du Nouveau-Brunswick comme étant l'ordre naturel des choses, comme une caractéristique régionale inaltérable. D'autres soutiendront que l'explosion de 1968 est due au fait que le conseil de ville de Moncton a provoqué les étudiants. Toutefois, comme nous l'avons vu, ce n'est pas la première fois que les Acadiens voient leur importance dans la ville minimisée. Pourtant, c'est la première fois que les étudiants affirment haut et fort leur désaccord.

Selon moi, cette crise ne peut être expliquée sans faire appel au contexte historique. La conjoncture a voulu que ces tensions, qui sont récurrentes, refassent surface au moment où une partie de la jeunesse occidentale est désillusionnée et souhaite accélérer le changement social. Avec la révélation du « code caché » des Acadiens, le conflit atteint le point de non-retour. Elle marque la rupture avec l'idéologie dominante et rend possible l'apparition d'un nouveau discours politique. Elle ramène à l'allégeance première, qu'on croyait perdue : l'Acadie. De nombreux extraits de conversations enregistrés par Perrault en 1968 témoignent de cette réalité :

> (Paul-Eugène LeBlanc) : J'ai seulement découvert l'an passé que j'étais acadien. Je n'y avais jamais pensé avant. Oui je me dis acadien, mais avant ça ne me concernait pas.
>
> (Irène Doiron) : Je me disais canadienne avant. Puis après je me disais canadienne française. [...] C'est quand les 4 acadiens sont allés en France l'an dernier que là je voulais me dire acadienne. Je me suis rendu compte que ça existait encore. [...] Moi je suis fier de me dire acadienne parce que je ne représente pas l'acadienne typique. Puis ben ça montre aux gens qu'il y a des acadiennes qui

> sont différentes de ce qu'on a toujours pensé des acadiennes. [...] Je pense que refuser de dire qu'on est acadien c'est de montrer qu'on a un complexe d'infériorité vis-à-vis des autres êtres humains[124].
>
> [On projette d'écrire un livre de] réflexions sur le problème qu'on pourrait appeler acadien [...pour] expliquer l'état du colonialisme en Acadie[125].

Ce que les tentatives du Ralliement de 1966 n'ont pu faire, « l'esprit de 1968 » le réussit : les étudiants se sentent désormais investis d'une cause qui ne peut être qu'acadienne. L'ethnicité, rendue pertinente en raison des disparités importantes que l'on constate entre les groupes linguistiques dans la province, redevient un élément central de l'identité acadienne grâce au mouvement étudiant.

L'Université de Moncton : une institution... communautaire ?

La réévaluation de la place des Acadiens du Nouveau-Brunswick dans le monde, le rejet de la philosophie de la bonne entente et la révélation du « code caché » acadien se traduisent immédiatement par de nouvelles revendications politiques de la part des étudiants. Ces dernières sont exposées la première fois dans les mémoires de février 1968, qui proposent de nombreux changements en matière de politiques publiques. Leur conclusion en ce qui concerne l'Université de Moncton ? Elle doit recevoir – elle a le *droit* de recevoir – des fonds additionnels.

Pourtant, les étudiants étaient d'abord préoccupés par l'accessibilité aux études supérieures : les droits de scolarité étaient considérés trop élevés, l'aide financière, insuffisante, et le niveau de vie des étudiants, déplorable. Ces priorités n'étaient pas l'apanage des seuls militants de Moncton ; des étudiants des quatre coins de l'Occident les partageaient.

Toutefois, comme nous l'avons vu, le début de 1968 a rendu les étudiants beaucoup plus intéressés au devenir de la collectivité acadienne. Dans ces conditions, il ne faut pas s'étonner que la question des droits

124. AUL, Fonds Pierre Perrault, P319/D/8,5, dossier 2, section 129 (verbatim d'enregistrement audiovisuel, janvier 1969).

125. AUL, Fonds Pierre Perrault, P319/D/8,5, dossier 2, section 127 (verbatim d'enregistrement audiovisuel, janvier 1969).

de scolarité soit évaluée en fonction du bien de toute la *communauté linguistique*. Dès lors, on considère que la raison d'être de l'Université de Moncton est de servir d'outil facilitant le relèvement de l'« Acadie », peut-être plus que de donner une formation à des individus en quête de savoir et de liberté :

> L'Université de Moncton devait [...] contribuer au relèvement social, économique et culturel de la communauté francophone du NB. Or [...] dans les conditions financières actuelles, l'Université de Moncton ne peut pas réaliser ses objectifs[126].

> (Carmelle Benoît) : Puis moi je crois que c'est vraiment l'université de Moncton [...] que c'est à elle à alimenter la population francophone [...] puis c'est elle dorénavant qui aura à défendre la cause francophone du Nouveau-Brunswick parce que c'est elle qui est le mieux placée [...] c'est elle qui est le cœur de la population francophone.
> (Blondine Maurice) : Pas maintenant, elle devrait l'être[127].

Les étudiants et les professeurs arrivent à la conclusion que, pour remplir cette « mission », l'Université de Moncton doit recevoir des fonds additionnels spéciaux. Leur argumentation tient en trois volets distincts. Premièrement, la jeune institution doit effectuer un rattrapage par rapport aux universités anglophones. Étant donné que l'University of New Brunswick a bénéficié des deniers publics depuis sa fondation en 1785 et que les besoins en matière d'éducation postsecondaire en français sont immenses, l'octroi de subsides provinciaux à l'éducation postsecondaire de manière relativement égalitaire, c'est-à-dire selon une formule fondée sur le nombre d'étudiants, est jugé insuffisant. On estime que des fonds additionnels de rattrapage doivent être accordés à la jeune université afin qu'elle puisse se doter d'infrastructures équivalentes à celles des universités anglophones centenaires. Cette idée se répand comme une traînée de poudre au début de 1968, au point que même l'administration de l'Université la reprend dans le mémoire qu'elle dépose à la Province en février 1968[128].

126. AEUM, « Mémoire étudiant », p. 60-61.
127. AUL, Fonds Pierre Perrault, P319/D/8,5, dossier 1, section 41 (verbatim d'enregistrement audiovisuel, février 1968).
128. Le Conseil des gouverneurs de l'Université de Moncton, « Mémoire de l'administration », *Revue de l'Université de Moncton*, vol. 1, nº 1 (mai 1968), p. 51-59.

Deuxièmement, les professeurs et les étudiants soutiennent que la situation particulière de la population francophone justifie, voire exige que la Province lui réserve un *traitement particulier*. « L'insuffisance » du « niveau éducationnel » de la population acadienne, arguent les professeurs de sociologie qui signent le mémoire, « nécessite un coup [*sic*] supplémentaire de rattrapage », d'autant plus que les étudiants acadiens ont aussi des besoins financiers « proportionnellement plus grands » et que « les parents [...] n'auront pas tendance à apprécier à sa valeur la poursuite des études universitaires », ce qui constitue un « facteur d'aliénation ». « Une amélioration du statut de l'Université de Moncton, concluent-ils, serait un moyen pour faire disparaître les anomalies [liées aux] inégalités socio-économiques desquelles la population francophone est victime[129]. »

Les fonds additionnels demandés pour l'Université de Moncton ne seraient donc pas justifiés uniquement par la nécessité d'effectuer un rattrapage institutionnel, mais aussi par l'impératif de procéder au rattrapage *culturel* de toute la population francophone. En cela, les mémoires de 1968 annoncent les revendications néonationalistes à venir.

Finalement, en faisant remarquer que 3,6 millions des 4,98 millions de dollars en octroi fixe de la Province sont dédiés « aux universités anglophones », les étudiants concluent que :

> 60 % de la population bénéficie de 72 % des octrois fixes. [...] au niveau des octrois per capita le montant est égal pour chacun des étudiants de la province. Ce qui signifie encore là que ce sont les riches qui reçoivent le plus. [...] L'Université de Moncton qui ne possède encore que peu de facilités ne reçoit que 29 % des subventions. [...] Les politiques actuelles de subventions gouvernementales sont un pis-aller qui maintiennent [*sic*] le retard accumulé et une hausse des frais de scolarité ne ferait qu'accentuer les disparités déjà décrites. [... Pour atteindre] un relèvement économique et culturel véritable [... il faudrait des politiques] fond[ées] sur des principes d'égalité et de justice distributive. [... L'aide] au financement des universités [doit être] motivée par les besoins réels de la population plutôt que fondée sur les actifs déjà en place (N° d'étudiants, de profs, de facultés et d'édifices)[130].

129. Even *et al.* (pour l'APUM), « Mémoire de l'Association des professeurs ».

130. AEUM, « Mémoire étudiant », p. 60-61. Les professeurs font aussi valoir cet argument : « L'Université de Moncton, chargée de desservir 38 % de la population,

Le fait que «l'université de Moncton, chargée de desservir 38 % de la population, ne reçoi[ve] que 22 % des crédits provinciaux» devient une sorte de mantra, répété *ad nauseam* par les étudiants à qui veut bien l'entendre. Cette conception de la situation en cache une autre: l'Université de Moncton n'est plus considérée comme une institution publique néo-brunswickoise parmi d'autres, mais comme une institution *communautaire* devant recevoir la part «acadienne» des fonds destinés à l'éducation postsecondaire. On demande que les subventions gouvernementales soient proportionnelles à la population francophone, plutôt qu'à la population étudiante qui fréquente l'institution. Le fait que les universités anglophones desservent plus d'étudiants est tenu comme non pertinent, puisque cet état de fait serait le résultat d'injustices passées et d'inégalités toujours présentes.

L'apparition du communautarisme

À partir de février 1968, de nombreux étudiants pensent que l'égalité des chances individuelles facilitée par les réformes Robichaud n'est que fumisterie si elle ne s'accompagne pas de mesures visant à créer une égalité réelle entre les deux groupes linguistiques, c'est-à-dire, en termes concrets, *de mesures permettant l'épanouissement de l'élément francophone de la province.* Le biculturalisme ne doit pas être qu'un élément descriptif de la province, mais devenir une *grille programmatique* qui inspire les politiques publiques. Jusqu'à ce que la province respecte ce biculturalisme fondamental, il serait mal avisé de lui faire confiance. En pensant de la sorte, les étudiants de Moncton rejettent les fondements même de l'idéologie libérale de la participation modernisatrice.

Car on ne pourrait s'y tromper: les revendications contenues dans les mémoires sont d'un type inédit au Nouveau-Brunswick. Elles ont été rendues possibles grâce à la transformation du rapport au monde des militants étudiants, qui ne s'en tiennent plus uniquement à une critique libérale de la société. La demande d'un traitement particulier pour l'Université de Moncton incarne ce que les politologues contemporains appellent le «communautarisme». C'est dire que le mouvement étudiant

ne reçoit que 22 % des crédits (provinciaux)» (Even *et al.* (pour l'APUM), «Mémoire de l'Association des professeurs», p. 44).

se met à conférer une valeur *en soi* au groupe culturel francophone du Nouveau-Brunswick (ou la communauté acadienne, si l'on préfère), et non plus uniquement aux individus. Dans cette perspective, on considère qu'un traitement identique accordé à chaque individu ne mène pas nécessairement à l'égalité réelle et, conséquemment, on soutient que la *communauté* (en soi) est en droit d'avoir des politiques publiques adaptées à ses besoins[131]. La nouveauté du discours étonne. Depuis Montréal, *La Presse* déclare : « Un nouveau nationalisme [acadien] se pointe[132]. »

Ces positions constituent une nouveauté dans le discours politique acadien. Elles jettent les bases d'un plan d'action inédit. Les étudiants proposent que les Acadiens revendiquent autrement, en refusant les compromis (stratégie de l'élite traditionnelle) et le recours aux droits individuels (stratégie de l'élite réformiste), et en s'appuyant plutôt sur la notion de *droits collectifs*.

Il y a un constat des plus ironiques à faire sur le second mouvement étudiant acadien : les militants de 1968-1970 se sont tournés vers une idéologie ostentatoirement *collectiviste* par souci de leur épanouissement *personnel*. Le recours aux droits collectifs, la revendication d'un traitement particulier pour la « minorité » et la reconnaissance de la dualité culturelle de la province, tout cela découle directement de la volonté de ces jeunes Acadiens d'être « normaux », d'être de leur temps et d'être épanouis. Pour y arriver, il faut s'émanciper de la condition de « bâtards culturels ». Conséquemment, les étudiants revendiquent l'accès à tous les instruments nécessaires à l'épanouissement des Acadiens.

Le mouvement de février 1968 signifie l'éclatement des certitudes libérales-réformistes au sein du corps étudiant, à la base de l'optimisme qui berçait l'Acadie depuis le milieu des années 1950. La fragilisation de ces certitudes dans le milieu étudiant laisse entrevoir le changement

131. Le terme « communautarisme » a souvent une connotation négative, particulièrement dans la tradition française. (D'ailleurs, le *Petit Robert* le définit comme « système qui développe la formation de communautés (ethniques, religieuses, culturelles, sociales...), pouvant diviser la nation au détriment de l'intégration ».) Ici, je l'utilise de façon purement descriptive. Cette définition est inspirée de celle de l'article de *L'Encyclopédie Universalis*, [En ligne], [http://www.universalis.fr/encyclopedie/communautarisme/] (3 octobre 2007).

132. Réginald Martel, « L'Acadie à l'heure de la prise de conscience », *La Presse*, 29 février 1968.

fondamental qui aura lieu dans la culture politique acadienne au cours des années qui suivront. Cette bifurcation radicale de la part du mouvement étudiant de Moncton est attribuable, au moins en partie, à l'évolution du discours étudiant en Occident. Rappelons qu'aux États-Unis, au Canada anglais et au Québec, on observe des tendances très similaires au même moment. Là aussi, des mouvements qui avaient été largement moralistes, libéraux et humanistes se tournent vers des théories de plus en plus globales pour critiquer le *statu quo*.

Comme nous le verrons dans le prochain chapitre, ce changement ne se fera pas sans résistance ni controverse. La distance qui sépare les étudiants des idées reçues et de l'idéologie dominante crée, comme c'est toujours le cas, une dissonance. Les nouveaux points de vue exprimés à l'hiver 1968 sont controversés. Toutefois, ils ne peuvent être évacués facilement puisqu'ils reposent sur des données empiriques présentées sur un ton « neutre », propre au discours scientifique. Les mémoires de février deviennent rapidement une référence et un coffre à outils pour tous ceux qui veulent invoquer les inégalités vécues par les francophones de la province afin de justifier une action publique en faveur de la minorité acadienne. La vision communautariste du Nouveau-Brunswick et la volonté de créer des conditions sociales propices à l'épanouissement de la collectivité francophone constituent les balbutiements d'une nouvelle idéologie politique : le néonationalisme acadien. Ce dernier réhabilite l'idée « traditionnelle » de l'autonomie acadienne, non sans en changer de grands pans. Souhaité depuis 1965 par Camille-Antoine Richard, le « néonationalisme » acadien naît finalement de façon concrète, en tant que mouvement social, en février 1968.

Chapitre 5

La propagation des idées néonationalistes, 1968-1974

Après la grève de février 1968, les étudiants de Moncton se sentent investis d'une mission, celle d'obtenir un traitement particulier pour la minorité acadienne dans le but de favoriser son épanouissement. Ils endossent entièrement cette responsabilité, comme en témoignent leur mobilisation continue pour l'obtention de fonds additionnels pour l'Université et la résurrection du mouvement en faveur de la dualité scolaire.

Les étudiants sont initialement les seuls à endosser les idées néonationalistes. En peu de temps, toutefois, la nouvelle idéologie est diffusée dans la société civile et elle a même des effets tangibles sur la politique néo-brunswickoise. Le mode de vivre-ensemble de la province s'en trouve transformé.

L'affirmation d'une nouvelle cause étudiante

Pour les étudiants, les événements de février ont montré la nécessité de transformer leur militantisme en un mouvement social large, explicitement acadien, en lutte contre l'idéologie de la bonne entente et en faveur de l'affirmation des droits de la collectivité francophone.

Une mission propre aux étudiants

La création des conditions sociales, politiques et économiques qui permettront aux francophones de s'épanouir devient en effet la véritable mission – voire la raison d'être – du corps étudiant au cours des premiers mois de 1968. Des conversations tenues lors de la préparation des mémoires sur l'éducation postsecondaire, en février 1968, témoignent de ce sentiment d'hériter d'une mission historique :

> (Blondine Maurice) : Si c'est pas nous qui le fait maintenant, ça sera peut-être jamais fait.
>
> (Le barbu) : C'est ça qui est le plus grave… je pense que […] la population francophone dans toutes ses revendications ça toujours été des échec successives… elle n'a jamais pu avoir quelque chose de positif alors si sa jeune génération arrive à aboutir à un échec là ça peut être grave.
>
> […]
>
> (Le barbu) : […] Là […] la vieille population va nous dire « On savait que vous n'alliez pas gagner. Ça sert à rien. » Alors ça va toujours traîner. Ça va être un cercle vicieux. On va toujours tomber dans le même pétrin.
>
> (Carmelle Benoît) : Il y a quelqu'un sur qui on peut compter, c'est les étudiants. Si on remarque… dans tous les pays du monde… il y a des révolutions… la plupart du temps ça été fomenté par les étudiants. Les étudiants c'est la jeunesse dynamique… c'est des personnes ouvertes qui prennent conscience plus facilement que les vieux… que des vieillards conservateurs[1].

Dans leur mémoire, les professeurs présentent aussi les étudiants comme les « porteurs naturels » de la cause nationale :

> La conjoncture économique très précaire que doit affronter l'étudiant de l'Université de Moncton nous permet de saisir le passage d'une prise de conscience personnelle des difficultés de son propre groupe [les étudiants] à une prise de conscience collective des difficultés de la communauté globale[2].

Le même son de cloche se fait entendre aux rallyes et aux manifestations. Ronald LeBreton, lors d'une assemblée préparatoire à la marche sur Fredericton, affirme d'un ton solennel : « Le travail que nous faisons aujourd'hui, c'est un travail non pas seulement pour nous mais un travail

1. AUL, Fonds Pierre Perrault, P319/D/8,5, dossier 1, sections 41, 48 (verbatim d'enregistrement audiovisuel. Il est probable que « le barbu » soit Omer Chouinard, un étudiant en sociologie, février 1968).
2. Alain Even *et al.* (pour l'APUM), « Mémoire de l'Association des professeurs », *Revue de l'Université de Moncton*, vol. 1, n° 1 (mai 1968), p. 49.

pour la province en entier. Et je crois que plus tard la province et les gens de la province vont nous remercier[3].» Dans une autre assemblée, portant cette fois sur la grève contre l'augmentation des droits de scolarité, le père Jimenez Perez, professeur de philosophie, déclare: «Si on veut aller jusqu'au bout, cela dépend de vous. [...] Ce que l'on fera de la population française du N. B. dépend de vous[4].» Tous les deux sont acclamés et applaudis avec enthousiasme. Cette conviction de représenter une sorte de «classe révolutionnaire» prédestinée durera jusqu'à la répression du mouvement à l'été 1969. Le communiqué suivant de la FEUM en atteste:

> La cause défendue par la FEUM est toujours celle des francophones du NB. Ceux-ci se trouvent dans le même marasme [...] mais c'est souvent le propre d'une pop sous-développée [...] de ne pas comprendre les changements et les bouleversements sociaux qui peuvent survenir. Il n'en demeure pas moins que ces changements et ces développements doivent se produire. Il est normal que l'élément jeune s'en charge. La FEUM s'en est occupé dans le passé, s'en occupe aujourd'hui et s'en occupera dans l'avenir. La contestation n'est pas morte en «Acadie»[5]!

Pendant cette année et demie, alors que les étudiants remplissent leur nouvelle mission, ils maintiennent leurs critiques envers l'élite acadienne. Malgré tout, quelque chose a changé: le fondement de la critique est nouveau. Alors que jusque-là, on reprochait surtout à l'élite ses tendances traditionnelles, à présent, c'est sa prétendue servitude vis-à-vis les «vraies» forces oppressives, celles de la majorité anglophone, qui est dénoncée.

Si les étudiants mènent leur lutte avec autant de ferveur, c'est qu'ils ont la ferme conviction que leurs actions et leurs paroles auront un effet sur la population acadienne, qu'elles mettront en branle un mouvement large et – même – un important changement de mentalité. «Nous sommes convaincus que les parents et les professeurs viendront nous supporter[6].»

---

3. AUL, Fonds Pierre Perrault, P319/D/8,5, dossier 1, section 316 (verbatim d'enregistrement audiovisuel, février 1968).
4. AUL, Fonds Pierre Perrault, P319/D/8,5, dossier 1, sections133-134 (verbatim d'enregistrement audiovisuel, février 1968).
5. «Communiqué de la FEUM», 9 avril 1969. Paru dans *La Moustache* du 11 avril et *L'Évangéline* du 10 avril.
6. AUL, Fonds Pierre Perrault, P319/D/8,5, dossier 1, section 178 (verbatim d'enregistrement audiovisuel, André Courtemanche, février 1968).

On entend souvent ce genre de phrases lors des réunions de planification des manifestations. Plusieurs croient même percevoir le début d'un changement de mentalité chez leurs parents au cours de l'année 1968 :

> [Durant la grève et la marche sur l'hôtel de ville] mon père et ma mère comprenaient pas ce qui se passait. Je prenais même pas la peine de leur expliquer. Je pensais : la masse, c'est comme ça, puis j'étais vraiment écœurée parce que personne comprenait. [Mais cette année, après la manifestation contre la loge loyaliste], il [mon père] riait... il dit : « Je trouve que c'est vraiment bien, les Acadiens ont toujours peur, au moins les étudiants ont dit ce qu'ils pensent. » J'étais contente... au moins si mon père réagit comme ça... ça veut dire que les autres ont pu le penser aussi[7].

On ne peut qu'être frappé par ce paradoxe : les étudiants qui, en tant que groupe, ont incarné la première voix politique alternative en Acadie du fait de leur idéologie iconoclaste et radicalement participationniste dès 1964 en arrivent, quelques années plus tard, à promouvoir un retour au nationalisme. Autre ironie, parallèle, qui mérite d'être relevée : les dirigeants de ce mouvement né d'un fort sentiment antiélitaire se présentent maintenant comme... la nouvelle élite nationale. Sans se désigner expressément ainsi, ils se proposent pour diriger « les masses » et affirment savoir ce qui est bon pour elles.

Les étudiants, les professeurs et l'apparition du néonationalisme

Mais jusqu'à quel point les étudiants sont-ils à la source du néonationalisme ? Ce discours est-il celui des nouveaux professeurs de sciences sociales de l'Université de Moncton ou plutôt celui des étudiants ? Selon Jean-Philippe Warren et Julien Massicotte, l'influence des professeurs expliquerait en grande partie l'apparition du discours néonationaliste en Acadie[8]. Mais qu'en est-il ?

7. AUL, Fonds Pierre Perrault, P319/D/8,5, dossier 1, section 167 (verbatim d'enregistrement audiovisuel, Blondine Maurice, février 1968). Bernard Gauvin tient des propos semblables dans le dossier 2, section 135.
8. Jean-Philippe Warren et Julien Massicotte, « La fermeture du département de sociologie de l'Université de Moncton : histoire d'une crise politico-épistémologique », *Canadian Historical Review*, vol. 87, n° 3 (septembre 2006), p. 463-496.

Rappelons que c'est la deuxième fois en trois ans que de jeunes professeurs proposent aux étudiants de Moncton un nouveau nationalisme, en déployant une vision qui contraste fortement avec le discours dominant de l'époque, à tendance libérale[9]. La première fois, les étudiants avaient poliment ignoré les positions néonationalistes de Richard et de Savoie, alors qu'en 1968, comme nous venons de le constater, la proposition a beaucoup plus de succès. Trois facteurs peuvent expliquer les résultats différents issus du « ralliement » de Roger Savoie et Camille-Antoine Richard et des *teach-ins* d'Alain Even, Jean-Paul Hautecoeur et Jean-Claude Vernex.

Premièrement, il y a le prestige qu'avaient probablement, aux yeux des étudiants, ces professeurs venus de France. En plus de détenir un niveau élevé de capital culturel, ils donnaient aux étudiants acadiens l'occasion de voir leur propre pays avec un regard neuf. N'étant pas partie prenante des débats identitaires qui secouaient l'Acadie, ces coopérants arrivaient à extraire leurs auditoires du discours libéral dominant d'une façon que Richard et Savoie n'avaient pu le faire. Deuxièmement, contrairement à Savoie et, dans une moindre mesure, à Richard, qui avaient directement remis en question la tradition et la légitimité de l'élite, la nouvelle vague de jeunes professeurs choisit de discréditer le discours dominant indirectement, en utilisant des données statistiques – concrètes, mesurables –, donnant ainsi confiance aux étudiants et conférant une légitimité à leurs revendications.

Finalement, il est toutefois peu probable que les étudiants aient été prêts à faire une telle lecture « nationale » de la situation avant que le contexte occidental, canadien et local ne les ait rendus méfiants envers le libéralisme effréné de l'après-guerre. Bref, en 1968, les professeurs n'ont eu qu'à pousser une porte déjà entrouverte. Pour comprendre l'innovation discursive que présente le discours communautariste, il ne faut pas sous-estimer la portée de la *simultanéité* des débats. Le contexte se prêtait admirablement bien à un changement de paradigme : les mémoires sur l'accès à l'éducation ont été rédigés au cours de la *même semaine* qu'eut lieu l'affrontement avec le maire Jones et dans une conjoncture politique

9. Nous avons vu que certains jeunes professeurs ont tenté de transmettre des idées néonationalistes aux étudiants lors du Ralliement de la jeunesse acadienne de 1966, mais que la tentative a échoué.

canadienne déchirée par la question d'un éventuel statut particulier pour le Québec[10].

Certains faits permettent même d'affirmer que les professeurs n'ont probablement pas donné l'impulsion première au mouvement. En effet, on trouve des éléments de la rhétorique communautariste dans la déclaration de l'AEUM et de *L'Insecte*, au sujet de la hausse des droits de scolarité annoncée par le recteur en janvier 1968 :

> L'AEUM considère qu'une telle augmentation des frais de scolarité à l'Université de Moncton contribuerait à la difficulté déjà très grande qu'éprouve l'étudiant francophone à accéder à une formation universitaire[11].

> La situation économique des francophones aux Maritimes n'est pas des plus favorables. Une augmentation des frais de scolarité dresserait une barrière de plus à celles déjà existantes[12]...

De fait, ces articles ont paru *avant* la conférence de Roger Savoie et avant que des professeurs aient été consultés. D'ailleurs, les *teach-ins* au cours desquels cette notion fut approfondie ont eu lieu seulement après le déclenchement de la grève, c'est-à-dire après la mobilisation des étudiants. En ce qui concerne la confrontation avec le maire Jones, les étudiants ont apparemment agi de leur propre chef. Il semble donc que les étudiants et étudiantes constituent au moins l'une des sources des idées nouvelles de 1968.

Il faut aussi rappeler que les étudiants ont endossé ces idées et agi en conformité avec elles. Ce sont eux qui ont « porté » le mouvement à bout de bras, qui sont descendus dans la rue, se sont mis en grève, qui ont nolisé des autobus pour Fredericton. Ce sont eux qui ont pris les risques. D'ailleurs, nombre d'entre eux étaient déçus que les professeurs ne déclarent pas la grève en signe d'appui. Sans les étudiants, les idées communautaristes seraient restées sur papier et auraient probablement eu peu de retentissement. Dans ce contexte, nous pouvons donc affirmer

10. En fait, la semaine même, des demandes insistantes en ce sens sont adressées au gouvernement fédéral par le premier ministre du Québec, Daniel Johnson, lors d'une conférence intergouvernementale (Della Stanley, *Louis Robichaud: A Decade of Power*, Halifax, Nimbus, 1984, p. 182).
11. Michel Blanchard, « Déclaration de l'AEUM concernant l'augmentation des frais de scolarité à l'Université de Moncton », *L'Insecte*, 26 janvier 1968.
12. Michel Blanchard, « Éditorial : scolarité », *L'Insecte*, 26 janvier 1968, p. 2.

que les professeurs ont joué les rôles de co-initiateurs et de facilitateurs. Ils ont aidé les étudiants à mieux articuler leurs idées et leur ont prêté des arguments nouveaux. Toutefois, si les étudiants n'avaient pas développé une nouvelle sensibilité depuis 1966, le mouvement serait mort-né…

Les étudiants à l'origine des premières revendications néonationalistes

La contribution des étudiants de Moncton à l'avènement du néonationalisme acadien va au-delà de la grève de 1968 et des mémoires-manifestes qu'ils ont produits. Ces militants se mettent immédiatement à appliquer leur nouvelle grille de lecture à toutes les réalités qui les entourent, ce qui ne manque pas de faire des vagues sur la scène politique néo-brunswickoise.

Un rapport ambivalent au bilinguisme

L'ébranlement de la philosophie de la participation modernisatrice a rendu les étudiants moins enthousiastes que la plupart des Acadiens envers le bilinguisme officiel. Au cours de l'année 1968, l'attention de la province est rivée sur cette question, puisque la commission Laurendeau-Dunton avait recommandé que le français et l'anglais fussent déclarées langues officielles pour le Nouveau-Brunswick (ainsi que pour l'Ontario), et parce que le gouvernement Robichaud avait subséquemment adopté une motion sur les langues officielles, laquelle prévoyait l'adoption d'une loi rendant la province bilingue « dans un avenir rapproché[13] ».

Cette mesure trace la limite absolue de l'idéologie de la participation en matière d'aménagement linguistique et culturel. En effet, le bilinguisme d'État est généralement considéré comme l'extension de droits *individuels*, puisque ce sont les individus qui acquièrent celui d'être servis dans la langue officielle de leur choix. Son but manifeste est de faciliter la participation de tous les citoyens aux affaires de l'État. Cette politique peut donc être présentée par Robichaud, à l'instar de toutes ses autres réformes, comme une mesure en faveur du bien commun, et non comme la reconnaissance de quelque communauté que ce soit. Par ailleurs, la

13. Jacques Filteau, « La reconnaissance du français au Nouveau-Brunswick », *L'Évangéline*, 28 février 1968, p. 4 ; Stanley, *Louis Robichaud*, p. 182, 184-186.

menace d'un mouvement souverainiste en pleine croissance permettait au gouvernement libéral provincial de présenter cette mesure comme étant à la fois une politique rationnelle correspondant aux besoins de la Province et la contribution du Nouveau-Brunswick à l'unité nationale canadienne, occasion que Robichaud n'a pas manqué pas de saisir[14].

Il faut bien avouer que, malgré sa méfiance envers l'État et sa tendance à favoriser les droits collectifs, la majorité de la population étudiante se montre globalement favorable à l'adoption imminente d'une loi sur les langues officielles. Souhaitant appuyer ce mouvement jugé historique et refouler l'opposition de certains groupes anglophones[15], les étudiants organisent des manifestations pour réclamer une plus grande place pour le français dans l'espace public. Par exemple, en novembre, ils perturbent une réunion de la Maritime Loyalist Association, une organisation qui affirme défendre les droits des anglophones du Canada et qui lutte ouvertement contre le projet de loi annoncé. Arrivés tôt, les étudiants réussissent à accaparer les meilleurs sièges à l'assemblée[16]. Enhardis par la présence des caméras de l'ONF, ils troublent le début de la séance en faisant le salut nazi durant le *God Save the Queen*, puis en se levant pour chanter le *Ô Canada* – en version française – immédiatement après les dernières notes de l'hymne royal. Après que le maître de cérémonie a rétabli l'ordre, ils se contraignent à écouter le discours d'ouverture.

Toutefois, les étudiants jubilent en entendant le discours de l'invité officiel de la soirée, le ministre de l'Éducation Michael Meldrum, qui livre un vibrant plaidoyer en faveur de l'ouverture et de la tolérance, et affirme que le Canada doit changer s'il veut rester uni. Une discussion mouvementée s'ensuit, puis les étudiants manifestent leur joie lorsque le maître de cérémonie annonce que les réunions futures de la Maritime Loyalist Association seront réservées aux membres seulement, donc fermées au public. Les étudiants ont poussé les anglophones à exposer au

14. Voir notamment le discours du trône du 27 février 1968, New Brunswick Legislative Assembly, *Synoptic Report of the Proceedings*, vol II, 1968, p. 4.

15. Incluant la loge orangiste de Moncton, la Canadian Loyalist Association, la Maritime Loyalist Association et la Canadian Protestant League. Voir Stanley, *Louis Robichaud*, p. 179-181 ; Louis F. Cimino, *Ehtnic Nationalism Among the Acadians of New Brunswick: An Analysis of Ethnic Political Development*, thèse de doctorat (anthropologie), Durham, Duke University, 1977, p. 135.

16. Toute cette scène peut être visionnée dans le film *L'Acadie, l'Acadie!?!*

grand jour leur code caché: ils devront désormais se réunir derrière des portes closes pour exprimer leurs idées francophobes.

Lors d'une autre manifestation, les étudiants protestent contre une des politiques d'une résidence pour personnes âgées située au centre-ville de Moncton. En vertu de cette politique, l'usage du français est interdit dans tous les lieux publics de la résidence, soit la salle à manger, les salons et les couloirs. Une centaine d'étudiants – ayant pris soin d'inviter les médias – manifestent pacifiquement devant le bâtiment pendant un avant-midi, discutant avec les « vieux » de langue française. Ils ne quittent les lieux qu'après avoir obtenu l'assurance que la politique serait révisée. Quelques heures plus tard, les étudiants apprennent que le bureau national de l'Armée du Salut, à laquelle le foyer est affilié, a exigé que la politique soit abolie. Le numéro suivant de *L'Insecte* clame: « Une victoire étudiante, mais non la dernière[17] ! »

Les étudiants se montrent donc globalement favorables au bilinguisme officiel et public, parce qu'une telle politique représente indéniablement une amélioration de la situation. Toutefois, tous ne sont pas convaincus que le bilinguisme sera suffisant. Une telle politique linguistique, maintenant à portée de main, suffira-t-elle à créer les conditions propices à l'épanouissement de la population de langue française? On se permet d'en douter, et ce, à un point tel que, bientôt, plusieurs en parleront avec scepticisme, voire avec hostilité.

> (Le barbu): C'est bien beau qu'on déclare à Ottawa que la province du Nouveau-Brunswick deviendra bilingue. Peut-être que c'est un voile mystificateur. En quoi ça consiste une province bilingue, si on accorde moins de droits à la population francophone qu'à la population anglophone? [...] Je pense que lorsque la province est bilingue c'est que les droits doivent être respectés, les droits des Canadiens français. [...] à l'heure actuelle je pense qu'il y a un certain rattrapage à faire et qu'il soit fait le plus vite possible[18].

---

17. *L'Insecte*, décembre 1968, p. 15. Cette manifestation peut aussi être vue dans le film *L'Acadie, l'Acadie!?!* Toutefois, les réalisateurs ne mentionnent pas que les étudiants ont eu gain de cause. Cela aurait sans doute été contraire aux conclusions pessimistes du film.

18. AUL, Fonds Pierre Perrault, P319/D/8,5, dossier 1, section 48 (verbatim d'enregistrement audiovisuel, discussion au moment de la rédaction du mémoire des étudiants sur l'éducation postsecondaire au Nouveau-Brunswick, février 1968).

(Le Blond) : Le bilinguisme, c'est la période de transition avant l'assimilation totale[19].

(Irène) : L'an dernier je croyais au bilinguisme, maintenant je n'y crois plus[20].

En outre, même ceux globalement favorables au bilinguisme ne sont pas pour autant satisfaits de la loi adoptée en 1969. Comme ils l'ont fait tout au long des années 1960, les étudiants vont se montrer plus *pressés* que l'ensemble de la population, déplorant la période transitoire de sept ans que se réserve le gouvernement pour appliquer l'ensemble des articles de la loi. Certains se donnent même beaucoup de mal pour remettre en question la bonne volonté du gouvernement provincial en matière linguistique. Par exemple, les deux étudiants arrêtés à la suite de l'incident de la tête de cochon en 1968 exigeront, avec l'appui de l'AEUM, la tenue d'un procès en français. Leur demande sera rejetée[21]. Le militant Michel Blanchard, rédacteur de *L'Insecte*, fera de même neuf mois après son arrestation, en juillet 1969, pour avoir ignoré un mandat lui interdisant l'accès au campus. Un juge anglophone le condamnera finalement à une peine de prison pour outrage au tribunal, tout en expliquant à l'accusé – et à la Province – que cela prendra encore des années pour instaurer le bilinguisme dans le système judiciaire. Ces deux incidents sont gênants pour le gouvernement Robichaud, particulièrement le second, qui a lieu après l'adoption de la loi provinciale sur les langues officielles, puisqu'ils illustrent clairement que le plus gros des changements concrets est encore à venir[22]. Comme le formule si bien un biographe de Robichaud, « le mal était fait. Pour bien des Acadiens, c'était la preuve que la méthode Robichaud, fondée sur le compromis et l'approche graduelle, était maintenant caduque[23] ».

19. AUL, Fonds Pierre Perrault, P319/D/8,5, dossier 2, section 143 (verbatim d'enregistrement audiovisuel, discussion au local de *L'Insecte*, novembre 1968. « Le Blond » désigne probablement Gilles Couture, un étudiant québécois).

20. AUL, Fonds Pierre Perrault, P319/D/8,5, dossier 2, section 151 (verbatim d'enregistrement audiovisuel, « Autoportrait d'Irène Doiron », été 1968).

21. « Un procès en français ? », *L'Évangéline*, 30 avril 1968 ; Michel Cormier, *Louis J. Robichaud: une révolution si peu tranquille*, Moncton, Éditions de la Francophonie, 2004, p. 276 ; Stanley, *Louis Robichaud*, p. 182.

22. Stanley, *Louis Robichaud*, p. 188-189.

23. Cormier, *Louis J. Robichaud*, p. 276.

Cette tiédeur envers le bilinguisme officiel peut surprendre lorsqu'on sait que la reconnaissance légale du français a été le graal de toute une génération de chefs de file acadiens, un objectif longtemps considéré comme inatteignable. Aussi tard qu'en 1966, son avènement semblait peu probable. Par ailleurs, le bilinguisme institutionnel est la concession ultime que peut faire un gouvernement se réclamant du libéralisme classique – tel que celui de Robichaud – en matière linguistique.

Pour la grande majorité de la population, la loi est amplement suffisante : un geste symbolique qui promet de donner à la langue française une place bien méritée dans l'espace public. Le fait que de nombreux étudiants ne s'émeuvent pas de cette éventuelle garantie de services gouvernementaux en français est, en soi, un autre indice que l'idéologie de la participation n'a plus la cote parmi eux.

L'occupation de 1969

Ces manifestations sur le thème du bilinguisme ne peuvent faire oublier aux étudiants l'échec de leur grève de février, qui avait duré deux semaines. Après avoir reçu la promesse de la part du gouvernement que la question des droits de scolarité serait étudiée à fond, l'AEUM et les autres militants ont été incapables de soutirer un quatrième vote de grève à la population étudiante. Et, finalement, aucune mesure visant à réduire les droits de scolarité n'a été prise. À partir de ce moment, une branche plus radicale de militants, à tendance anarchiste, se développe sur le campus, branche dont « l'objectif [...] dans un temps indéterminé parce qu'utopique, c'est la Révolution[24] ».

L'épisode du « drapeau acadien bolchevique », qui a lieu une semaine après la fin de la grève, soit le 28 février, révèle l'existence de ce nouveau « noyau dur »[25]. Un groupe d'étudiants hisse alors un drapeau acadien orné d'un marteau et d'une faucille soviétiques sur un mât à l'Université de Moncton, ce qui cause beaucoup d'émoi et d'effroi dans certains cercles nationalistes[26]. Interrogés sur leur action, les étudiants affirment

24. Hautecoeur dénomme cette mouvance « le projet révolutionnaire » (Jean-Paul Hautecoeur, *L'Acadie du discours : pour une sociologie de la culture acadienne*, Québec, Les Presses de l'Université Laval, 1975, p. 285-295).

25. *L'Insecte*, avril 1968, p. 16.

26. La population du village de Rogersville, où a prêché pendant de longues années le créateur du drapeau, Mgr Marcel François Richard (1847-1915), a réagi

que si Fredericton et Ottawa ne sont pas prêts à investir dans l'éducation des Acadiens, ils n'auront d'autre choix que de se tourner vers des «organismes ou des gouvernements étrangers» comme «Washington, Paris ou Moscou» afin de recueillir des fonds pour des bourses. Un étudiant non identifié confie au journaliste de *L'Évangéline* qu'il existe dans la population étudiante des «purs», ceux qui «veulent aller jusqu'au bout [et qui] pourraient fort bien se remettre en grève[27]».

Devant la masse militante découragée, Michel Blanchard, le chef charismatique de la nouvelle faction, se prononce en faveur de la lutte jusqu'au bout:

> – Bernard Gauvin: Je trouve ça fantastique de voir que les gens ont constaté vraiment qu'il n'y a rien à faire. Ça me donne le cafard dans un sens.
>
> – Irène Doiron: Non, vraiment, on dépense de l'énergie [... Y'a pas d'espoir] pour les Acadiens à Moncton... c'est fini, c'est foutu...
>
> – Michel: [...] Avec vos idées, [...] en 1960 au Québec vous auriez dit la même chose! [...] Vous dites: on va aller au Québec, ils ont déjà fait la bataille pour nous autres. [...] Le problème c'est nous autres: faut faire la bataille puis on va y laisser not'peau...
>
> – [protestations]
>
> – Irène: Si j'étais sûre qu'en luttant pour la francophonie à Moncton ça aurait vraiment des conséquences positives, je le ferais, mais...
>
> – Michel: [...] moi je me bats mais je suis pas sûr! [...] Puis deuxièmement je crois pas que devant l'injustice on peut rester assis, c'est pas vrai! [...]
>
> – [...]
>
> – Michel: [...] c'est l'impossible qu'il faut que tu fasses, pas le possible! Le possible, les autres le font à tous les jours... C'est ça que t'es pas sûre de faire qu'il faut que tu fasses. Là tu vas avoir une vie qui va valoir la peine[28]!

à «l'outrage» en organisant une «manifestation de fidélité et de solidarité au drapeau acadien» (*L'Évangéline*, 20 mars 1968, p. 6). A. M. Sormany, membre éminent de l'élite définitrice, dénonce même la décision du rédacteur en chef de publier la photo du drapeau modifié, comparant celui-ci à «un tableau obscène» (*L'Évangéline*, 14 mars 1968, p. 4).

27. «L'AEUM ira-t-elle jusqu'à Moscou et Washington pour chercher des fonds?», *L'Évangéline*, 28 février 1968, p. 3.

28. AUL, Fonds Pierre Perrault, P319/D/8,5, dossier 2, section 145 (verbatim d'enregistrement audiovisuel, automne 1968).

Quant aux *moyens*, ces « purs » déclarent qu'il faut délaisser les mobilisations de masse – trop peu fiables à leur goût. Leur stratégie, c'est l'action, qu'ils opposent au dialogue. C'est pourquoi ils sont heureux de reprendre et de marteler le slogan officieux des étudiants québécois d'octobre 1968 : « Dialoguer, aiment-ils dire, c'est se faire fourrer[29]. » Leur solution consiste à créer des événements afin de faire « ressortir les contradictions » du monde et « provoquer » le changement. Michel Blanchard, citations de Marshall McLuhan à l'appui, affirme souvent que le mouvement aura de l'influence dans la mesure où il parviendra à obtenir une couverture médiatique des événements qu'il réussira à provoquer. Il rappelle à qui veut bien l'entendre qu'en février 1968, pour rencontrer Louis Robichaud, il avait fallu plus d'une semaine de grève et qu'à la fin, le premier ministre avait tout de même pu se défiler[30]. Conséquemment, il faudrait passer à des actions plus musclées, de manière à forcer des réactions plus immédiates. Ses supporteurs opinent dans le même sens, réaffirmant la nécessité de passer à l'action, peu importe les circonstances, peu importe l'opinion de « la masse étudiante » ou de la masse tout court. Selon eux, il serait même bon de passer à l'action sans plan. D'ailleurs, « les purs » donnent un nom révélateur au réseau chargé d'organiser ces manifestations nouveau genre : le Comité d'opération sans-boussole (COSB). Il me semble juste de qualifier cette faction de « spontanéistes » en raison de sa conception du jeu politique, qui se rapproche énormément de celle des partisans européens de Daniel Cohn-Bendit, figure contestataire éminente de Mai 68[31].

Grâce à Blanchard, rédacteur en chef de *L'Insecte*, les spontanéistes mettent rapidement le grappin sur ce journal étudiant. À partir de novembre 1968, l'équipe commence la publication complémentaire de feuillets d'information : *Le Microbe* et *La Moustache*. Ces derniers sont

29. AUL, Fonds Pierre Perrault, P319/D/8,5, dossier 2, section 151 (verbatim d'enregistrement audiovisuel, automne 1968). Voir Fabien Deglise, « Conflit étudiant : d'un printemps à l'autre : le mouvement étudiant de 2012 vu par des signataires du manifeste fondateur de mai 68 », *Le Devoir*, 26 mai 2012, [En ligne], [http://www.ledevoir.com/societe/actualites-en-societe/350981/d-un-printemps-a-l-autre] (12 février 2013).

30. AUL, Fonds Pierre Perrault, P319/D/8,5, dossier 2, section 214c (verbatim d'enregistrement audiovisuel, janvier 1969).

31. Maurice Tournier, « Spontané, spontanéité », dans *Les mots de mai 68*, Toulouse, Presses universitaires du Mirail, 2007, p. 106-107.

conçus comme des instruments de guérilla médiatique en raison de la rapidité avec laquelle on peut les produire[32]. Révélatrices de leur caractère soixante-huitard, ces publications se réfèrent souvent à des auteurs anarchistes classiques tels que Pierre Joseph Proudhon et Mikhaïl Bakounine – tout en interprétant ceux-ci de la manière la plus libre qui soit – pour justifier des propos de plus en plus radicaux :

> Si le travailleur en a assez de se faire exploiter par le propriétaire de l'usine ; si les étudiants en ont assez de recevoir une éducation qui ne les destine qu'à être des rouages du système [...] nous devons nous lever et contester. Ce monde est pourri ; nous devons tout détruire et recommencer à neuf[33].

Blanchard est bientôt qualifié d'extrémiste et de « tyrannique » par nombre d'étudiants, même par les militants[34]. Pourtant, son idéologie spontanéiste amène un élément rafraîchissant dans le débat interminable qui anime les militants déçus et découragés de « l'après-février », à savoir s'il « vaut encore la peine » de se mobiliser. Les spontanéistes réunissent seulement une minorité d'étudiants, mais gardent la contestation vivante.

Parmi les moyens d'action envisagés, ils choisissent d'occuper l'Université. Le samedi 11 janvier 1969, vers 23 heures, un groupe d'étudiants munis de matelas et de provisions se barricadent dans le pavillon le plus important du campus de Moncton, celui des sciences, où sont situés les bureaux de l'administration et la centrale téléphonique[35]. Par voie de communiqué, ils réclament que le gouvernement fédéral verse immédiatement 32 millions de dollars à l'Université de Moncton et affirment qu'ils ne quitteront pas les lieux avant que cette condition soit satisfaite. Ils décrètent aussi être prêts à utiliser les jets puissants des boyaux d'incendie pour tenir en respect quiconque tenterait de les déloger de force.

32. Conférence donnée par Michel Blanchard le 25 février 2005 à l'invitation de la Fédération des étudiants et étudiantes du centre universitaire de Moncton.
33. Collectif, « L'impérialisme, stade suprême du capitalisme », *L'Insecte*, décembre 1968, p. 8-9.
34. AUL, Fonds Pierre Perrault, P319/D/8,5, dossier 2, section 151 (verbatim d'enregistrement audiovisuel, automne 1968).
35. « À l'Université de Moncton, occupation du pavillon des Sciences par un groupe d'étudiants », *L'Évangéline*, 13 janvier 1969, p. 1.

Les occupants n'ont pas préalablement consulté la fédération étudiante – ils ne l'ont même pas informée de quoi que ce soit. La FEUM tente de sauver les meubles en déclarant: «Nous reconnaissons l'occupation du pavillon des sciences comme un fait accompli», et en proposant de servir d'intermédiaire entre le comité d'occupation et l'administration universitaire. La direction de la FEUM demeurait composée de militants de gauche qui, toutefois, se distinguaient des spontanéistes par leur préoccupation pour la «conscientisation» des masses étudiantes et de la population en général. Elle avait jugé que le temps n'était pas encore venu de lancer une autre vague de manifestations. À présent, elle se voyait obligée de faire des pieds et des mains afin d'éviter qu'une confrontation directe et publique n'éclate entre les occupants et la majorité des étudiants – qui étaient opposés quasi unanimement à l'occupation. C'est pourquoi les représentants de la FEUM déclarent aux médias «appuyer entièrement les objectifs» des occupants tout en restant muets quant aux moyens utilisés[36].

Cette action correspond parfaitement à la conception que se fait le groupe spontanéiste du jeu politique: pourquoi «perdre» du temps à convaincre les autres étudiants de la justesse de la cause quand on peut les mettre devant les faits accomplis et provoquer des réactions de la part de toutes les parties intéressées? Le groupe est persuadé qu'il obtiendra facilement des résultats. Blanchard assure ses troupes que «ça prendra juste deux jours» pour «tout déséquilibrer les finances de l'Université» et «forcer l'administration à barrer les portes[37]». Une telle action serait aussi hautement efficace pour rallier les médias et l'opinion publique:

> Michel Blanchard: Tu vois, pour attirer le monde ça prend un gros coup. C'est l'occupation. [...]. L'an passé, les profs [...] ils avaient enfin réussi à faire une belle déclaration, ils arrivent à R.C. [Radio-Canada] puis ils donnent ça. Le gars lit ça [...] il dit «Non, ça marchera pas. C'est pas assez... tu sais... comme ça». Écoute les nouvelles nationales. [...] Ils ne parleront pas [d'un problème] avant qu'il y ait un fait qui arrive. À Caraquet ils ont jamais parlé qu'on

36. «À l'Université de Moncton, la Fédération des étudiants a pris en main la direction des opérations» et «Les occupants du pavillon des Sciences ont pris la bâtisse sans coup férir samedi soir», *L'Évangéline*, 14 janvier 1969, p. 1 et 7.

37. AUL, Fonds Pierre Perrault, P319/D/8,5, dossier 2, section 212h (verbatim d'enregistrement audiovisuel, janvier 1969).

> était pauvre avant qu'ils brûlent le quai. [...] Aux nouvelles nationales hein ? Bon ! [...] Radio-Canada marche avec les événements[38].

En précipitant les événements, les occupants comptent jouer le rôle de « catalyseurs » et provoquer un important changement de perspective dans « la masse ». Les étudiants et les professeurs, estiment-ils, devraient se rallier « en moins de trois jours ». Le public, lui, prendra au plus quatre jours. Les spontanéistes ont donc, en matière de stratégie, une philosophie très différente de celle des grévistes de février 1968 : alors que ces derniers favorisaient la démocratie participative et la négociation avec les autorités, les spontanéistes de janvier 1969 se conçoivent comme une « avant-garde » capable de perturber l'ordre habituel des choses et, ainsi, d'opérer une révolution dans les mentalités.

Malgré tout, la mobilisation de ce « noyau » de « purs » doit être considérée comme une excroissance du mouvement de février 1968 en raison de la continuité sur le plan des *objectifs*. Comme les auteurs des mémoires et les organisateurs de la grève, les spontanéistes s'identifient à l'Acadie tout en exprimant la volonté de *réinventer* le nationalisme. Cela est particulièrement bien illustré par l'épisode du drapeau acadien « bolchevisé » : un puissant symbole national (rejeté par les étudiants du Ralliement trois ans plus tôt) est réapproprié et son contenu, renouvelé. Comme certains des protagonistes l'affirment : « Le nouveau drapeau d'une part, confirme la mort de ce vieux rêve utopique et d'autre part, souligne le désir des jeunes d'une nouvelle prise de conscience[39]. »

Comme leurs prédécesseurs, les spontanéistes recherchent un traitement particulier pour la communauté acadienne, soit 32 millions de dollars additionnels pour l'université « acadienne » de Moncton. Dans un « aide-mémoire » qu'ils font circuler sur le campus dans les jours suivant le début de l'occupation du pavillon des sciences, ils se réfèrent explicitement

38. AUL, Fonds Pierre Perrault, P319/D/8,5, dossier 2, sections 212, 213d (verbatim d'enregistrement audiovisuel, janvier 1969). Blanchard évoque même la possibilité, comme solution de rechange, de faire chanter les administrateurs en se servant des dossiers et des enregistrements de lettres du recteur auxquels ils ont accès (*Ibid.*, dossier 2, section 214e, g, h).

39. Yvon Daigle, Lorenzo LeBlanc et Raymond LeBlanc, « Un cri du cœur qui porte juste: "Vive la francophonie libre!" », *L'Évangéline*, 28 mars 1968, p. 4. Voir aussi Lorenzo LeBlanc, « Opinions : Vive la francophonie libre – libre – libre », *L'Insecte*, avril 1968, p. 16.

aux « propositions formulées par les mémoires des professeurs et étudiants lors de la grève ». Les arguments utilisés ressemblent d'ailleurs beaucoup à ceux de février : le capital initial versé lors de la création de l'Université de Moncton aurait été insuffisant (seulement 1,2 million de dollars, alors que 10 à 15 millions auraient été nécessaires pour « rattraper les autres universités ») ; au rythme actuel des acquisitions, la bibliothèque « ne sera pas, d'ici 91 ans, une bibliothèque universitaire telle que définie par le rapport Parent [de 1964 au Québec, soit un million de volumes] », etc. Reprenant l'un des sous-titres du mémoire des professeurs, les spontanéistes concluent que le campus de Moncton est « une université sous-développée ». En demandant à leurs condisciples de « se souvenir de la cause de février dernier », ils affirment : « Nous ne voulons plus d'une université qui ne fait que survivre. Voilà le motif de notre occupation. » Bref, l'objectif premier demeure le même qu'en février : « rattraper le niveau universitaire canadien[40] ». La seule différence, c'est que les spontanéistes croient proposer « quelques moyens **efficaces** pour obtenir les objectifs visés[41] ».

On pourrait rétorquer que les spontanéistes semblent moins s'intéresser aux problèmes socioéconomiques des Acadiens et que leur critique est moins globale, se limitant à la situation financière de l'Université. Cette perception découle des choix stratégiques du groupe, lesquels relèvent avant tout du mode d'action qu'il privilégie. Les spontanéistes souhaitent utiliser « une stratégie simple », qui consiste, premièrement, à diffuser un message unique, et ce, pour des raisons tactiques. Selon eux, les « masses » vont comprendre une demande chiffrée de 32 millions de dollars pour l'Université, mais pas les « subtilités » sur l'aliénation culturelle. Conséquemment, les militants de 1969 pensent réussir à les rallier, alors que les grévistes de 1968 n'avaient pas su le faire. Deuxièmement, et surtout, les occupants ont besoin d'une « rançon » pour mettre fin à l'occupation. Trente-deux millions de dollars, voilà une demande concrète et mesurable[42]. Cela ne change rien au fait qu'à la base, les spontanéistes

---

40. AUL, Fonds Pierre Perrault, P319/D8,1, « Aide mémoire présenté par le comité d'occupation aux professeurs et étudiants de l'Université de Moncton », p. 1-4. « Nous ne voulons plus d'une université qui ne fait que survivre – les occupants », *L'Évangéline*, 14 janvier 1969, p. 7.
41. *Ibid.*, p. 1. C'est moi qui souligne.
42. AUL, Fonds Pierre Perrault, P319/D/8,5, dossier 2, section 212d (verbatim d'enregistrement audiovisuel, janvier 1969).

s'attaquent à « l'aliénation » et à la situation de « dominée » de la population acadienne.

Le fait que les « révolutionnaires » de 1969 s'attaquent de front eux aussi à la philosophie de la bonne entente est un autre indice que les mobilisations de 1968 et de 1969 font partie du même mouvement. Michel Blanchard, directeur de *L'Insecte* et chef charismatique du groupe, rêve de « dévoiler » la situation acadienne au reste du pays... et aux Acadiens eux-mêmes :

> La meilleure solution pour le recteur c'est de fermer les portes de l'Université. Là... tu verrais. Là Louis Robichaud dirait : peut-être que je serai pas élu ! [...] Les conservateurs diraient : ça va virer à la marde ! [...] Trudeau dirait : câlisse, le Canada ça regarde pas bien ! Je me demande ! Si demain matin il [le recteur] dirait : « Je ferme les portes de l'université parce que j'ai pas assez d'argent pour la faire marcher... » [... Il est là], le problème acadien : c'est qu'ils nous en donnent juste assez pour vivre en agonisant, p'tit peu par p'tit peu [...] J'aimerais qu'ils nous en donnent une grosse dose [de misère...] la tête te vire, tu t'aperçois qu'y a quelqu'un qui t'attaque[43]...

Si les spontanéistes se donnent autant de mal pour créer un événement médiatique, c'est parce qu'ils espèrent provoquer un scandale, montrer aux yeux de tous les « conditions déplorables » dans lesquelles les Acadiens doivent vivre et, ainsi, embarrasser les gouvernements. Ces derniers ne doivent plus pouvoir prétendre que « tout va bien » et que les minorités s'épanouissent. Les étudiants ont même planifié l'occupation afin qu'elle commence une semaine et demie avant la tenue d'une conférence provinciale-fédérale où l'éducation et les droits des minorités sont à l'ordre du jour. Le but : « semer la pagaille là-dedans[44] ». Bref, les différences entre février 1968 et janvier 1969 relèvent davantage de la stratégie que des objectifs.

Les spontanéistes n'ont finalement pas plus de succès que les grévistes de l'année précédente. Il faut dire que le « ralliement de la population » tant espéré n'a jamais eu lieu. Alors que les mobilisations de

43. AUL, Fonds Pierre Perrault, P319/D/8,5, dossier 2, section 146 (verbatim d'enregistrement audiovisuel, automne 1968).

44. AUL, Fonds Pierre Perrault, P319/D/8,5, dossier 2, section 212d (verbatim d'enregistrement audiovisuel, janvier 1969).

1968 avaient profité d'un appui massif du corps étudiant et d'une certaine neutralité nerveuse de la part de l'élite définitrice, les occupants de 1969 soulèvent l'ire de nombreuses personnes, tant chez les étudiants que chez les citoyens francophones et anglophones, et ils ont été l'objet d'une couverture médiatique très largement négative. Non seulement les étudiants du campus n'organisent aucune manifestation d'appui, mais plusieurs d'entre eux écrivent des lettres anonymes à *L'Évangéline* pour condamner « la petite clique occupante – vraie patente – qui prive les étudiants sérieux d'avoir une année universitaire complète[45] ». D'autres étudiants outrés iront même jusqu'à publier de faux numéros du journal étudiant, dont les éditions officielles sont préparées par les occupants et leurs proches, afin de dénoncer les « naïfs révolutionnaires [...] activistes et radicaux » qui « ont comme but de détruire tout ce qui est organisé et qui a une orientation précise[46] ». Une idée assez claire se dégage des textes produits par les étudiants : celle de la nécessité pour la « majorité silencieuse » estudiantine de se prononcer contre la « clique occupante », afin de réaffirmer la démocratie dans les affaires étudiantes et de ne pas être complice « d'actes illégaux [...] primitifs, sauvages, burlesques et hypocrites » et, surtout, de mettre fin à « une immense perte de temps sur le campus[47] ».

Les occupants n'auront pas plus de succès dans leur tentative de gagner des appuis institutionnels. L'Association des professeurs « refuse [d'abord] de prendre position » puis demande « que le comité d'occupation cesse immédiatement l'occupation ». L'association étudiante de Bathurst, qui avait manifesté aux côtés de l'AEUM l'année précédente, « refuse de prendre parti » et se déclare « réticente quant aux modalités » utilisées. *L'Évangéline*,

45. Voir, par exemple, dans *L'Évangéline*, sous la rubrique « Opinion du lecteur » : « Un appel à la réflexion », 21 janvier 1969, p. 4 ; « Merci aux occupants », 31 janvier 1969, p. 4 ; « La situation à l'Université », 18 février, p. 4. Voir aussi Marc Johnson, « *L'Évangéline* contestée, 1966-1982 », dans Gérard Beaulieu (dir.), *L'Évangéline, 1887-1982 : entre l'élite et le peuple*, Moncton, Éditions d'Acadie et Chaire d'études acadiennes, 1997, p. 354.

46. *Le Microbscope*, 11 février 1969, p. 2, 3. *Le Microbe* et *La Moustache* sont des microjournaux publiés par l'équipe de *L'Insecte* à l'hiver 1969 – de simples photocopies agraphées – afin d'assurer une diffusion plus rapide de l'information au moment où les événements se bousculent. Des opposants à l'équipe éditoriale publient quatre faux « Microbes » entre le 10 et le 12 février 1969.

47. *Ibid.*

qui avait entretenu un rapport ambivalent avec le mouvement démocratique de l'année précédente, se montre impitoyable envers les « écervelés » de l'occupation. Rappelant l'illégalité de l'action et réfutant – à l'instar de l'administration universitaire – les données présentées par les occupants, elle appelle la population étudiante à leur résister et encourage l'administration universitaire à appliquer la loi[48]. Comme au Québec et ailleurs, le mouvement étudiant a perdu son unité de 1968 et il est désormais en cours d'éclatement, écartelé entre les militants les plus radicaux et une masse étudiante qui décroche[49]. Finalement, une semaine après le début de l'occupation, les militants consentent à évacuer le pavillon en échange de la promesse qu'aucune accusation criminelle ne sera déposée contre eux[50].

La résurrection du mouvement en faveur de la dualité scolaire

L'engagement croissant des étudiants dans les conflits scolaires locaux confirme le fait que le bilinguisme n'est plus, à leurs yeux, un modèle politique *adéquat* et qu'ils s'orientent vers des modèles plus communautaristes. Dans un premier temps, ils dénoncent le régime linguistique asymétrique du réseau scolaire, composé d'institutions « régulières », c'est-à-dire anglaises, et d'institutions « bilingues », mais ne comprenant aucune école officiellement française. Cette situation est considérée comme étant à la fois injuste, assimilatrice et incongrue, d'autant plus que dans plusieurs régions, il n'existe pas d'école « bilingue » après la neuvième année.

48. Alain Gheerbrant, « Colonne de gauche : lettre ouverte aux étudiants » et « Édito : notre société de "croulants" », *L'Évangéline*, 13 janvier 1969, p. 4 ; « La position des professeurs » et « Une mise au point de Me A. Savoie », *L'Évangéline*, 14 janvier 1969, p. 7 ; « Les étudiants de Bathurst... » et « Les profs sont contre », *L'Évangéline*, 15 janvier 1969 ; Jacques Filteau, « Éditorial », *L'Évangéline*, 20 janvier 1969, p. 4.

49. « Rien (de 1968) ne transparaît vraiment en 1970, sinon de rares groupuscules qui jurent de faire advenir coûte que coûte les lendemains qui chantent, serait-ce au prix d'actions violentes, mais que le gros de la population étudiante écoute d'une oreille distraite, sinon tout à fait indifférente » (Jean-Philippe Warren, *Une douce anarchie : les années 1968 au Québec*, Montréal, Éditions du Boréal, 2008, p. 236).

50. « Les étudiants de l'occupation ont évacué le pavillon des sciences samedi », *L'Évangéline*, 20 janvier 1969, p. 7.

> Je me rendais compte qu'il y avait des injustices flagrantes. [...] Disons que je trouvais normal qu'on apprenne une langue seconde. [...] mais par exemple l'histoire, je concevais difficilement qu'on puisse l'apprendre en anglais et les mathématiques c'était la même chose, alors je trouvais qu'il y avait une injustice. D'autant plus qu'en huitième année, on devait passer des examens pour monter au niveau secondaire, et on devait passer ces examens en anglais. [...] Je vous dis, ce n'était pas tellement facile [...][51].

Cette injustice qui, selon les étudiants, existe dans le système scolaire en général est discutée amplement au cours des *teach-ins* de février 1968. De plus, les professeurs de sociologie, dans leur mémoire adressé au gouvernement, déclarent que cette injustice est révélatrice de la situation d'inégalité globale qui existe entre les deux groupes linguistiques. « Et enfin, inégalité suprême et spécifique au "bilinguisme" tel qu'il est pratiqué au NB : les élèves francophones [...] doivent, pour leur "immatriculation", posséder les deux langues [... alors que l'inverse n'est pas vrai][52]. »

Dès lors, les étudiants étendent leur mouvement en faveur d'institutions « communautaires » hors de l'Université et s'engagent dans le débat sur la francisation du système scolaire. Dans un premier temps, ils vont rencontrer les élèves des écoles de langue française afin de recueillir de l'information et se documenter ; puis, jugeant la situation urgente, ils n'hésitent pas à faire du prosélytisme, tentant de convaincre les écoliers de se joindre au mouvement ou, au moins, de s'inscrire à l'école secondaire Vanier plutôt qu'à une école anglaise. Les étudiants estiment qu'il s'agit de modifier de vieilles habitudes et des préjugés tenaces. Vanier ayant été créée dans les années 1960, la population craint que ce nouveau « High school bilingue » ne soit à la hauteur ou qu'une formation uniquement en français ne porte préjudice aux diplômés sur le marché de l'emploi[53]. Voici un extrait de ce travail de terrain, soit une conversation

---

51. AUL, Fonds Pierre Perrault, P319/D/8,5, dossier 2, section 135 (verbatim d'enregistrement audiovisuel, « Autoportrait de Bernard Gauvin », été 1968).

52. Even *et al.* (pour l'APUM), « Mémoire de l'Association des professeurs ».

53. Cela constitue une crainte très commune chez les populations minoritaires. D'ailleurs, exactement le même débat déchirera les communautés acadiennes de la Nouvelle-Écosse et de l'Île-du-Prince-Édouard durant les années 1980-2000 (voir Sally Ross, *Les écoles acadiennes de la Nouvelle-Écosse, 1758-2000*, Moncton, Université de Moncton, Centre d'études acadiennes, 2001.

tenue en novembre 1968 entre des militantes de l'Université et Liliane, une Acadienne qui fréquentera l'école anglaise à partir de la 9e année.

> (Irène, s'adressant à Liliane) : [Le français...] est ta langue mais tu vas à l'école anglaise [l'an prochain].
> (Liliane) : Je vas à l'école anglaise parce que on est obligés ! À Moncton maintenant, faut quasiment que tu saches les deux... je veux dire puis c'est un honneur aussi de savoir les deux [...].
> (Québécoise) : Liliane, trouves-tu pas ça plus facile en anglais ? Les cours anglais sont-y plus faciles ?... il y a plusieurs Français qui vont à l'école anglaise parce que c'est plus facile. Ça été prouvé... ils sortent de 9e année ici à l'école Beauséjour, même l'année passée ils sortent de 8e année pour faire la 9e à l'école anglaise pour pas avoir de trouble pour entrer à l'école secondaire en anglais. Il y en a plusieurs ! C'est plus facile l'anglais par ici !
> (Liliane) : Oui.
> (Irène spécifie que 10 « diplômés » sur 30 de Beauséjour vont poursuivre leurs études à l'école anglaise)[54].

Toutefois, les étudiants ne font pas que du prosélytisme. Ils défendent bec et ongles le principe des écoles unilingues pour la minorité acadienne. Dès la première heure, ils s'opposent activement à l'érection d'un complexe scolaire réunissant les élèves des deux groupes linguistiques de Moncton[55]. Lors d'une réunion publique portant sur les enjeux entourant la construction de l'école polyvalente à Moncton, tenue le 15 février 1968 – c'est-à-dire un jour après la marche sur l'hôtel de ville –, un groupe d'étudiants organise un *sit-in*. Lorsqu'un conférencier québécois expose – argumentation sociolinguistique étoffée à l'appui – les dangers – entre autres, celui de l'assimilation – auxquels est exposée une population minoritaire qui fréquente des écoles partagées avec la majorité, les étudiants applaudissent bruyamment.

> (Conférencier) : [...] Que serait-ce alors dans un complexe mixte ? [...] Malheureusement l'expérience prouve que [lors de...] tentatives du genre, par la force du phénomène majorité-minorité [...], le groupe numériquement faible et par surcroît bilingue est

54. AUL, Fonds Pierre Perrault, P319/D/8,5, dossier 2, section 183 (verbatim d'enregistrement audiovisuel, février 1968).
55. Louise Cadieux, « France, Acadie – Université », *L'Insecte*, 26 janvier 1968, p. 2.

> le seul à faire des concessions. Le régime unilingue s'installe dans l'affichage, les activités para-scolaires, les conseils d'étudiants. [...] Inévitablement, le climat prend la température de la majorité ce qui est extrêmement nuisible à la saine psychologie de chacun des membres de la minorité. [...] seuls les parents ont par priorité le droit de choisir le genre d'éducation à donner à leurs enfants et ça c'est un texte de la Déclaration des droits de l'Homme: article 26 paragraphe 3. (Applaudissements bruyants)[56].

André Courtemanche, porte-parole du groupe d'étudiants qui occupe le couloir en dehors de la salle de réunion, déclare: « On appuie le comité Foyer-école et s'oppose officiellement à cette école polyvalente [partagée...]. S'il fallait en grouper 1000 [étudiants] pour s'opposer à ça, je puis vous assurer que nous pourrions le faire[57]. » Quelques mois plus tard, le district 15 abandonne le projet de construire une école partagée.

À partir de 1968, les étudiants reprennent ces arguments pour s'opposer fortement à toute tentative d'introduire le bilinguisme au sein de l'Université de Moncton. Cette attitude contraste fortement avec leur relative indifférence face à cette question durant les années 1965-1967. Ils scrutent les répertoires de cours et les programmes de l'éducation permanente, n'hésitant pas à critiquer la moindre «dérive» vers une offre «exagérée» de cours en anglais[58]. Puis, en mars 1969, lorsque l'administration annonce sa volonté de créer un statut particulier pour les étudiants ayant «le français comme langue seconde», statut qui leur permettrait «d'écrire [leurs] examens et travaux dans [leur] langue maternelle», la FEUM dénonce le projet «et demande rectification», affirmant qu'elle:

> rejette l'idée que l'Université de Moncton réserve un accueil si chaleureux aux étudiants anglophones et qu'ils y viennent avec un statut particulier. [...] Malgré tous les problèmes qui puissent exister dans les relations entre les Anglophones et les Francophones du Nouveau-Brunswick, la FEUM considère que l'ère de confondre droits et privilèges est nettement révolue. [...] Ces propos reflètent

56. AUL, Fonds Pierre Perrault, P319/D/8,5, dossier 1, sections 158-166 (verbatim d'enregistrement audiovisuel, automne 1968).
57. *Ibid.*
58. «À force de dialoguer, on finit par se faire "fourrer"», *L'Insecte*, décembre 1968, p. 2.

> l'attitude de colonisés. [...] Or la FEUM rejette et lutte contre tout statut colonial pour les Acadiens. Nous ne pouvons accepter d'accorder aucun statut particulier aux Anglophones tout comme les universités anglophones n'accordent pas de statut spécial à nous [*sic*], Francophones. L'Université de Moncton demeurera une université uniquement FRANÇAISE et cela sans faire de courbettes aux Anglophones. [...] Toute autre politique ne serait qu'un pas de plus vers l'assimilation et l'anglicisation de l'Université de Moncton[59].

Ce passage, truffé d'emprunts aux théoriciens de la décolonisation ainsi qu'à Pierre Vallières, illustre combien les problématiques nationalistes réintègrent profondément le discours des étudiants acadiens de gauche en 1968-1969.

L'année suivante, les étudiants se penchent à nouveau sur la gestion du district 15. Durant le débat de 1967, ils ne s'étaient engagés que superficiellement – l'AEUM se contentant d'émettre un communiqué. Cette fois, ce sont des militants étudiants qui relancent la contestation. Après la démission des deux seuls conseillers pédagogiques francophones du district, Bernard Gauvin – celui-là même qui avait organisé la marche contre le maire Jones deux ans plus tôt – reproche au père Anselme Chiasson, membre du comité éditorial de *L'Évangéline*, le silence dudit journal sur la question. Ce dernier lui répond qu'il n'a qu'à écrire un texte pour qu'il soit publié[60]. En fin de compte, l'article de Gauvin, intitulé « Le District scolaire n° 15 : frustration des francophones », est publié en tant qu'éditorial. Par la plume d'un étudiant resté anonyme, *L'Évangéline* affirme, pour la première fois, que le compromis de 1967 est inadéquat et recommande la division pure et simple du district sur des bases linguistiques : « Nous croyons, écrit l'éditorialiste, que cette séparation, tout en n'enlevant rien aux anglophones, est la seule susceptible de favoriser l'épanouissement des francophones et de leur donner justice. » Espérant sans doute créer l'impression qu'il existe déjà un mouvement en faveur de cette proposition, Gauvin fait suivre son éditorial d'une lettre intitulée « Fini les folies dans le district scolaire n° 15 », parue sous la rubrique

59. « Information FEUM – Communiqué de presse de la FEUM inc. », *La Moustache*, 14 mars 1969, p. 3. L'Association des étudiants de l'Université de Moncton (AEUM) devient la Fédération des étudiants de l'Université de Moncton (FEUM) en janvier-février 1969.

60. Entrevue avec Bernard Gauvin, 14 juin 2006.

« Opinion du lecteur », appelant les associations acadiennes à se mobiliser sur la question[61].

La semaine suivante, malgré le « calme plat régnant sur le campus[62] » en cette année où le mouvement étudiant se remet difficilement des « purges[63] » de l'année précédente, une cinquantaine d'étudiants répondent à l'invitation de Gauvin et assistent à une réunion publique concernant le district 15. Le déroulement de l'assemblée s'en trouve singulièrement ralenti, étant donné l'incapacité des administrateurs à répondre aux nombreuses questions des étudiants, posées en français, bien entendu. Après avoir été invités à quitter la salle, les étudiants partent en cohue, chantant *La Marseillaise* et *Ce n'est qu'un au revoir, mes frères*. La démonstration est on ne peut plus claire : les districts et les commissions scolaires bilingues ne savent pas servir le public en français ! La semaine suivante, des étudiants se joignent au comité organisateur d'une table ronde portant sur le district 15 ; 300 personnes y assistent, et l'AEUM forme un comité pour planifier l'action étudiante dans ce dossier[64].

On voit que la « leçon » apprise par les étudiants en février 1968 ne reste pas lettre morte. Au contraire, ils appliquent leur nouvelle lecture de la situation à plusieurs questions politiques dès les années suivantes. Selon l'historienne Sacha Richard, il ne faut pas conclure trop rapidement que les événements de 1968-1969 équivalent à une rupture, dans la mesure où des demandes pour obtenir le bilinguisme officiel avaient été exprimées avant cette date[65]. Cela est vrai. Toutefois, la rupture de 1968 n'est pas attribuable au fait que des Acadiens ont demandé le bilinguisme,

---

61. Hector Cormier, *La scission du district scolaire N° 15 : l'histoire d'une lutte, mais surtout d'une victoire*, Moncton, Éditions du Sorbier, 2000, p. 107-113. L'éditorial est publié le 11 mars 1970 (p. 4) et la lettre le 16 du même mois (p. 4). À noter que, durant cette période, les éditoriaux du journal ne sont pas signés. Cormier a pu identifier l'auteur de l'éditorial grâce à une liste trouvée dans les archives de *L'Évangéline*.

62. Lettre de Bernard Gauvin à Pierre Perrault, 2 septembre 1969, AUL, Fonds Pierre Perrault, P319/D8,1 G/3539.9.

63. « La FEUM accuse la direction de l'U de M de "faire une purge" », *L'Évangéline*, 23 juillet 1969, p. 1.

64. Cormier, *La scission du disctrict scolaire N° 15*, p. 115-117.

65. Sacha Richard, « Fighting for Rights in "The City with a Heart": The Struggle for Bilingualism in Moncton, 1968-1972 », polycopie, Congrès annuel de la Société historique du Canada, Université Dalhousie, Halifax, 29 mai 2003.

mais plutôt au fait que plusieurs d'entre eux le considèrent comme le minimum nécessaire, même s'il est insuffisant. Le néonationalisme ne se définit pas par la recherche du bilinguisme, mais par la recherche d'institutions linguistiquement homogènes et la reconnaissance de la dualité linguistique et culturelle.

La diffusion du communautarisme en dehors des sphères étudiantes

Il ne m'appartient pas de faire l'analyse exhaustive du mouvement néonationaliste acadien qui a secoué le Nouveau-Brunswick au cours des années 1970. Celui-ci est fort complexe, comporte de multiples facettes (territorialiste, dualitaire, décentralisatrice, anti-industrielle, même artistique) et ne pourrait être abordé de façon satisfaisante que dans le cadre d'une étude qui lui serait consacrée. Je vise plus simplement à établir que le mouvement étudiant de 1968 est à la source de l'idéologie néonationaliste en montrant *comment* celle-ci s'est développée. Pour ce faire, j'explorerai sommairement de quelle manière et par quels moyens cette idéologie a été diffusée dans l'espace acadien et j'examinerai les répercussions que ce discours a eu sur les scènes acadienne et provinciale. Je n'aurai pas le loisir de procéder à l'analyse minutieuse des variantes du discours néonationaliste, telles qu'elles sont exprimées par les associations, les revues, les syndicats, etc. Toutefois, j'espère établir clairement la parenté de ces discours avec l'idéologie du mouvement étudiant de 1968-1970.

Les réactions de l'élite définitrice au discours communautariste

La nouvelle doctrine en gestation, cette idéologie communautariste aux contours encore nébuleux, est à mille lieues du discours élitaire et annonce un autre choc des générations, plus fort encore que celui de 1964-1966. En effet, alors que les adhérents au premier mouvement étudiant se contentaient de nier et de dénigrer la vision du monde de l'élite définitrice, leurs successeurs de 1968 élaborent une autre lecture des réalités acadienne et néo-brunswickoise, créant ainsi une « contre-vérité » au discours élitaire et s'imposant comme les nouveaux définiteurs de la situation. Pour l'élite définitrice, l'affront est absolu. On ne doit donc pas s'étonner du fait que celle-ci et le gouvernement Robichaud réservent un accueil défavorable à la philosophie communautariste.

À la base du conflit, on trouve essentiellement une différence de perspective. Les étudiants voient la situation des Acadiens comme étant celle d'un groupe dominé, aux prises avec un retard perpétuel, qu'ils dénoncent avec force. Aux yeux de l'élite ayant vécu « l'avant Robichaud », la réalité est tout autre. Ses membres considèrent surtout le chemin parcouru depuis 1900, un chemin parsemé, leur semble-t-il, d'innombrables progrès. Un sermon donné par Clément Cormier au début du moment participationniste, en 1955, témoigne de ce point de vue :

> Comparez la physionomie catholique et française de Moncton il y a un demi-siècle avec celle de notre ville aujourd'hui. Cinquante ans passés, pas une institution officiellement acadienne n'avait été établie dans la ville ou dans la banlieue : ni église, ni école, ni journal, ni hôpital. Et aujourd'hui, faites le bilan des édifices ou institutions importantes : l'église cathédrale avec les autres églises [...] l'hôpital, les quatre maisons d'enseignement supérieur (comptant l'école des infirmières), le journal quotidien, le bureau chef de la société l'Assomption, le Bon Pasteur, le poste de Radio[-Canada], le centre récréatif en construction. Ajoutez les organisations paroissiales florissantes et alertes, les nombreuses entreprises privées – et nous avons une transformation dont nous n'apprécions peut-être pas toujours la portée, un progrès phénoménal que les plus optimistes parmi les pionniers de la paroisse n'auraient pas osé croire possible il y a quarante ans. [...] nous pourrions établir un parallèle, comparant l'histoire des Acadiens en général à celle de notre paroisse[66].

Cet enthousiasme ne fait que grandir durant les années 1960. Les réformes Robichaud, en particulier la fondation de l'Université de Moncton et la réforme fiscale et administrative du programme Chances égales pour tous, en symbolisent le parachèvement. Bref, pour l'élite, les réalisations des années 1950 et 1960 marquent un point tournant dans l'histoire acadienne. Tout n'est pas parfait, mais la partie leur semble en passe d'être gagnée. Les Acadiens auraient désormais leur place bien méritée au sein de la ville, de la province et du pays. C'est pourquoi la frustration et la révolte étudiantes de 1968 et 1969 sont perçues comme des signes d'ingratitude venant d'une génération gâtée. Clément Cormier déplore cette attitude dès les premières pages de son historique de

66. « Prédications », sermon donné en 1955, CEAAC, Fonds Clément Cormier, 177.1690.

l'Université, rédigé peu de temps après les événements de 1968 et 1969, en rappelant le travail accompli par sa génération :

> L'Université de Moncton est née de la détermination soutenue et génératrice d'efforts chez toute la collectivité. [...] L'observateur superficiel qui considère la situation où se trouvent nos institutions aujourd'hui [...] peut s'imaginer que cet ensemble structural est un don gratuit comme la manne et que ces institutions doivent leur existence à une espèce de génération spontanée. Mais tel n'est pas le cas. Les institutions dont nous bénéficions aujourd'hui sont le résultat d'une rude montée parsemée d'obstacles[67].

Malgré cette différence notable de sensibilités, l'élite définitrice ne dénonce pas immédiatement la nouvelle idéologie propagée par les étudiants. Au cours de l'année 1968, elle essaie de garder ses distances par rapport aux mobilisations étudiantes, en commentant le moins possible les événements, n'exprimant ni appui clair ni opposition formelle[68]. L'équipe éditoriale de *L'Évangéline* va, par exemple, prendre la part des étudiants dans le conflit qui les oppose au maire en ce qui concerne l'interprétation des événements du 14 février[69], tout en appelant les étudiants à faire preuve de patience en ce qui a trait à l'obtention de résultats : « Oh bien sûr, ce n'est pas la situation idéale. [...] Mais les choses changent[70]. »

Cette réticence à affronter directement l'idéologie communautariste émergente peut s'expliquer par le fait que la grève de février avait récolté bon nombre d'appuis au sein de la population francophone, et que les pressions des étudiants avaient le potentiel de faire avancer certaines revendications de l'élite définitrice. Cela est particulièrement vrai eu égard à l'administration universitaire, qui a tout à gagner d'une victoire étudiante. Aux prises avec une situation financière difficile, cette dernière reprend même – à sa façon, c'est-à-dire d'un ton poli et diplomatique – les arguments des étudiants afin de tirer avantage de la pression qu'ils

67. Clément Cormier, *L'Université de Moncton : historique*, Moncton, Centre d'études acadiennes, p. 2-3.

68. Cimino, *Ethnic Nationalism Among the Acadians of New Brunswick*, p. 136-137.

69. Jacques Filteau, « Monsieur le maire » (éditorial), *L'Évangéline*, 23 mars 1968, p. 4.

70. Jacques Filteau, « La reconnaissance du français au Nouveau-Brunswick », *L'Évangéline*, 28 février 1968, p. 4.

exercent sur le gouvernement[71]. Les étudiants ne sont pas impressionnés pour autant. À plusieurs reprises, ils expriment leur « frustration » envers l'administration et déplorent sa supposée « incompétence »[72] :

> On a appris que l'administration avait seulement présenté son mémoire relatif aux besoins financiers de l'Université de Moncton deux jours après celui des étudiants. [...] Si ces personnes-là ne veulent pas administrer l'uni, qu'ils la libèrent aux étudiants et aux professeurs qui sauront protéger ses intérêts[73].

Les critiques émises par les étudiants finissent par inciter l'élite définitrice à dénoncer le mouvement. Par exemple, en avril 1968, « les autorités de *L'Évangéline* écartent [le coopérant français Alain] Gheerbrant de sa chronique de la "une" » pour l'affecter aux « reportages culturels et aux divers travaux de rédaction », sanction qu'on lui a infligée parce qu'il s'était montré trop réceptif aux idées des étudiants[74]. La mesure vise à marginaliser le discours étudiant et à l'isoler de celui, « officiel », dont *L'Évangéline* est porteuse. Après l'occupation, les attaques du journal contre les revendications étudiantes redoublent d'ardeur. Jacques Filteau, l'éditorialiste de l'heure, « réclame l'application de la loi contre eux [(les occupants)... puis] enfonce le clou en qualifiant les leaders étudiants de "révolutionnaires de salon" et de "crapuleuse minorité dont l'université devrait se purger"[75] ».

Louis Robichaud, un proche des deux premiers recteurs, considère les manifestants comme des « écervelés » manquant de « reconnaissance » à

71. Dans son mémoire de 1968 adressé au gouvernement, disant s'inspirer de « réalités historiques et sociologiques », « le Conseil des Gouverneurs s'est engagé à recommander au Gouvernement qu'un budget de rattrapage soit accordé à l'Université de Moncton pour assurer son plein développement et que dans le traitement qu'on lui accorde, [...] l'on tienne compte du fait qu'elle est la seule institution d'enseignement supérieur pour la population française du NB, soit environ 40 % de la population totale ». Le ton est plus poli, mais l'argumentation est la même (Conseil des gouverneurs de l'Université de Moncton, « Mémoire de l'administration », *Revue de l'Université de Moncton*, vol. 1, n° 1 (mai 1968), p. 51-59).
72. André Lavoie, « Une administration enterrée », *Liaisons*, avril 1968, p. 2.
73. Ronald Cormier, « La colonne de gauche : et c'est suspendu », *Liaisons*, avril 1968, p. 2.
74. Johnson, « *L'Évangéline* contestée », p. 351-352.
75. *Ibid.*, p. 354.

l'égard de ceux qui leur ont accordé cette université. En apprenant que les étudiants occupaient le pavillon des sciences, en janvier 1969, il aurait même confié au nouveau recteur, son beau-frère Adélard Savoie : « Ils veulent fermer l'Université, c'est ça qu'ils veulent, eh bien je vais la fermer. Je peux couper les subventions demain matin[76]. »

L'administration de l'Université déclare aussi la guerre aux occupants du pavillon des sciences en janvier 1969. Le mouvement étudiant ayant cessé d'être instrumentalisable, il devient une plaie pour l'élite définitrice, la preuve vivante que cette dernière ne peut rallier toutes les forces vives de la société civile. L'affront à l'élite, intrinsèque à la nouvelle idéologie néonationaliste, explique en bonne partie la sévérité de la répression que subit le mouvement spontanéiste : une trentaine d'étudiants sont renvoyés de l'université, quelques-uns reçoivent même un mandat leur interdisant l'accès au campus. Puis, dès mars, on annonce l'abandon du programme de sociologie, sous prétexte qu'il n'est pas de qualité, ce qui provoque un tollé qui dure jusqu'à l'été[77].

Même le groupe le plus traditionaliste de l'élite définitrice, qui jamais n'avait osé affronter les tenants de l'idéologie de la participation, sort de l'ombre pour dénoncer le nouveau type de militantisme et les revendications de la « classe étudiante » :

> Quand on a affaire aux puissants de ce monde, il faut multiplier les prières et les sacrifices auprès de Dieu, plus que les requêtes et les démarches auprès des gouvernants. Devant des refus obstinés et injustifiés, sachons attendre avec confiance, en nous abandonnant entre les mains de Dieu. N'oublions jamais la leçon qui nous vient de notre passé. La survivance ne serait pas un fait si nos ancêtres s'étaient révoltés contre l'agresseur et avaient eu recours à la violence pour obtenir justice. Leur résignation et leur faiblesse ont attiré sur leur sort les regards de Dieu qui a pris en main leur cause et les a délivrés de leurs ennemis en temps opportun[78].

---

76. Cormier, *Louis J. Robichaud*, p. 280.
77. Cet épisode connaît de nombreux rebondissements, qu'on ne peut aborder de façon satisfaisante dans le cadre de cette étude. Pratiquement tous les journaux étudiants publiés entre mars et août 1969 consacrent la majorité de leurs articles à cette « répression » (voir Warren et Massicotte, « La fermeture du département de sociologie »).
78. Mgr Robichaud, extraits d'une conférence prononcée lors du 8e congrès de l'Association acadienne de l'éducation, *L'Évangéline*, 16 octobre 1969.

Toutefois, durant les années 1968-1969, un seul des membres haut placés de l'élite participationniste tente de réfuter la vision du monde des étudiants et des professeurs de sociologie. Il s'agit du doyen de la Faculté de commerce, Jean Cadieux. Dans un texte alambiqué et ambigu, il affirme qu'il n'existe pas « une chose qui pourrait s'appeler la situation économique des Acadiens », soutenant que « les Acadiens au Nouveau-Brunswick n'occupent pas une partie du territoire à eux seuls, ils ne sont pas cantonnés dans une seule activité économique [...]. Il n'existe donc pas à proprement parler d'économie acadienne. » Les sociologues, bien sûr, n'ont jamais prétendu le contraire. En ce qui concerne les disparités économiques relevées par ses collègues, Cadieux refuse de commenter les données statistiques mises en preuve, affirmant simplement : « [...] j'ai la conviction personnelle que les Acadiens ne sont pas plus pauvres que les autres... » Puis, il s'évertue à prouver que les comtés anglophones les plus pauvres se comparent à certains comtés francophones, et conclut, quelque peu triomphalement : « Les populations chez-nous qu'elles soient de langue française ou de langue anglaise ont sensiblement le même niveau de vie. Voilà au moins une donnée acquise qui pourrait faire réfléchir ceux qui prétendent toujours que la population acadienne est pauvre[79]. » Dans sa conclusion, il laisse entendre que, n'étant pas défavorisée, la population acadienne ne requiert aucun traitement particulier. La pauvreté de l'argumentation de cet homme par ailleurs brillant s'explique par le fait que sa position n'est pas intellectuelle, mais avant tout culturelle et générationnelle. On assiste ici à la réaction à chaud d'un idéologue libéral participationniste aux premiers balbutiements de la philosophie communautariste.

Les désaveux des méthodes des étudiants reprennent de plus belle lors de la crise d'Octobre 1970. Dressant des parallèles entre les felquistes

79. Jean Cadieux, « L'Acadie économique », *Revue de l'Université de Moncton*, vol. 1, n° 2 (septembre 1968), p. 45-48. Un autre article de Cadieux, assez particulier, semble indiquer que le doyen est fortement ébranlé par l'agitation étudiante. L'article met en scène « l'étudiant N° 5674 », qui n'arrive pas à dégager un sens des divers points de vue qu'il entend (à la maison, au village, des militants, de l'administration). L'article se termine par la phrase suivante : « Le problème de la contestation universitaire n'est pas facile à résoudre [...]. Que faut-il croire ? Que faut-il faire ? » (« Un étudiant perplexe », *Revue de l'Université de Moncton*, vol. 1, n° 2 (septembre 1968), p. 3).

et les militants néonationalistes, *L'Évangéline* met en garde ses lecteurs – l'Acadie tout entière – contre «les sicaires du communisme international, cette bande d'assassins à gage [*sic*] pour qui toute religion est "l'opium du peuple" et dont le seul principe est de n'en avoir aucun, ni religieux, ni moral, ni patriotique[80] ».

Toutefois, ces sorties ponctuelles contre le mouvement étudiant ne réussissent pas à cacher le malaise profond que ce dernier a provoqué dans les cercles nationalistes, malaise attribuable au fait qu'il a brisé l'unanimisme qui régnait jusqu'alors dans ces milieux. Nombre de militants des générations antérieures sont partiellement d'accord – à des degrés divers – avec les étudiants. D'autres se sentent dépassés par les événements, déclassés. Cette indétermination idéologique fragilise l'élite définitrice, dont l'unité est cimentée par l'idéologie de la participation depuis environ dix ans. Elle précipite, à court terme, un changement générationnel au sein des associations «nationales» acadiennes.

Une nouvelle élite définitrice communautariste, héritière du mouvement étudiant de 1968-1969

S'il est vrai que certains membres de l'élite définitrice font des remontrances aux étudiants du deuxième mouvement, il est vrai aussi que ces derniers demeurent très critiques vis-à-vis les institutions élitaires. Pendant les onze mois qui séparent la grève 1968 de l'occupation de 1969, ils ont d'autres chats à fouetter – nommément le gouvernement, les «loyalistes» et le maire Jones. Toutefois, après l'échec de janvier 1969, ils tournent de nouveau leur attention vers l'élite, convaincus que son inaction, sa neutralité, voire sa complicité avec le gouvernement ont précipité l'échec de leur mouvement[81].

La mobilisation des étudiants qui a eu lieu quelques semaines après l'occupation de l'université figure parmi les facteurs ayant préparé le changement de garde au cœur de l'élite définitrice. Sortis bredouilles de l'occupation, les spontanéistes tentent d'entraîner la SNA dans leur chute. Quatre d'entre eux convainquent la FEUM de les envoyer à titre de délégués officiels à la «réunion générale» de l'organisme, au début

80. «Éditorial», *Le Progrès-L'Évangéline*, 13 octobre 1970, p. 4.
81. Cimino, *Ethnic Nationalism Among the Acadians of New Brunswick*, p. 136.

de mars 1969[82]. Leur objectif? Démontrer que la SNA ne sait pas faire preuve de leadership et encore moins tenir tête au gouvernement. Ils soumettent alors à l'assemblée la proposition suivante: «Qu'il soit résolu que la SNA se déclare publiquement insatisfaite des subsides proposés par la Commission O'Sullivan au gouvernement pour l'Université de Moncton, que ces subsides sont nettement insuffisants pour le développement normal d'une jeune université.» Cette résolution aurait été «orageusement débattue» et plusieurs personnalités éminentes s'y seraient opposées, dont Gilbert Finn – haut gestionnaire de la Société mutuelle l'Assomption – et le Dr Léon Richard – un ancien président de la SNA. La résolution est défaite avec 12 voix en faveur et 26 contre. Un membre de l'assistance déplore l'issue du vote et déclare que la résolution aurait été adoptée si elle n'avait pas été proposée par les étudiants.

La délégation ne se laisse toutefois pas abattre. Afin de «savoir de façon définitive si la SNA serait disposée à prendre une position ferme et publique sur un sujet important concernant les Acadiens», elle reformule la proposition, à savoir que la SNA se déclare satisfaite des subventions accordées à l'Université par la Province. Se sentant pris au piège, les membres de la SNA s'en sortent en apportant plusieurs modifications à la résolution.

Le mal est fait. La FEUM déclare une nouvelle fois que «la SNA n'est pas représentative du peuple acadien, et [... qu']à l'intérieur de ses cadres, aucune action positive ne peut être entreprise à l'égard des problèmes de l'Université de Moncton». Le journal renchérit:

> La Société nationale des Acadiens vient de nous montrer son vrai visage [... Son] assemblée a refusé d'appuyer les étudiants de l'Université de Moncton dans leurs revendications auprès du gouvernement provincial. [...] Nous dénonçons catégoriquement ces opportunistes qui s'affichent au nom de la survivance acadienne mais qui ressemblent plutôt à des «vers de terre» qui se nourrissent des cadavres au cimetière[83].

82. La délégation était composée de Réjean Daigle, Rodrigue Ferguson, Robert Arsenault et Michel Blanchard (Fédération des étudiants de l'Université de Moncton, «Rapport sur la réunion générale de la SNA», *La Moustache*, 5 mars 1969, p. 3-5. Michel Blanchard est probablement l'auteur de l'article).

83. André Lavoie, «Éditorial: SNA», *La Moustache*, 5 mars 1969, p. 1.

Malgré le caractère ludique, presque enfantin des gestes posés par les étudiants, la crédibilité de la SNA souffre de la dispute, et ce, tant auprès de ses membres qu'auprès de la population en général. L'épisode rappelle la confrontation de 1964, qui avait opposé le premier mouvement étudiant à la SNA. À la différence que, cette fois, les étudiants ont un programme précis, et que peu de membres de la SNA gardent espoir de récupérer leur mouvement et de le regreffer à celui de l'élite définitrice. En fait, à ce point, nombre de notables commencent à se sentir dépassés par les événements.

S'il n'y avait eu que les étudiants pour attaquer la SNA, peut-être y aurait-il eu peu d'effets sur l'organisme. Toutefois, la critique étudiante voulant que le nationalisme de l'organisme ne soit pas suffisamment combatif (critique exprimée dès 1968, comme nous l'avons vu) fait boule de neige. Dans certains milieux du nord-est en particulier, on se met à exprimer un «vif mécontentement» envers la SNA et la situation des Acadiens. Les employés du Conseil régional d'aménagement du Nord (CRAN) – dont la majorité est composée de jeunes diplômés en sciences sociales – deviennent de plus en plus critiques à l'endroit de l'élite définitrice et du gouvernement provincial. À partir de 1967, ils se conçoivent davantage comme des animateurs devant mobiliser la population plutôt que des agents du gouvernement. Progressivement, ils proposent une autre vision du développement régional, qui associe ruralisme romantique et socialisme, et valorise la petite production locale. Bref, en 1970, «les conseils francophones n'apparaissent plus comme un prolongement de la rationalité étatique[84]». Dans le nord-est, les animateurs convainquent une partie importante de la population de résister au nouveau programme de relocalisation des communautés à des fins de développement industriel. Aux yeux de l'élite définitrice, ces employés ne sont plus des animateurs, mais bien des «agitateurs». Peu importe les termes utilisés, il est clair que le CRAN s'est métamorphosé en organisation politique militante qui, par son existence même, mine les prétentions de la SNA d'être la représentante des Acadiens[85].

---

84. Ricky Richard, *Les formes de l'acadianité au Nouveau-Brunswick: action collective et production de l'identité (1960-1993)*, thèse de maîtrise (science politique), Québec, Université Laval, 1994.

85. Cimino, *Ethnic Nationalism Among the Acadians of New Brunswick*, p. 129-132.

À partir de novembre 1969, cette prétention est d'ailleurs contestée ouvertement. On «crée l'Association des francophones du Nord-Est (AFNE) [, qui...] regroupait des Acadiens et des Acadiennes qui souhaitaient une nouvelle orientation des forces nationalistes[86]». Finalement, au début de 1972, avec un noyau de professeurs et de syndicalistes de Bathurst, cette mouvance fonde un parti politique, le Parti acadien. Ce dernier regroupe des éléments disparates de la contestation du nord-est: régionalistes, indépendantistes, anticapitalistes, traditionalistes et socialistes, notamment[87].

À la fin des années 1960, confronté à toutes ces critiques, «l'édifice même de la Société nationale chancelle. [Sous l'effet des multiples] remises en question [...] sa structure interne est grandement affaiblie [et...] les secrétaires généraux se succèdent rapidement[88]». En effet, de 1967 à 1970, la SNA voit défiler trois secrétaires administratifs[89]. Exaspérée d'être constamment l'objet de critiques, la direction de la SNA embauche, en 1971, un homme censé représenter un compromis entre les générations, Hector Cormier[90]. Ce conseiller pédagogique démissionnaire du défunt district 15 est bien connu des milieux étudiants et y est même considéré comme un «contestataire[91]». Son embauche est vue d'un bon œil, d'autant plus que le nouveau secrétaire a clairement indiqué aux élus de la SNA qu'il n'entendait pas s'autocensurer lors de ses interventions publiques.

Dès l'hiver 1972, Cormier montre que la SNA ne craint plus la confrontation directe avec la majorité anglophone à l'occasion d'une dispute très médiatisée avec le maire Jones, dispute provoquée par le refus du magistrat

86. Léon Thériault, *La question du pouvoir en Acadie*, Moncton, Éditions d'Acadie, 1982, p. 117.
87. Roger Ouellette, *Le Parti acadien: de la fondation à la disparition, 1972-1982*, Moncton, Chaire d'études acadiennes, Université de Moncton, 1992, p. 21-24.
88. Maurice Basque, *La Société nationale de l'Acadie: au cœur de la réussite d'un peuple*, avec la collaboration d'Eric Snow, Lévis, Éditions de la Francophonie, 2006, p. 152.
89. On dirait aujourd'hui «directeur général».
90. Cimino, *Ethnic Nationalism Among the Acadians of New Brunswick*, p. 159.
91. «SNA: rencontre avec Hector Cormier», *L'Embryon*, vol. 1, n° 2 (janvier 1971), p. 1. Le premier numéro de *L'Embryon*, publié en décembre 1970, est le premier journal étudiant à paraître sur le campus à la suite des expulsions de l'été de 1969.

d'accepter qu'une affiche de langue française soit posée dans l'entrée du nouvel hôtel de ville, même si les coûts de production de cette affiche sont assumés par la SNA et qu'elle traduit fidèlement celle en langue anglaise[92].

Malgré tout, la prééminence de la SNA en tant que « représentante du peuple acadien » est loin d'être assurée. Conséquemment, l'organisme dirigé par Cormier n'a d'autre choix que d'établir des liens avec certains milieux néonationalistes (les étudiants, les conseils régionaux d'aménagement du territoire et les enseignants, par exemple) afin de faire valoir son utilité. En 1972, la SNA va jusqu'à collaborer avec l'Association des francophones du Nord-Est à l'organisation du Congrès des francophones du Nouveau-Brunswick, même s'il y a fort à parier que plusieurs des participants potentiels « sont mécontents du rôle joué par la SNA[93] ».

Ce mécontentement finit par coûter cher à la Société, puisque le Congrès propose « la constitution d'une [nouvelle] association », envisagée comme une fédération de tous les organismes francophones du Nouveau-Brunswick. La Société des Acadiens du Nouveau-Brunswick (SANB) naît effectivement l'année suivante[94]. Cet ajout au réseau associatif acadien est en partie motivé par des impératifs technocratiques : le Secrétariat d'État du gouvernement fédéral a exprimé la volonté d'avoir un interlocuteur provincial pour chaque communauté minoritaire. Toutefois, la SANB a aussi été présentée comme une organisation qui pourrait « vraiment » fédérer toutes les forces vives francophones de la province, c'est-à-dire qui serait plus inclusive, démocratique et transparente que la SNA ne l'avait été pendant la majeure partie de son histoire. La nouvelle société devrait également s'intéresser davantage au développement économique et social, condition *sine qua non* à l'émancipation de l'Acadie de son statut de « dominé ». En ce qui concerne la SNA, elle est reléguée au rôle d'organisme parapluie, regroupant les organismes acadiens provinciaux des Maritimes.

92. Richard Wilbur, *The Rise of French New Brunswick*, Halifax, Formac, 1989, p. 249.

93. Cimino, *Ethnic Nationalism Among the Acadians of New Brunswick*, p. 163.

94. Basque, *La Société nationale de l'Acadie*, p. 153-155, 160. L'organisme a bien failli prendre le nom de « Front commun des francophones du Nouveau-Brunswick ». La SANB deviendra la Société des Acadiens et Acadiennes du Nouveau-Brunswick en 1988 avant de devenir, en 2008, la Société de l'Acadie du Nouveau-Brunswick.

Bref, la création de la SANB parachève le changement de garde au sein de l'élite définitrice, changement amorcé avec le mandat de Cormier à la direction de la SNA. Avec le Parti acadien, elle forme une nouvelle élite définitrice, très différente de celle des années 1950 et 1960. Les participationnistes, qui ont dominé durant les années 1955 à 1970, sont devenus la vieille garde et ont été évincés, à part certaines éminences occupant toujours des postes prestigieux à l'Université, à la mutuelle l'Assomption ou à *L'Évangéline*. Les rênes du pouvoir appartiennent à une nouvelle génération. Certes, cette cohorte de définiteurs de la situation est moins unie, moins unanimiste que la précédente, mais une chose est certaine : elle fait une grande place à la pensée néonationaliste, esquissée par les étudiants de l'Université de Moncton dès 1968.

On en veut pour preuve un article-manifeste provenant d'acteurs du nord-est, paru dans *Le Progrès-L'Évangéline* en 1970, dans lequel on trouve à la fois le leitmotiv de l'épanouissement des Acadiens, l'idée que d'autres conditions socioculturelles sont nécessaires à sa réalisation et l'objectif de conquérir des droits collectifs :

> Ça fait plus de 300 ans que nous sommes dans cette partie du pays et depuis la formation du Nouveau-Brunswick en province distincte (1784) on n'a pas encore vu l'utilité de nous donner tous nos droits afin que nous puissions nous épanouir dans notre langue et notre culture[95].

La revue *L'Acayen* (fondée en 1972), un des médiums privilégiés des partisans du Parti acadien, offre aussi de nombreux exemples d'emprunts au discours étudiant. Dans son numéro inaugural, un long article de Pierre Poulain intitulé « La fin de l'a-plat-ventrisme » reprend la plupart des thèmes et des idées développés en 1968[96]. Les passages suivants montrent jusqu'à quel point la pensée de l'auteur se rapproche de celle des étudiants de 1968 : on y trouve le postulat que la langue et la situation économique sont liées, la conviction que d'autres conditions sont nécessaires pour que les francophones s'épanouissent, la méfiance envers l'État ainsi que le mépris de la bonne entente :

---

95. Les fils de l'Acadie, « C'est fini », *Le Progrès-L'Évangéline*, 17 novembre 1970.

96. Pierre Poulain, « La fin de l'a-plat-ventrisme », *L'Acayen*, vol. 1, n° 1 (avril 1972), p. 3.

> Les francophones (qui constituent 75 % de la population du nord-est) sont de plus en plus conscients qu'ils ne deviendront eux-mêmes que le jour où ils connaîtront une meilleure situation économique.
>
> [...] toute cette bureaucratie compliquée et mal coordonnée sur laquelle s'appuie ce pouvoir [politique] rend la communication encore plus difficile avec la masse. C'est un sentiment d'impuissance [...] une bonne partie de la population [...] a perdu confiance dans ses dirigeants [...] elle est de plus en plus consciente de son aliénation.
>
> Il faudra bien regarder le problème en face; la bonne entente entre francophones et anglophones est un mythe. Plus de la moitié de la population de Bathurst est de langue française et les environs immédiats sont presque exclusivement francophones. Et pourtant, l'administration de la cité est strictement unilingue [anglaise...] Cette bonne entente ne pourra désormais exister que si elle s'appuie sur le respect mutuel.

Un peu plus loin dans le même numéro, un article de la direction provisoire du Parti acadien montre qu'elle conçoit l'Acadie comme une communauté plus fondamentale que la province et qu'elle se méfie du bilinguisme public:

> 3. Dénoncer publiquement toutes les injustices politiques, économiques sociales et culturelles subies par les Acadiens.
>
> 4. Voir par la politisation à ce que les Acadiens reconnaissent leurs véritables intérêts et ceux qui peuvent être leurs vrais porte-parole.
>
> 10. Étudier par l'intérieur le fonctionnement de toutes les institutions qui se disent bilingues: écoles, hôpitaux, etc. Dénoncer au besoin les injustices.
>
> 11. Favoriser la décentralisation des services.

Cette «branche nord-est» du néonationalisme est donc l'héritière directe du mouvement étudiant de 1968-1969. Toutefois, en raison de la position sociale et géographique de ses membres, son discours est surtout axé sur des préoccupations ruralistes, populistes, syndicalistes et régionalistes, ce qui la poussera à développer un volet territorialiste:

> [...] dépliez une humble mappe du Nouveau-Brunswick, placez-y une règle en diagonale de Grand-Sault à Moncton. En suivant bien cette direction, tirez une ligne au crayon d'un bout à l'autre et

> inscrivez de nouveau dans la partie supérieure de ce partage l'appellation ACADIE en grosses lettres[97].

Si l'objectif immédiat est nouveau, l'objectif fondamental est le même depuis 1968, soit la création de conditions nécessaires à l'épanouissement des Acadiens. Mais, dans ce cas-ci, on estime que ces conditions reposent avant tout sur l'acquisition d'un territoire.

Les dirigeants de la SANB, comme ceux du Parti acadien, sont profondément marqués par le communautarisme. Toutefois, ayant pour mandat de représenter *tous* les francophones de la province, y compris ceux des villes et des régions linguistiquement mixtes, ils sont beaucoup moins tentés par le nationalisme territorial que le Parti acadien. Au lieu de revendiquer un territoire, la SANB fait la promotion de la dualité administrative et culturelle. Cette quête de la dualité est, somme toute, une sorte d'indépendantisme administratif non territorial : un mouvement qui ne rejette ni l'économie de marché, ni l'État interventionniste et bureaucratique. L'objectif est de placer l'État et ses instruments au service de la collectivité linguistique. Mettant l'accent sur le fait que ses demandes sont raisonnables, la SANB se présente comme porteuse d'une version progressiste – plus urbaine, peut-être – du néonationalisme. Prétendant représenter les aspirations réelles des francophones – et misant sur le fait que son option serait plus viable politiquement que le programme instable du Parti acadien –, l'organisme entend ainsi lui damer le pion et émerger comme le « vrai » représentant des Acadiens[98].

Réceptivité du gouvernement à l'idée de la dualité

Ce renouvellement des cadres de l'élite nationaliste coïncide avec un changement important de la donne politique à Fredericton. Cette coïncidence sera à l'origine d'une importante innovation en matière de régime linguistique dans la province, innovation qui ira au-delà du bilinguisme officiel.

L'agitation entourant la gestion des écoles et le financement des universités ainsi que les contestations du CRAN et de l'Association des francophones du Nord-Est propulsent dans l'actualité l'idée que les Acadiens ont

97. André Dumont, « Rendez-nous notre terre », *L'Acayen*, n° 2 (juin 1972), p. 21.
98. Cimino, *Ethnic Nationalism Among the Acadians of New Brunswick*, p. 162-187.

des besoins particuliers. Dans la foulée, la «dualité linguistique et culturelle» supplante le bilinguisme comme idéal à atteindre en matière d'éducation. Ces revendications mettent le gouvernement de Robichaud dans l'embarras, puisqu'il devient assez évident au cours de l'année 1970 que les opinions des deux groupes linguistiques sur la gestion scolaire sont polarisées : les journaux anglophones de Moncton et les administrateurs scolaires de langue anglaise continuent de s'opposer à la division du district. De façon générale, mais particulièrement à Moncton, Robichaud se trouve dans une position inconfortable : une majorité d'anglophones pense qu'il en a fait assez, voire trop pour les francophones, alors qu'une part toujours croissante de ces derniers estime que les réformes de l'État sont inachevées et doivent être accélérées. Devant cette situation, le gouvernement temporise, par exemple en refusant de communiquer les résultats d'une enquête sur le sort du district 15 avant les élections d'octobre 1970[99].

Or temporiser ne constitue pas une issue. La polarisation de l'opinion sonne le glas du consensus libéral néo-brunswickois. La stratégie de Robichaud, qui consistait à «dé-ethniciser» toutes les questions politiques et à proposer des réformes en termes linguistiquement neutres, aura eu un succès indéniable durant dix ans. Elle se fait ici rattraper par les débats sociaux provoqués par les nouveaux acteurs de la société civile acadienne. Joseph Yvon Thériault a raison d'affirmer qu'on assiste, à la fin des années 1960, au «retour du refoulé» : «L'acadianité, affirme-t-il, rattrapait ainsi par la porte d'en arrière une réforme sociale qui avait cru pouvoir se délester de la question nationale[100].»

D'ailleurs, le gouvernement Robichaud ne survit pas à l'effondrement de ce consensus : usé par dix années de pouvoir, le Parti libéral perd l'élection de 1970 au profit du Parti conservateur de Richard Hatfield. Les résultats électoraux montrent que des anglophones excédés et des francophones impatients – particulièrement les jeunes – ont déserté le Parti libéral[101]. C'est à Moncton que ce revirement est le plus spectaculaire : les trois sièges de la ville passent des libéraux aux conservateurs. L'hégémonie

99. Cormier, *La scission du district scolaire N° 15*, p. 189-192.

100. Joseph Yvon Thériault, «Le moment Robichaud et la politique en Acadie», dans Institut canadien de recherche sur le développement régional, *L'ère Louis J. Robichaud, 1960-70 : actes du colloque*, Moncton, Institut canadien de recherche sur le développement régional, 2001, p. 52.

101. Wilbur, *The Rise of French New Brunswick*, p. 238.

de la philosophie libérale de la participation modernisatrice est bel et bien terminée. Le projet de mettre en place des institutions distinctes pour les francophones est à nouveau d'actualité.

Le gouvernement du jeune Hatfield a les coudées beaucoup plus franches que celui Louis Robichaud en ce qui concerne les questions linguistiques. En pleine lune de miel avec l'électorat, assuré de l'appui des anglophones et déterminé à faire une percée plus significative dans les régions francophones, le très francophile chef conservateur accorde immédiatement une plus grande légitimité aux solutions inspirées du communautarisme que ne l'a fait Robichaud. Il est d'ailleurs conscient d'avoir une plus grande marge de manœuvre que son prédécesseur[102].

Fort de cette position politique enviable, le gouvernement conservateur se met à courtiser les francophones. Peu de temps après son élection, Hatfield restaure le financement du CRAN, le Conseil régional d'aménagement du Nord-Est du Nouveau-Brunswick, dont les vivres avaient été coupés par l'administration libérale[103], qui jugeait que l'organisme prenait un virage inquiétant vers des positions radicales et populistes.

Dans les quelques années qui suivent, toute une série de mesures seront prises afin de s'assurer que « la dualité » ne demeure pas qu'un simple concept. Seulement trois mois et demi après son arrivée au pouvoir, Hatfield annonce le « regroupement des 7417 élèves francophones du district 15 avec les 3844 du conseil scolaire [de langue française] 13[104] ». C'est un important précédent en faveur d'institutions éducatives linguistiquement homogènes et de la gestion communautaire de l'éducation, précédent qui aura des répercussions partout au Canada au cours des quarante années qui suivront. Les militants de Moncton jubilent. Puis, en 1974, le premier ministre exerce de fortes pressions pour que soit finalement créée la première école secondaire de langue française à Fredericton – ce que Robichaud n'avait jamais osé faire – en bravant une forte opposition du conseil municipal et de clubs sociaux[105]. La même

102. Michel Cormier et Achille Michaud, *Richard Hatfield: un dernier train pour Hartland*, Montréal, Libre Expression; Moncton, Éditions d'Acadie, 1991, p. 164.

103. Wilbur, *The Rise of French New Brunswick*, p. 237.

104. Cormier, *La scission du district scolaire N° 15*, p. 196.

105. Richard Starr, *Richard Hatfield: The Seventeen Year Saga*, Halifax, Formac, 1987, p. 62 ; Greg Allain et Maurice Basque, *Une présence qui s'affirme : la communauté*

année, autre coup de tonnerre : il procède à la « division complète du ministère [de l'Éducation sur des bases linguistiques], en commençant par le poste de sous-ministre[106] ». Chaque « communauté linguistique » possèdera désormais non seulement ses propres écoles maternelles, primaires, intermédiaires et secondaires ainsi que ses « collèges communautaires[107] », mais aussi les moyens de les gérer comme bon lui semble. La scission du district 15 est devenue un modèle ! Une dernière mais importante concession au principe de la dualité culturelle est accordée par le gouvernement conservateur en 1981 lorsqu'il adopte la loi 88, qui « reconnaît l'égalité des deux communautés linguistiques officielles du Nouveau-Brunswick[108] ».

Ces éléments de communautarisme ne doivent toutefois pas faire oublier que le modèle de gouvernance linguistique du Nouveau-Brunswick est encore fondé essentiellement sur l'idéal politique libéral, selon lequel tous les citoyens doivent participer à des institutions publiques communes. Néanmoins, ces changements sont d'une importance certaine. Durant les années 1970, le modèle politique néo-brunswickois, jusqu'alors purement libéral, a été remplacé par un modèle moins strict, plus fluide, tempéré par certaines concessions au communautarisme. Ce changement est important : désormais, la communauté acadienne du Nouveau-Brunswick a le droit d'avoir des institutions bien à elle qui, de surcroît, seront financées par le trésor public.

À la fin des années 1960, les étudiants délaissent l'idéologie libérale de la participation, qui avait été la leur depuis le début de la décennie, façonnent puis embrassent sans complexe une nouvelle idéologie :

---

acadienne et francophone de Fredericton, Nouveau-Brunswick, Moncton, Éditions de la Francophonie, 2003, p. 207-210. Le Centre scolaire-communautaire Sainte-Anne ouvre finalement ses portes en 1978.

106. Cormier et Michaud, *Richard Hatfield*, p. 164-167. Les deux unités administratives autonomes sont toutefois sous l'autorité d'un seul ministre. Notons qu'il faudra tout de même attendre encore six ans avant que ne disparaissent les dernières écoles et les derniers conseils scolaires dits « bilingues ».

107. Il y en a aujourd'hui cinq de langue française et six de langue anglaise.

108. Cormier et Michaud, *Richard Hatfield*, p. 174-176.

le communautarisme. Instigateurs de cette idéologie lors de la grève de février 1968, ils se donnent pour mission de la diffuser et ne tardent pas à en appliquer les principes dans leurs multiples revendications, notamment en matière de bilinguisme, de financement universitaire et d'organisation scolaire.

Ce néonationalisme suscite d'abord des réactions hostiles chez l'élite définitrice, et l'ébranle sérieusement. À moyen terme, il provoque un changement de garde complet au sein du leadership national. La fondation du Parti acadien, en 1972, puis celle de la SANB, en 1973, propulsent les valeurs et les idées communautaristes au sommet de la société civile acadienne. Les revendications du Parti acadien et de la SANB, amplifiées par la réceptivité du gouvernement conservateur de Richard Hatfield, provoquent des changements sensibles dans l'appareil étatique provincial au cours de la période allant de 1971 à 1981.

La « dualité culturelle » de la province est désormais reconnue, ce qui entraîne des conséquences juridiques, institutionnelles et programmatiques réelles. L'évolution discursive entamée par le milieu étudiant en février 1968 a porté fruit... et changé l'ordre politique de façon significative. Le gouvernement et l'élite définitrice estiment désormais qu'il faut tenter de créer les conditions nécessaires à l'épanouissement de la communauté acadienne.

Ce retour du communautarisme annonce la fin d'une époque en Acadie. Il sonne le glas de la domination sans partage de l'idéologie de la participation modernisatrice et la fin d'un espoir – naïf, peut-être – de « libération du national ». Le phénomène marque un jalon important dans l'évolution des Acadiens, puisqu'il les libère non seulement d'une illusion, mais aussi de la peur de revendiquer des droits collectifs. Que ce soit pour le meilleur ou pour le pire, l'avènement du néonationalisme signifie que les référents identitaires demeureront ethnolinguistiques au Nouveau-Brunswick.

Conclusion

Au début de ce livre, je me suis donné pour objectif d'explorer globalement l'évolution récente de la culture politique des Acadiens du Nouveau-Brunswick. Pour ce faire, j'ai choisi d'analyser les mouvements étudiants afin de comprendre leur contribution au changement qui s'est opéré au cours de la période dite des Trente Glorieuses.

La décision d'observer le milieu étudiant reposait sur deux hypothèses : 1) ce milieu représentait un baromètre fiable du climat politique acadien de l'époque ; 2) les mouvements étudiants des années 1960 constituaient le meilleur « pont » pour arrimer l'histoire acadienne contemporaine à l'histoire nord-américaine, et cet arrimage allait permettre de mieux comprendre l'évolution de la minorité acadienne.

Ces deux hypothèses se sont révélées extrêmement fécondes. D'une part, l'analyse du discours étudiant a permis de découvrir les nombreuses variations du discours politique acadien – ainsi que plusieurs tensions au sein de la communauté linguistique – qui ont peu ou pas été documentées à ce jour. D'autre part, il a été possible d'établir des liens inédits entre les discours des étudiants acadiens de la période allant de 1957 à 1970 et ceux de leurs condisciples américains, canadiens et québécois, ce qui a permis de montrer comment l'histoire intellectuelle acadienne contemporaine est à la fois liée aux courants culturels nord-américains et porteuse d'une dynamique qui lui est propre.

Ainsi, ce livre contribue-t-il de diverses manières à enrichir le champ des études acadiennes. Les années 1960 et 1970 sont souvent présentées comme une période de progrès ininterrompu pour la collectivité acadienne du Nouveau-Brunswick, comme une longue série d'avancées et de réussites, fruits bien mérités d'une lutte collective de longue haleine. Dans cette optique, les gains enregistrés au cours de la période – soit l'élection de Louis Robichaud à titre de premier ministre de la province, la création de l'Université de Moncton, les réformes fiscales et administratives égalisatrices du gouvernement libéral, la confrontation du maire francophobe Leonard Jones par les étudiants, la *Loi sur les langues officielles du Nouveau-Brunswick*, la création du Parti acadien et de la Société des Acadiens du Nouveau-Brunswick, l'obtention de la dualité administrative dans le domaine de l'éducation et l'adoption d'une loi affirmant l'égalité des deux communautés linguistiques de la province – sont présentés comme une suite logique d'événements provoqués par un seul et même élan de revendication nationaliste. Il s'agirait en quelque sorte du parachèvement de la Renaissance acadienne entamée au XIXe siècle. On imagine volontiers une communauté dotée d'un véritable esprit de corps et dont les divers éléments – associations, journaux, politiciens, étudiants, parti politique – sont unis dans un unique combat collectif, malgré quelques escarmouches intestines et des styles de combat différents.

La réalité est plus complexe. Certains sociologues, notamment Jean-Paul Hautecoeur et Joseph Yvon Thériault, ont exprimé l'idée selon laquelle un important changement de paradigme s'est opéré durant la deuxième moitié des années 1960. La présente étude des mobilisations étudiantes de la décennie appuie et documente cette hypothèse. Il y a bel et bien eu une deuxième Renaissance acadienne durant les années 1960 et 1970, et celle-ci est survenue en deux temps et selon deux modes politiques fort différents. Pendant que la plus grande partie des années 1960 a été caractérisée par une philosophie politique libérale, prônant la participation des Acadiens à toutes les sphères de la société, les années 1970 ont été marquées par une plus grande insistance sur l'acquisition de droits et d'autonomie pour la collectivité ethnolinguistique. Bref, sur l'axe allant du cosmopolitanisme au communautarisme (en passant par le libéralisme citoyen), on a assisté à un basculement important vers le second pôle. (À vrai dire, les acteurs sociaux de l'heure étaient eux-mêmes partiellement conscients de cette transition, puisqu'ils ont adopté le terme « néonationalisme » pour parler des mouvements revendicateurs des années 1970.) Or, si cette idée est présente dans l'historiographie, on n'avait jamais fait une étude approfondie de ce changement important de paradigme politique. Cet ouvrage confirme qu'un basculement idéologique a bel et bien eu lieu et en précise le *comment* et le *pourquoi*. Il dévoile également le rôle important qu'a joué la grève des étudiants de l'Université de Moncton en février 1968 dans cette transformation majeure de l'idéologie politique dominante.

À l'issue de cet ouvrage, il est aussi possible d'établir les distinctions entre les idéologies « participationniste » et « néonationaliste ». Une des grandes différences a trait aux moyens préconisés pour améliorer le sort des Acadiens. L'idéologie participationniste, développée au cours des années 1953 à 1967, met résolument l'accent sur la *modernisation* des pratiques politiques et économiques des Acadiens ; on croit que le « rattrapage » avec la population anglophone se réalisera grâce à une plus grande participation des individus aux institutions du monde moderne. Quant à l'idéologie néonationaliste, développée durant les années 1968 à 1972, elle insiste plutôt sur l'acquisition de droits collectifs et d'institutions propres à la communauté linguistique ; le rattrapage passe désormais par l'adaptation des « systèmes » politique et économique à la spécificité acadienne afin de créer les conditions propices à son développement.

Ce changement de moyens est accompagné d'un changement de cible. Durant la période à dominante modernisatrice, l'« attachement trop servile aux formules d'un passé décadent[1] » est tenu pour responsable du « retard » de l'Acadie. On a donc affaire à des facteurs endogènes ; le blâme est dirigé vers la communauté elle-même, dont les membres sont invités à prendre individuellement leur place dans le monde moderne. À partir de 1968 environ, le discours néonationaliste attribue la responsabilité du « retard » à la « domination » de la majorité anglophone, reconnaissant du même coup la condition de « colonisé » du peuple acadien. Ce sont donc des facteurs exogènes et structurels qui sont mis en cause ; de ce fait, la correction des inégalités reposerait sur la capacité du « système » à s'adapter à la communauté acadienne afin de lui permettre de se développer selon son propre « génie » et à ses membres, de s'épanouir.

Cet ouvrage contribue aussi à une meilleure compréhension des mouvements étudiants des années 1960 et, de façon plus générale, des mouvements idéologiques d'ampleur nationale ou internationale. En mettant en relation les mouvements étudiants de l'Acadie avec ceux du Québec, du Canada anglophone et des États-Unis, il offre un outil privilégié qui

1. Clément Cormier, « Les Acadiens en 1960 : besoins et perspectives », dans *XIIIe Congrès général des Acadiens, Pointe-de-l'Église (N.-É.)*, Société nationale des Acadiens, 1960, p. 33.

permet de comprendre comment, dans la diffusion des idées, l'international et le local s'agencent.

Nous avons vu que la distance et les barrières linguistiques n'ont pu empêcher le mouvement étudiant nord-américain de s'incarner en terre néo-brunswickoise. Qui plus est, on a constaté que plusieurs avatars de ce mouvement étudiant continental évoluaient avec une synchronie quasi parfaite : tous naissent, se consolident puis se radicalisent à peu près en même temps, les années 1964 et 1968 étant des années charnières à peu près partout. Le cas de l'Acadie du Nouveau-Brunswick permet, par ailleurs, de montrer que cette synchronie ne peut être mise sur le compte du conformisme ou du mimétisme : si les manifestations de 1968 en Acadie sont bien inspirées par l'esprit du moment, elles ne sont pas à la remorque de celles qui ont lieu ailleurs sur le continent ; elles les précèdent même parfois.

Le « cas » étudié ici a aussi permis de cerner les conditions qui facilitent la propagation d'un mouvement d'idées dans un milieu particulier. Si Moncton est devenu l'un des points chauds de la contestation soixante-huitarde au Canada, c'est que la situation locale s'y prêtait bien. Des transformations radicales et récentes des structures sociopolitiques, des attentes élevées au sein de la population, une élite divisée, dont les actions ne correspondent pas toujours aux idéaux professés, quelques dossiers politiques locaux litigieux et quelques « étincelles » politiques, voilà quelques-uns des facteurs qui ont facilité l'apparition du mouvement de 1968 à Moncton.

Finalement, l'expérience de Moncton illustre la nature des rapports entre les mouvements d'idées génériques et leurs incarnations particulières. Bien que participant à une dynamique continentale, le mouvement de Moncton conserve une certaine originalité. Comment ? Pourquoi ? Nous avons vu que les enjeux locaux ainsi que les ressources dont disposent (ou non) des acteurs particuliers peuvent transformer le mouvement originel de façon étonnante. Durant la période radicale de 1968-1970, les étudiants acadiens ont profité d'une vague idéologique favorable à « l'épanouissement personnel », ils l'ont appliquée aux enjeux locaux et en ont tiré une nouvelle utopie (néo)nationaliste. Ailleurs, cette même vague a créé d'autres projets collectifs chez les jeunes, tels que le *flower-power*, l'anarchisme, le marxisme-léninisme (ou maoisme), la pensée libertaire, le *new age* ou même l'idéalisation des drogues. (Bien sûr, ces idéologies sont aussi répandues en Acadie.) Confrontés à la modernité débridée, les Acadiens ont réagi en tentant de recréer la communauté culturelle historique. C'est une version parmi d'autres de la « communauté perdue » décrite par Jean-Marc Piotte[2]. Les mouvements d'idées continentaux doivent donc être vus davantage comme des « boîtes à outils » idéologiques que comme du « prêt-à-penser ». Les groupes qui les adoptent les adaptent et les appliquent à des enjeux locaux et les amalgament aux ressources symboliques qui sont disponibles dans leur propre milieu.

Les dynamiques du « moment 1968 » ont donc fait leur apparition en Acadie du Nouveau-Brunswick en même temps que dans le reste de l'Amérique du Nord. Elles ont toutefois une « saveur » propre à cette minorité linguistique.

Toutefois, la modernité – *a fortiori* avancée – ne se laisse pas facilement apprivoiser et, en Acadie comme ailleurs, ce sera un défi que de réinventer la communauté sur de nouvelles bases. Le néonationalisme n'a jamais réussi à s'imposer avec la même force que les idéologies traditionnaliste et participationniste précédentes, ce qui confirme que le monolithisme idéologique disparaît au cours des années 1960 en Acadie. À présent, l'intégration citoyenne « à la Louis Robichaud » et l'autonomie communautaire coexistent dans le discours politique acadien. C'est ce que Joseph Yvon Thériault a appelé « l'indécision identitaire » acadienne contemporaine. Il semble peu probable que l'un ou l'autre de ces idéaux remporte une victoire décisive dans un avenir rapproché. Néanmoins, une meilleure compréhension de ces différents « moments » et de leurs idéaux respectifs permet de mieux saisir la situation politique des Acadiens, ainsi que les choix fondamentaux qui s'offrent à toute minorité linguistique dans le monde contemporain.

2. Jean-Marc Piotte, *La communauté perdue: petite histoire des militantismes*, Montréal, VLB éditeur, 1987.

Sigles

ACTIONS	Association Concerning the Total Interest of New Brunswick Students/Association concernant les intérêts totaux des étudiants du Nouveau-Brunswick
AEUM	Association des étudiants de l'Université de Moncton
APUM	Association des professeurs de l'Université de Moncton
AUL	Archives de l'Université Laval
CEAAC	Centre d'études acadiennes Anselme-Chiasson
CRAN	Conseil régional d'aménagement du Nord
FAGECA	Fédération des associations générales étudiantes des collèges acadiens
FEUM	Fédération des étudiants de l'Université de Moncton
FNEUC	Fédération nationale des étudiants universitaires canadiens
ONF	Office national du film
PEA	Presse étudiante acadienne
PEN	Presse étudiante nationale
RJA	Ralliement de la jeunesse acadienne
SANB	Société des Acadiens du Nouveau-Brunswick
SNA	Société nationale des Acadiens
UGEA	Union générale des étudiants acadiens
UNB	University of New Brunswick
USJ	Université Saint-Joseph

Bibliographie

SOURCES

Archives

Archives de l'Université Laval, Québec
Fonds Pierre Perrault (P319)

Archives de l'Université McMaster, Hamilton
Canadian University Students Fond

Centre d'études acadiennes Anselme-Chiasson (CEAAC), Moncton
Fonds Clément Cormier (177)
Fonds Ordre-de-Jacques-Cartier (212)
Fonds Roger Savoie (1024)

Journaux et revues

Journaux étudiants de l'Université de Moncton

Liaisons (1957-1967)

L'Insecte (1967-1969)

La Moustache (1968-1969)

Le Microbe (1968-1969)

L'Embryon (1970-1971)

Journaux

L'Évangéline (1957-1970)

La Presse (dépouillement ponctuel)

Le Devoir (dépouillement ponctuel)

The Times (Moncton) (dépouillement ponctuel)

Revues

Magazine Maclean (dépouillement ponctuel)

Revue de l'Université de Moncton (1968-1970)

Revue économique (1963-1968)

Autres documents (imprimés, audiovisuels ou en ligne)

BERDAHL, Robert, et James DUFF. *Structure administrative des universités au Canada : rapport de la Commission d'enquête établie par l'Association canadienne des professeurs d'université et l'Association des universités et collèges du Canada*, Sainte-Foy, Les Presses de l'Université Laval, 1966.

CORMIER, Clément. « Les Acadiens en 1960 : besoins et perspectives », dans *XIIIe Congrès général des Acadiens, Pointe-de-l'Église (N.-É.)*, Société nationale des Acadiens, 1960, p. 30-40.

FERRON, Jacques. *Les roses sauvages* (roman), Montréal, Éditions du Jour, 1971.

LAPLANTE, A. L., c.j.m. Le Collège de Bathurst : chronique des années 1949-1975, Moncton, Université de Moncton, 1979.

LAURENDEAU, André. *Journal tenu pendant la Commission royale d'enquête sur le bilinguisme et le biculturalisme*, Outremont, VLB éditeur ; Québec, Éditions du Septentrion, 1990.

LEBLANC, Emery. *Les Acadiens*, Montréal, Éditions de l'Homme, 1963.

PERRAULT Pierre, et Michel BRAULT. *L'Acadie, l'Acadie ?!?*, Office national du film du Canada, 1971, 117 min 51 s (film documentaire).

Rapport du Comité sur le financement de l'enseignement supérieur au Nouveau-Brunswick, Fredericton, [s. n.], 1967.

STUDENTS FOR A DEMOCRATIC SOCIETY. « The Port Huron Statement of the Students for a Democratic Society, 1962 » (texte intégral), sur le site Web *A New Insurgency: The Port Huron Statement in its Time and Ours*, consacré à son 50e anniversaire, University of Michigan, [http://www.lsa.umich.edu/phs/resources/porthuronstatementfulltext] (30 décembre 2013).

VILLENEUVE, Cardinal Rodrigue. « L'université, école de haut savoir et source de directives sociales » (1934), dans Claude Corbo, *L'idée d'université : une anthologie des débats sur l'enseignement supérieur au Québec*, Montréal, Les Presses de l'Université de Montréal, 2001, p. 150-161.

ÉTUDES

Ouvrages généraux, théorie et sociologie

ANDERSON, Benedict. *Imagined Communities: Reflexions on the Origins and Spread of Nationalism*, Londres, Verso, 1983.

BASQUE, Maurice, Nicole BARRIEAU et Stéphanie CÔTÉ. *L'Acadie de l'Atlantique*, avec la collaboration de Raymond Cyr et Emmanuel Doucet, Moncton, Centre d'études acadiennes, Université de Moncton, 1999.

BAUMAN, Zygmunt. *Liquid Modernity*, Cambridge, Polity Press, 2000.

BOURDIEU, Pierre. *Questions de sociologie*, Éditions de Minuit, 1984.

BRAUD, Philippe. *Sociologie politique*, 3e éd., Paris, LGDJ, 1996.

BOTHWELL, Robert, Ian DRUMMOND et John ENGLISH. *Canada Since 1945: Power, Politics and Provincialism*, Toronto, University of Toronto Press, 1989.

COUTURIER, Jacques Paul. *Un passé composé: histoire du Canada depuis 1850*, Moncton, Éditions d'Acadie, 1996.

DION, Léon. *Les intellectuels au temps de Duplessis*, Québec, Les Presses de l'Université Laval, 1993.

DION, Léon. *La révolution déroutée, 1960-1976*, Montréal, Éditions du Boréal, 1998.

DUMONT, FERNAND. *Genèse de la société québécoise*, Montréal, Éditions du Boréal, 1993.

FINKEL, Alvin. *Our Lives: Canada after 1945*, Toronto, Lorimer, 1997.

FORBES, Ernest R., et Delphin A. MUISE (dir.). *The Atlantic Provinces in Confederation*, Toronto, University of Toronto Press; Fredericton, Acadiensis Press, 1993.

FOURASTIER, Jean. *Les Trente Glorieuses, ou La révolution invisible de 1946 à 1975*, Paris, Fayard, 1979.

GIDDENS, Anthony. *The Consequences of Modernity*, Stanford, Stanford University Press, 1990.

HEATH, Joseph. *The Rebel Sell: Why the Culture Can't Be Jammed*, New York, Harper Perennial, 2005.

HOBSBAWM, Eric. *Age of Extremes: The Short Twentieth Century*, Londres, Abascus, [1994] 1995.

HOBSBAWM, Eric. *The Invention of Tradition*, Cambridge, Cambridge University Press, 1983.

KYMLICKA, Will. *Multicultural Citizenship: A Liberal Theory of Minority Rights*, Oxford, Oxford University Press, 1995.

LAÏDI, Zaki. *Le temps mondial*, Bruxelles, Éditions Complexe, 1997.

LANDRY, Nicolas, et Nicole LANG. *Histoire de l'Acadie*, Sillery, Éditions du Septentrion, 2001.

LINTEAU, Paul-André, *et al. Histoire du Québec contemporain*, t. 2: *Le Québec depuis 1930*, nouvelle édition, Montréal, Éditions du Boréal, 1989, coll. « Boréal compact ».

McKAY, Ian. « The Liberal Order Framework: A Prospectus for a Reconnaissance of Canadian History », *Canadian Historical Review*, vol. 80, n° 4 (décembre 2000), p. 617-645.

McROBERTS, Kenneth. *Un pays à refaire: l'échec des politiques constitutionnelles canadiennes*, Montréal, Éditions du Boréal, [1997] 1999.

RAWLS, John. *A Theory of Justice*, Boston, Harvard University Press, 1971.

ROCHER, Guy. « La crise des valeurs au Québec », dans Fred Caloren *et al.*, *Le nouveau défi des valeurs*, Montréal, Éditions HMH, 1969, p. 9-24.

ROY, Michel. *L'Acadie des origines à nos jours: essai de synthèse historique*, Montréal, Québec Amérique, 1981.

SCOTT, James C. *Domination and the Arts of Resistance: Hidden Transcripts*, New Haven, Yale University Press, 1990.

THÉRIAULT, Léon. « L'Acadie de 1763 à 1990, synthèse historique », dans Jean Daigle (dir.), *L'Acadie des Maritimes : études thématiques*, Moncton, Chaire d'études acadiennes, Université de Moncton, 1993, p. 45-92.

L'éducation, les étudiants et le militantisme de gauche au XXe siècle

ALBO, Gregory. « The 20th Anniversary of the Waffle: Canada, Left-Nationalism and Younger Voices », *Studies in Political Economy*, n° 33 (automne 1990), p. 161-174.

AXELROD, Paul. *Scholars and Dollars: Politics, Economics and the Universities of Ontario, 1945-1980*, Toronto, University of Toronto Press, c1982.

Axelrod, Paul. « The Student and Youth Movements in Canada During the 1930s », dans Robert Cohen (dir.), *Student Activism in the 1930s*, [En ligne], [http://newdeal.feri.org/students/canada.htm] (4 octobre 2006).

AXELROD, Paul. « The Student Movement of the 1930s », dans Paul Axelrod et John Reid (dir.), *Youth, University and Canadian Society: Essays in the Social History of Higher Education*, Montréal, McGill-Queen's University Press, 1989, p. 216-246.

BÉDARD, Éric. *Chronique d'une insurrection appréhendée : la crise d'Octobre et le milieu universitaire*, Québec, Éditions du Septentrion, 1998.

BÉDARD, Éric. « L'idéologie syndicale étudiante, du discours à la pratique : le cas de l'AGEUM (1950-1969) », *Bulletin du regroupement des chercheurs et chercheures en histoire des travailleurs et travailleuses du Québec*, vol. 21, n° 1 (1995), p. 13-31.

BÉLANGER, Pierre. *Le mouvement étudiant québécois : son passé, ses revendications et ses luttes (1960-1983)*, Montréal, ANEQ, 1984.

BRAUNGART, Richard, et Margaret BRAUNGART. « Political Generational Themes in the American Student Movements of the 1930s and 1960s », *Journal of Political and Military Sociology*, vol. 18, n° 1 (1990), p. 79-121.

BRETON Érik. « Service ou mouvement ? Le dilemme de la Confédération des étudiants et des étudiantes de l'Université Laval (CADEUL) : note de recherche », *Recherches sociographiques*, vol. 38, n° 1 (1997), p. 117-131.

BROCK, Peter. *Pacifism in the Twentieth Century*, Syracuse, Syracuse University Press, 1999.

BURKE, Sara. « Women of Newfangle: Co-Education, Racial Discourse and Women's Rights in Victorian Ontario », *Historical Studies in Education/Revue d'histoire de l'éducation*, vol. 19, n° 1 (printemps 2007), p. 111-133.

BURNS, Stewart. *Social Movements of the 1960s: Searching for Democracy*, Boston, Twayne, 1990.

COHEN, Robert. *When the Old Left Was Young: Student Radicals and America's First Mass Student Movement, 1929-1941*, New York, Oxford University Press, 1993.

ESLER, Anthony. *Generations in History: An Introduction to the Concept*, [s. l.], A. Esler, 1982.

FOOT, David K. *Boom, Bust and Echo: How to Profit from the Coming Demographic Shift*, Toronto, Macfarlane Walter and Ross, 1996.

FRASER, Ronald. *1968: Student Generation in Revolt*, New York, Pantheon, 1988.

GIDNEY, Catherine. « Poisoning the Student Mind? The Student Christian Movement at the University of Toronto, 1920-1965 », *Journal of the Canadian Historical Association/Revue de la Société historique du Canada*, vol. 8, n° 1 (1997), p. 147-163.

GITLIN, Todd. *The Sixties: Years of Hope, Days of Rage: A Student Generation in Revolt*, New York, Bantam Books, 1987.

GOULDNER, Alvin W. *The Future of Intellectuals and the Rise of the New Class: A Frame of Reference, Theses, Conjectures, Arguments, and an Historical Perspective on the Role of Intellectuals and Intelligentsia in the International Class Contest of the Modern Era*, New York, Seabury Press, 1979.

HABERMAS, Jürgen. *Toward a Rational Society: Student Protest, Science, and Politics*, traduit de l'allemand par Jeremy J. Shapiro, Boston, Beacon Press, 1970.

HÉBERT, Karine. *La construction d'une identité étudiante montréalaise (1895-1960)*, thèse de doctorat (histoire), Montréal, Université du Québec à Montréal, 2002.

HÉBERT, Karine. *Impatient d'être soi-même : les étudiants montréalais, 1895-1960*, Québec, Presses de l'Université du Québec, 2008.

JASEN, Patricia. « In Pursuit of Human Values: The Student Critique of the Arts Curriculum in the 1960s », dans Paul Axelrod et John Reid (dir.), *Youth, University and Canadian Society: Essays in the Social History of Higher Education*, Montréal, McGill-Queen's University Press, 1989, p. 247-274.

KOSTASH, Myrna. *Long Way from Home: The Story of the Sixties Generation in Canada*, Toronto, Lorimer, 1980.

LAMARRE, Jean. « "Au service des étudiants et de la nation" : l'internationalisation de l'Union générale des étudiants du Québec », *Bulletin d'histoire politique*, vol. 16, n° 2 (hiver 2008), p. 53-74.

LEFEBVRE, Henri. *The Explosion: From Nanterre to the Summit*, Paris, Monthly Review Press, 1969.

LEFKOWITZ HOROWITZ, Helen. *Campus Life: Undergraduate Cultures from the End of the Eighteenth Century to the Present*, Chicago, University of Chicago Press, 1987.

LEVITT, Cyril. *Children of Privilege: Student Revolt in the Sixties: A Study of Student Movements in Canada, the United States, and West Germany*, Toronto, University of Toronto Press, 1984.

MCKILLOP, A. Brian. *Matters of Mind: The University in Ontario, 1791-1951*, Toronto, University of Toronto Press, 1994.

MILLS, Sean. *The Empire Within: Postcolonial Thought and Political Activism in Sixties Montreal*, Montréal, McGill-Queen's University Press, 2010.

MORDER, Robi (dir.). *Naissance d'un syndicalisme étudiant, 1946 : la charte de Grenoble*, Éditions Syllepse, 2006.

NEATBY, Nicole. *Carabins ou activistes? L'idéalisme et la radicalisation de la pensée étudiante à l'Université de Montréal au temps du duplessisme*, Montréal, McGill-Queen's University Press, 1997.

NEVITTE, Neil, Herman BAKVIS et Roger GIBBINS. «The Ideological Contours of the "New Politics" in Canada: Policy, Mobilization and Partisan Support», *Canadian Journal of Political Science*, vol. 22, n° 3 (1989), p. 475-503.

OWRAM, Doug. *Born at the Right Time: A History of the Baby Boom Generation*, Toronto, University of Toronto Press, 1996.

PIOTTE, Jean-Marc. *La communauté perdue : petite histoire des militantismes*, Montréal, VLB éditeur, 1987.

PRONOVOST, Gilles. «Les idéologies étudiantes au Québec», dans Fernand Dumont, Jean Hamelin et Jean-Paul Montminy (dir.), *Idéologies au Canada français 1940-1976*, t. 2: *Les mouvements sociaux; Les syndicats*, Québec, Les Presses de l'Université Laval, 1981, p. 109-130.

RICARD, François. *La génération lyrique : essai sur la vie et l'œuvre des premiers-nés du baby-boom*, Montréal, Éditions du Boréal, [1992] 1994, coll. «Boréal compact».

ROSZAK, Theodore. *The Making of a Counter Culture: Reflections on the Technocratic Society and its Youthful Opposition*, Garden City, N.Y., Doubleday, c1968.

ROTMAN, Patrick. *Mai 68 raconté à ceux qui ne l'ont pas vécu*, Paris, Seuil, 2008.

SEIDMAN, Michael. *The Imaginary Revolution: Parisian Students and Workers in 1968*, New York, Berghahn Books, 2004.

SURI, Jeremi. *The Global Revolutions of 1968*, New York, W.W. Norton, 2006.

TOURAINE, Alain. *Le mouvement de mai ou le communisme utopique*, Paris, Seuil, 1968.

TOURAINE, Alain. *La société post-industrielle : naissance d'une société*, Paris, Denoël, 1969.

TOURNIER, Maurice. *Les mots de mai 68*, Toulouse, Presses universitaires du Mirail, 2007.

VARON, Jeremy. *Bringing the War Home: The Weather Underground, the Red Army Faction, and Revolutionary Violence in the Sixties and Seventies*, Berkeley, University of California Press, 2004.

WARREN, Jean-Philippe. «L'opération McGill français : une page méconnue de l'histoire de la gauche nationaliste», *Bulletin d'histoire politique*, vol. 16, n° 2 (hiver 2008), p. 97-116.

WARREN, Jean-Philippe. *Une douce anarchie : les années 1968 au Québec*, Montréal, Éditions du Boréal, 2008.

Autres éléments du contexte historique des Trente Glorieuses

ASHFORD, Douglas E. *The Emergence of the Welfare States*, Oxford, Basil Blackwell, 1986.

BEHIELS, Michael. *Prelude to Quebec's Quiet Revolution: Liberalism versus Neo-nationalism, 1945-1960*, Montréal, McGill-Queen's University Press, 1985.

BERNIER, Nicole. *Le désengagement de l'État providence*, Montréal, Les Presses de l'Université de Montréal, 2003.

BOSHER, J. F. *The Gaullist Attack on Canada: 1967-1997*, Montréal, McGill-Queen's University Press, 2000.

CLOWSE, Barbara Barksdale. *Brainpower for the Cold War: The Sputnik Crisis and National Defense Education Act of 1958*, Westport, Greenwood Press, 1981.

COHEN, Lizabeth. *A Consumer's Republic: The Politics of Mass Consumption in Postwar America*, New York, Knopf, 2003.

COLLIN, Jean-Pierre. *La Ligue ouvrière catholique canadienne, 1938-1954*, Montréal, Éditions du Boréal, 1996.

DICKSON, Paul. *Sputnik: The Shock of the Century*, New York, Walker and Company, 2001.

DICKSTEIN, Morris. *Gates of Eden: American Culture in the Sixties*, New York, Basic Books, 1977.

GAUVREAU, Michael. *The Catholic Origins of Quebec's Quiet Revolution, 1931-1970*, Montréal, McGill-Queen's University Press, 2005.

GRANT, George. *Lament for a Nation: The Defeat of Canadian Nationalism*, Toronto, McClelland and Stewart, 1965.

HARRIS, Richard. *Creeping Conformity: How Canada Became Suburban, 1900-1960*, Toronto, University of Toronto Press, 2004.

IGARTUA, José. *The Other Quiet Revolution: National Identities in English Canada, 1945-71*, Vancouver, University of British Columbia Press, 2006.

JALBERT, Lizette. *L'État interventionniste de providence canadien en perspective*, Montréal, GRÉTSÉ (Université de Montréal, Université du Québec à Montréal), 1992.

LÉTOURNEAU, Jocelyn. « Le "Québec moderne" : un chapitre du grand récit collectif des Québécois », *Revue française de science politique*, vol. 42, n° 5 (1992), p. 765-785.

LITT, Paul. *The Muses, the Masses, and the Massey Commission*, Toronto, University of Toronto Press, 1992.

MARCUSE, Herbert. *One Dimensional Man: Studies in the Ideology of Advanced Industrial Society*, Boston, Beacon Press, 1964.

MARSHALL, Dominique. *Aux origines sociales de l'État-providence : familles québécoises, obligation scolaire et allocations familiales, 1940-1955*, Montréal, Les Presses de l'Université de Montréal, 1998.

MEUNIER, E.-Martin. *Le pari personnaliste: modernité et catholicisme au XXe siècle*, Montréal, Éditions Fides, 2007.

MEUNIER, E.-Martin, et Jean-Philippe WARREN. *Sortir de la « Grande noirceur »: l'horizon « personnaliste » de la Révolution tranquille*, Québec, Éditions du Septentrion, 2002.

MORGAN, Edward P. *The Sixties Experience: Hard Lessons about Modern America*, Philadelphie, Temple University Press, 1991.

PARR, Joy. *Domestic Goods: The Material, the Moral and the Economic in the Postwar Years*, Toronto, University of Toronto Press, 1999.

PENNER, Norman. *The Canadian Left: A Critical Analysis*, Scarborough, Prentice-Hall, 1977.

PICHÉ, Lucie. *Femmes et changement social au Québec : l'apport de la Jeunesse ouvrière catholique féminine, 1931-1966*, Québec, Les Presses de l'Université Laval, 2003.

RENAUD, Marc. « Québec's New Middle Class in Search of Social Hegemony: Causes and Political Consequences », dans Michael D. Behiels (dir.), *Quebec since 1945 : Selected Readings*, Toronto, Copp Clark Pitman, 1987.

ROSANVALLON, Pierre. *La crise de l'État-providence*, Paris, Seuil, 1984.

ROUILLARD, Jacques. *Histoire du syndicalisme québécois*, Montréal, Éditions du Boréal, 1989.

RUTHERFORD, Paul. *When Television was Young: Primetime Canada, 1952-1967*, Toronto, University of Toronto Press, 1990.

SCHELSKY, Helmut. *Die Arbeit tun die Anderen: Klassenkampf und Priesterherrschaft der Intellektuellen*, Wiesbaden, Westdeutscher Verlag, 1975.

SMITH, Dennis. *The Chicago School: A Liberal Critique of Capitalism*, Basingstoke, Macmillan Education, 1988.

SURI, Jeremi. *Power and Protest: Global Revolution and the Rise of Detente*, Cambridge, Harvard University Press, 2003.

VAILLANCOURT, Yves. *L'évolution des politiques sociales au Québec, 1940-1960*, Montréal, Les Presses de l'Université de Montréal, 1988.

VALLIÈRES, Pierre. *Nègres blancs d'Amérique : autobiographie précoce d'un « terroriste » québécois*, Montréal, Éditions Parti pris, 1968.

WHITAKER, Reg, et Gary MARCUSE. *Cold War Canada: the Making of a National Insecurity State, 1945-1957*, Toronto, University of Toronto Press, 1994.

WRIGHT MILLS, Charles. *The Power Elite*, New York, Oxford University Press, 1956.

Acadie et francophonie durant les Trente Glorieuses

ALLAIN, Greg, Isabelle MCKEE-ALLAIN et Joseph Yvon THÉRIAULT. « La société acadienne, lectures et conjonctures », dans Jean Daigle (dir.), *L'Acadie des Maritimes : études thématiques*, Moncton, Chaire d'études acadiennes, Université de Moncton, 1993, p. 341-384.

Allain, Greg, et Serge Côté. « Le développement régional, l'État et la participation de la population : la vie courte et mouvementée des conseils régionaux d'aménagement du Nouveau-Brunswick (1964-1980) », *Égalité*, nos 13-14 (1984-1985), p. 187-215.

Allaire, Gratien. « Le triangle canadien-français au tournant des années 1960 : le Conseil de la vie française en Amérique, la Société Saint-Jean-Baptiste de Montréal et l'Ordre de Jacques-Cartier », *Francophonies d'Amérique*, n° 17 (printemps 2004), p. 107-116.

Arseneault, Micheline. *La convention d'orientation nationale acadienne de 1979 : un reflet du mouvement néo-nationaliste en Acadie du Nouveau-Brunswick*, thèse de maîtrise (science politique), Ottawa, Université d'Ottawa, 1994.

Belliveau, Joel, et Frédéric Boily. « Deux Révolutions tranquilles ? Transformations politiques et sociales au Québec et au Nouveau-Brunswick (1960-1967) », *Recherches sociographiques*, vol. 46, n° 1 (janvier-avril 2005), p. 11-34.

Cimino, Louis F. *Ethnic Nationalism Among the Acadians of New Brunswick: An Analysis of Ethnic Political Development*, thèse de doctorat (anthropologie), Durham, Duke University, 1977.

Cormier, Clément. *L'Université de Moncton : historique*, Moncton, Centre d'études acadiennes, 1975.

Cormier, Hector. *La scission du district scolaire N° 15 : l'histoire d'une lutte, mais surtout d'une victoire*, Moncton, Éditions du Sorbier, 2000.

Cormier, Michel. *Louis J. Robichaud : une révolution si peu tranquille*, Moncton, Éditions de la Francophonie, 2004.

Cormier, Michel, et Achille Michaud. *Richard Hatfield : un dernier train pour Hartland*, Montréal, Libre Expression ; Moncton, Éditions d'Acadie, 1991.

Couturier, Jacques Paul. *Construire un savoir : l'enseignement supérieur au Madawaska, 1946-1974*, Moncton, Éditions d'Acadie, 1999.

Even, Alain. *Le territoire pilote du Nouveau-Brunswick ou Les blocages culturels au développement économique : contribution à une analyse socio-économique du développement*, thèse de doctorat (sociologie), Rennes, Université de Rennes, 1970.

Ferron, Jacques. *Le contentieux de l'Acadie*, Montréal, VLB éditeur, 1991.

Gauvin, Bernard. « La question acadienne : 16 ans après les événements de 1968-1969 », dans Khaled Belkhodja (dir.), *Actes du colloque « Solidarité internationale contre l'oppression des cultures et le racisme »*, Moncton, Université de Moncton, 1986, p. 81-90.

Hautecoeur, Jean-Paul. *L'Acadie du discours : pour une sociologie de la culture acadienne*, Québec, Les Presses de l'Université Laval, 1975.

Johnson, Derek. « Merchants, the State and the Household: Continuity and Change in a 20th-Century Acadian Fishing Village », *Acadiensis*, vol. 29, n° 1 (automne 1999), p. 57-75.

JOHNSON, Marc. *Les stratégies de l'acadianité: analyse socio-historique du rôle de la presse dans la formation de l'identité acadienne*, thèse de doctorat, Bordeaux, Université de Bordeaux II, 1991.

JOHNSON, Marc. «*L'Évangéline* contestée, 1966-1982», dans Gérard Beaulieu (dir.), *L'Évangéline, 1887-1982: entre l'élite et le peuple*, Moncton, Éditions d'Acadie et Chaire d'études acadiennes, 1997, p. 347-372.

LALIBERTÉ, G.-Raymond. *Une société secrète: l'Ordre de Jacques Cartier*, Montréal, Hurtubise HMH, 1983.

LANG, Stéphane. *Les enseignants acadiens et la Révolution tranquille au Nouveau-Brunswick, 1960-1970: vers de nouveaux rapports avec les enseignants anglophones et l'État*, thèse de maîtrise (éducation), Ottawa, Université d'Ottawa, 1996.

LEBLANC, Barbara. «Tête à tête et charivari à Moncton: rencontre interculturelle entre les Acadiens et les anglophones de Moncton», *Les Cahiers de la Société historique acadienne*, vol. 27, n° 1 (1996), p. 4-18.

LEBLANC, Raymond G. *La contestation étudiante: les sources et les raisons du malaise étudiant; l'étudiant, individu et collectivité; l'étudiant, ce qu'il est, ce qu'il refuse, ce qu'il veut et son attitude vis-à-vis l'Université et la société*, mémoire de B.A. (sociologie), Moncton, Université de Moncton, 1970.

LEBLANC, Raymond G. *La question nationale chez Karl Marx*, thèse de maîtrise (philosophie), Moncton, Université de Moncton, 1973.

MARTEL, Marcel. *Le deuil d'un pays imaginé: rêves, luttes et déroute du Canada français*, Ottawa, Les Presses de l'Université d'Ottawa et le Centre de recherche en civilisation canadienne-française, 1997.

OUELLETTE, Lise. *Les luttes étudiantes à l'Université de Moncton: production ou reproduction de la société acadienne?*, thèse de maîtrise (sociologie), Montréal, Université de Montréal, 1982.

OUELLETTE, Roger. *Le Parti acadien: de la fondation à la disparition, 1972-1982*, Moncton, Chaire d'études acadiennes, Université de Moncton, 1992.

PICHETTE, Robert. «Longtemps l'Acadie a attendu un chef: Clément C. Cormier, c.s.c. (1910-1987)», *Les Cahiers de la Société historique acadienne*, vol. 30, n° 4 (1999), p. 237-254.

RICHARD, Ricky. *Les formes de l'acadianité au Nouveau-Brunswick: action collective et production de l'identité (1960-1993)*, thèse de maîtrise (science politique), Québec, Université Laval, 1994.

RICHARD, Sacha. «Commémoration et idéologie nationale en Acadie: les fêtes du bicentenaire de la Déportation acadienne», *Mens: revue d'histoire intellectuelle de l'Amérique française*, vol. 3, n° 1 (automne 2002), p. 27-59.

RICHARD, Sacha. «Fighting for Rights in "The City with a Heart": The Struggle for Bilingualism in Moncton, 1968-1972», polycopie, Congrès annuel de la Société historique du Canada, Université Dalhousie, Halifax, 29 mai 2003.

ROBILLARD, Denise. *L'Ordre de Jacques Cartier : une société secrète pour les Canadiens français catholiques, 1926-1965*, Montréal, Éditions Fides, 2009.

SAVOIE, Donald, et Maurice BEAUDIN. *La lutte pour le développement : le cas du Nord-Est*, Sillery, Presses de l'Université du Québec ; Moncton, Institut canadien de recherche sur le développement régional, 1988.

SOCQUÉ, Sébastien. « L'Acadie de Jacques Ferron et André Laurendeau : Révolution tranquille et éveil acadien », *Études canadiennes/Canadian Studies*, vol. 58 (2005), p. 39-61.

STANLEY, Della. *Louis Robichaud: A Decade of Power*, Halifax, Nimbus, 1984.

STARR, Richard. *Richard Hatfield: The Seventeen Year Saga*, Halifax, Formac, 1987.

THÉRIAULT, Joseph Yvon. « Domination et protestation : le sens de l'acadianité », *Anthropologica*, vol. 23, n° 1 (1981), p. 39-71.

THÉRIAULT, Joseph Yvon. *L'identité à l'épreuve de la modernité : écrits politiques sur l'Acadie et les francophonies canadiennes minoritaires*, Moncton, Éditions d'Acadie, 1995.

THÉRIAULT, Joseph Yvon. « Le moment Robichaud et la politique en Acadie », dans Institut canadien de recherche sur le développement régional, *L'ère Louis J. Robichaud, 1960-70 : actes du colloque*, Moncton, Institut canadien de recherche sur le développement régional, 2001, p. 39-54.

THÉRIAULT, Léon. *La question du pouvoir en Acadie*, Moncton, Éditions d'Acadie, 1982.

TREMBLAY, Marc-Adélard. *The Acadians of Portsmouth: A Study in Cultural Change*, thèse de doctorat (anthropologie), Ithaca, New York, Cornell University, 1954.

TREMBLAY, Marc-Adélard. « Niveaux et dynamismes d'acculturation des Acadiens de Portsmouth », *Anthropologica*, vol. 3, n° 2 (1961), p. 202-251.

TREMBLAY, Marc-Adélard. « L'état des recherches sur la culture acadienne », dans Fernand Dumont et Yves Martin (dir.), *Situation de la recherche sur le Canada français*, Québec, Les Presses de l'Université Laval, 1962, p. 145-167.

TREMBLAY, Marc-Adélard. « La société acadienne en devenir : l'impact de la technique sur la structure sociale globale », *Anthropologica*, vol. 8, n° 2 (1966), p. 329-350 (aussi paru dans *Communautés et culture : éléments pour une ethnologie du Canada français*, Montréal, Les Éditions HRW, 1973, p. 95-111).

TREMBLAY, Marc-Adélard. *Famille et parenté en Acadie : évolution des structures et des relations familiales et parentales à l'Anse-des-Lavallée*, Ottawa, Musées nationaux du Canada, 1971.

VERNEX, Jean-Claude. « Le littoral septentrional et oriental du Nouveau-Brunswick : une société en crise démographique », *Revue de l'Université de Moncton*, vol. 2, n° 1 (janvier 1969), p. 16-22.

WARREN, Jean-Philippe, et Julien MASSICOTTE. « La fermeture du département de sociologie de l'Université de Moncton : histoire d'une crise politico-épistémologique », *Canadian Historical Review*, vol. 87, n° 3 (septembre 2006), p. 463-496.

WILBUR, Richard. *The Rise of French New Brunswick*, Halifax, Formac, 1989.

YOUNG, Robert. « L'édification de l'État provincial et le développement régional au Nouveau-Brunswick », *Égalité*, n°s 13-14 (1984-1985), p. 125-152.

YOUNG, Robert. « Le programme Chances égales pour tous : une vue d'ensemble », dans Institut canadien de recherche sur le développement régional, *L'ère Louis J. Robichaud, 1960-1970 : actes du colloque*, Moncton, Institut canadien de recherche sur le développement régional, 2001, p. 23-37.

Acadie et francophonie – autres thèmes

ALLAIN, Greg, et Maurice BASQUE. *Une présence qui s'affirme : la communauté acadienne et francophone de Fredericton*, Nouveau-Brunswick, Moncton, Éditions de la Francophonie, 2003.

BASQUE, Maurice. *De Marc Lescarbot à l'AEFNB : histoire de la profession enseignante acadienne au Nouveau-Brunswick*, Edmundston, Éditions Marévie, 1994.

BASQUE, Maurice. *La Société nationale de l'Acadie : au cœur de la réussite d'un peuple*, avec la collaboration d'Eric Snow, Lévis, Éditions de la Francophonie, 2006.

BERTRAND, Gabriel. « La campagne de refrancisation de 1934 à Moncton », *Les Cahiers de la Société historique acadienne*, vol. 31, n°s 3-4 (2000), p. 195-230.

BERTRAND, Gabriel. « L'Ordre de Jacques Cartier et les minorités francophones », dans Gratien Allaire et Anne Gilbert (dir.), *Francophonies plurielles : communications choisies : colloques du regroupement pour la recherche sur la francophonie canadienne organisés dans le cadre du congrès annuel de l'ACFAS (Chicoutimi, 1995, et Montréal, 1996)*, Sudbury, Institut franco-ontarien, 1998, p. 13-58.

BOUCHER, Neil. « Ethnie et Église en Acadie : la création de l'archidiocèse de Moncton », dans Édouard Langille et Glenn Moulaison (dir.), *Les abeilles pilotent : mélanges offerts à René LeBlanc*, Pointe-de-l'Église, Revue de l'Université Sainte-Anne, 1998, p. 93-103.

BOUDREAU, Annette. « La construction des représentations linguistiques : le cas de l'Acadie », *Revue canadienne de linguistique/The Canadian Journal of Linguistics*, vol. 54, n° 3 (novembre 2009), p. 439-459.

BOUDREAU, Annette. « La nomination du français en Acadie : parcours et enjeux », dans Jean Morency, James De Finney et Hélène Destrempes (dir.), *L'Acadie des origines : mythes et figurations d'un parcours littéraire et historique*, Sudbury, Éditions Prise de parole, 2011, p. 71-94.

BUCKNER, Phillip. « The 1870s: Political Integration », dans Ernest R. Forbes et Delphin A. Muise (dir.), *The Atlantic Provinces in Confederation*, Toronto, University of Toronto Press ; Fredericton, Acadiensis Press, 1993, p. 48-81.

Clarke, Patrick D. « Régions et régionalismes en Acadie : culture, espace, appartenance », *Recherches sociographiques*, vol. 41, n° 2 (2000), p. 299-365.

Couturier, Jacques Paul. « Perception et pratique de la justice dans la société acadienne, 1870-1900 », dans Jacques Paul Couturier et Phyllis LeBlanc (dir.), *Économie et société en Acadie, 1850-1950*, Moncton, Éditions d'Acadie, 1996, p. 43-75.

Cyr, Jean-Roch. « La colonisation dans le nord du Nouveau-Brunswick durant la crise économique des années 30 », dans Jacques Paul Couturier et Phyllis LeBlanc (dir.), *Économie et société en Acadie, 1850-1950*, Moncton, Éditions d'Acadie, 1996, p. 123-125.

Daigle, Euclide. *Petite histoire d'une grande idée : Assomption, compagnie mutuelle d'assurance-vie, 1903-1978*, Moncton, Imprimerie acadienne, 1978.

Daigle, Jean. « L'historiographie et l'identité acadienne aux xixe et xxe siècles », dans Simon Langlois (dir.), *Identité et cultures nationales : l'Amérique française en mutation*, Sainte-Foy, Les Presses de l'Université Laval, 1995, p. 87-107.

Daigle, Jean. « L'Acadie de 1604 à 1763, synthèse historique », dans Jean Daigle (dir.), *L'Acadie des Maritimes : études thématiques*, Moncton, Chaire d'études acadiennes, Université de Moncton, 1993, p. 1-44.

Fohlen, Claude. « Les Acadiens en quête d'un évêque », *Études canadiennes/Canadian Studies*, n° 37 (1994), p. 89-98.

LeBlanc, Phyllis. « Marcel-François Richard », dans *Dictionnaire biographique du Canada en ligne*, Bibliothèque et Archives Canada, 2000, [En ligne], [http://www.biographi.ca/fr/ShowBio.asp?BioId=41791] (9 avril 2011).

Mailhot, Raymond. *Prise de conscience collective acadienne au Nouveau-Brunswick (1860-1891) et comportement de la majorité anglophone*, thèse de doctorat (histoire), Montréal, Université de Montréal, 1973.

« Marguerite Michaud (1903-1982) », *Le Maître Guillaume*, vol. 8, n° 1 (1960-1980), Centre d'études acadiennes Anselme-Chiasson, [En ligne], [http://www2.umoncton.ca/cfdocs/cea/axe1/ed8.cfm] (8 décembre 2007).

Massicotte, Julien. « Le territoire acadien : contextes et perceptions », dans Martin Pâquet et Stéphane Savard (dir.), *Balises et références : Acadies, francophonies*, Sainte-Foy, Les Presses de l'Université Laval et Éditions de l'IQRC, 2007, p. 79-103.

McKee, Isabelle. *Rapports ethniques et rapports de sexes en Acadie : les communautés religieuses de femmes et leurs collèges classiques*, thèse de doctorat (sociologie), Montréal, Université de Montréal, 1995.

Richard, Camille-Antoine. « Le discours idéologique des Conventions nationales et les origines du nationalisme acadien », *Les Cahiers de la Société historique acadienne*, vol. 17, n° 3 (1986), p. 73-87.

Richard, Camille-Antoine. *L'idéologie de la première convention nationale acadienne*, thèse de maîtrise (sociologie), Québec, Université Laval, 1960.

RICHARD, Chantal. « Le récit de la Déportation comme mythe de création dans l'idéologie des Conventions nationales acadiennes (1881-1937) », *Acadiensis*, vol. 36, n° 1 (automne 2006), p. 69-81.

ROSS, Sally. *Les écoles acadiennes de la Nouvelle-Écosse, 1758-2000*, Moncton, Centre d'études acadiennes, Université de Moncton, 2001.

SAVOIE, Calixte. *Mémoires d'un nationaliste acadien*, Moncton, Éditions d'Acadie, 1979.

STANLEY, Della. *Au service de deux peuples : Pierre-Amand Landry*, Moncton, Éditions d'Acadie, 1977.

THÉRIAULT, Léon. « L'acadianisation des structures ecclésiastiques aux Maritimes, 1758-1953 », dans Jean Daigle (dir.), *L'Acadie des Maritimes : études thématiques*, Moncton, Chaire d'études acadiennes, Université de Moncton, 1993, p. 431-466.

Index

– C –

TABLE DES MATIÈRES

MIXTE
Papier issu de sources responsables
FSC® C100212
FSC www.fsc.org

Achevé d'imprimer
en août deux mille quatorze
sur les presses de l'imprimerie Gauvin,
Gatineau (Québec), Canada.